撰稿人（按姓氏拼音排序）

蔡颖雯　扈　艳　蒋晓华　焦清扬

李　轶　李付雷　李怡雯　牛文静

秦　英　阙梓冰　吴万军

民法典百问百答

主　编　杨立新
副主编　李怡雯

中国人民大学出版社
·北京·

在民法慈母般的眼里，每一个人就是整个国家。

——孟德斯鸠：《论法的精神》

2021 年 1 月 1 日，《中华人民共和国民法典》正式生效施行了。这是全国人民社会生活中的一件大事，标志着我国告别了以《中华人民共和国民法通则》为引领、由各部民法单行法构成的类法典化的松散民法，走进了民法典时代。从此，全国的自然人、法人和非法人组织都在《民法典》的规范下，维护自己的人格尊严，进行各种民事活动，享有民事权利、履行民事义务，构建和谐、有序的市民社会生活秩序。

作为一部法律，《民法典》规模庞大，条文繁多，共有 7 编、1 260 条，且内容复杂、法理精深。无论是普通民众，还是素有法律修养的专业人士，面对《民法典》，都会感到理解之难、掌握之难、实际应用之难。这是客观的，即使我们这些自始至终参与编纂《民法典》，陪伴《民法典》诞生，看着它一条一条地逐渐成熟的立法专家，在理解和掌握上也有相当的困难，对隐藏在《民法典》条文背后博大精深的法理和实际应用规则，都很难全面洞悉、深刻理解。

作为研究和实际操作民法四十多年的老法官、老检察官、资深教授、立法专家，有责任深刻阐释《民法典》博大精深的法理和应用规则，同时，也要以深入浅出的方法向全社会的普通人士普及《民法典》的基本内容，使之成为普通民众维护自己人格尊严，保护自己民事权利，维护自己民事主体地位的法律武器。

出于这样的目的，我与中国人民大学出版社郭虹编辑等商量，将《民法典》规定的那些最主要的、与人民群众生活最密切相关的民法规则，用通俗易懂的方法讲述给读者，帮助读者掌握《民法典》的基本精神和主要规则，因此就有了这本《民法典百问百答》的出版。在这本书中，作者就《民法典》的 7 编、1 260 个条文中的主要内容，选择 120 个典型案例，拟出 120 个主要问题，由我的民法典工作团队的成员进行解答，编辑成书，奉献给各位关心《民法典》、喜爱《民法典》、愿意研究《民法典》的读者。

盼望各位读者借助本书的阅读，迈过学习、掌握、应用《民法典》的第一个门槛，走进《民法典》慈母般的怀抱，依法行使民事权利、履行民事义务，维护自己的人格尊严，保护好自己的民事权利，在《民法典》的关爱下，幸福、快乐地生活。

中国人民大学民商事法律科学研究中心研究员
中国人民大学法学院教授、博士生导师
中国民法学研究会副会长
杨立新
2021 年 1 月

目录

第一编 总 则

1. 《民法典》是什么样的法律？为什么说《民法典》是社会生活的百科全书？/ 002

2. 《民法典》分成哪些编？每一编的区别在哪里？/ 004

3. 房价上涨，开发商以未取得预售许可为由主张购房合同无效怎么办？/ 007

4. 知假买假，可以请求惩罚性赔偿吗？/ 009

5. 尚未出生的胎儿能接受爷爷奶奶的赠与吗？/ 011

6. 老王可以事先协商让养老院担任自己老年痴呆后的监护人吗？/ 013

7. 父母出卖未成年子女名下的房产是否有效？/ 015

8. 父母因新冠疫情被隔离，年幼小孩由谁来照顾？/ 017

9. 被宣告死亡人重新出现，其配偶不愿意恢复婚姻关系怎么办？/ 019

10. 老总拿着公司的印章给他人提供担保，有效吗？/ 021

11. 游戏账号被他人恶意注销了怎么办？/ 023

12. 未成年人用母亲支付宝打赏主播，钱可以要回来吗？/ 024

13. 不知情买了凶宅，买家能要求退房吗？/ 026

14. 以买卖房屋的名义借款担保有效吗？/ 028

15. 救下落水儿童后受伤，可以要求儿童的父母补偿吗？/ 030

16. 债务人欠债不还，过了诉讼时效债主就不能要求清偿了吗？/ 031

第二编　物　权

17. 疫情期间政府征用酒店作为隔离点合法吗？/ 036

18. 住宅小区车位究竟应当归谁所有？/ 038

19. 小区业主和开发商有矛盾、想起诉开发商，该怎么办？/ 040

20. 业主想"炒掉"物业公司应该怎么做？/ 042

21. 业主自作主张将小区住宅改为商铺违法吗？/ 044

22. 住宅小区的广告收益到底应当归谁所有？/ 046

23. 承租的房子进行装修后，增加的部分算谁的？/ 048

24. 住宅建设用地使用权到期，业主还能继续居住吗？/ 050

25. 父亲立遗嘱让保姆继续住在自家房里，儿子反对有效吗？/ 052

26. 耕地使用权能抵押吗？/ 054

27. 抵押房屋并约定还不起钱房屋归出借人所有，可以吗？/ 056

28. 买车人不知情买到了4S店里的抵押车，还能要回来车辆合格证吗？/ 058

第三编　合　同

29. 商家能随意取消网购订单吗？/ 062

30. 购买商品房签订认购书后能反悔吗？/ 063

31. 饭店"禁止自带酒水""包间设置最低消费"有效吗？/ 065

32. 重金悬赏，不兑现承诺有法律风险吗？/ 067

33. 网购物品在签收前丢失，算谁的？/ 069

34. 疫情防控期间，能请求法院变更租赁合同吗？/ 071

35. 以实物清偿债务的行为是否有效？/ 073

36. 健身房转让，老板不退储值卡的钱，如何维权？/ 075

37. 未保价的快递丢了，应当怎么赔？/ 077

38. 丈夫未取得妻子同意就出售房屋，买方怎么维权？/ 079

39. 捐助残疾人的赠与还能反悔吗？/ 081

40. 丈夫赠与妻子的房产能要求返还吗？/ 082

41. 网贷被套路了怎么办？/ 084

42. 和银行借了新钱还旧债，保证人还承担责任吗？/ 086

43. 租房期间房东把房子卖了，租客必须搬走吗？/ 088

44. 房客能优先购买房屋吗？/ 090

45. 乘车人买短乘长、霸座、丢失客票怎么办？/ 092

46. 物业以断电、停水的方式催交物业费违法吗？/ 095

47. 物业服务不到位，业主可以拒不支付物业费吗？/ 097

48. 租房人绕过中介与房东订立租赁合同，中介还能索取报酬吗？/ 099

49. 捡到他人丢失的宠物后悉心照料，可以要求主人补偿吗？/ 101

50. 网上转账转错人了，对方拒不归还怎么办？/ 102

第四编　人格权

51. 被恶意诽谤后可以要求赔礼道歉吗？/ 106

52. 摄影师丢了婚礼当天的视频，新人可以请求精神损害赔偿吗？/ 108

53. 绝症患者可以选择安乐死吗？/ 110

54. 人体器官可以买卖吗？/ 112

55. 临床试验新冠疫苗可以向受试者收取费用吗？/ 114

56. 对基因编辑行为怎么看？/ 116

57. 上司给下属微信发色情图片是不是性骚扰？/ 118

58. 被冒名顶替上大学，该用什么方法来保护自己的权利？/ 120

59. 个人可以决定自己姓什么吗？/ 122

60. 网红的网名受法律保护吗？/ 124

61. 使用 AI 换脸技术恶搞他人肖像，受害人怎么维权？/ 126

62. 可以随意模仿他人的声音吗？/ 129

63. 在微博上声称他人吸毒，是侵犯名誉权吗？/ 131

64. 小说影射真人进行描写，贬损他人名誉，应当如何维权？/ 133

65. 新媒体未经核实就说某产品有问题，应当怎么维权？/ 135

66. 无端出现不良信用记录，应当怎么办？/ 137

67. 荣誉被恶意剥夺怎么办？/ 139

68. 遭受他人网络暴力人肉搜索，应当如何维权？/ 141

69. 骚扰电话、垃圾短信太扰人，可以起诉追究侵权责任吗？/ 143

70. 夫妻之间究竟有没有隐私权？/ 145

71. 疫情防控下的个人信息应当怎样进行保护？/ 147

72. App 过度处理个人信息怎么办？/ 149

73. 户籍警察发现某明星隐婚，可以告诉自己的好友吗？/ 152

第五编　婚姻家庭

74. 夫妻之间签订的忠诚协议是否有效？/ 156

75. 被男友持裸照胁迫结婚，是否可以请求撤销婚姻？/ 157

76. 妻子婚前隐瞒自己患有艾滋病，丈夫怎么办？/ 159

77. 丈夫购买汽车，妻子不同意，可以主张买卖合同无效吗？/ 161

78. 丈夫举债，一定要妻子共同偿还吗？/ 163

79. 丈夫将房子转移到"二奶"名下，妻子能否追讨？/ 165

80. 人工授精出生的子女在父母离婚后，能要求男方给付抚养费吗？/ 167

81. 成年子女能以赡养为条件阻碍父母再婚吗？/ 169

82. 非婚生子女与婚生子女享有一样的权利吗？/ 171

83. 发现孩子不是自己亲生的，怎么办？/ 173

84. 根据离婚财产分割协议能取得房产的所有权吗？/ 175

85. 男方家暴，双方登记离婚时还需要"冷静"吗？/ 177

86. 未成年子女有权选择父母离婚后跟谁一起生活吗？/ 179

87. 离婚时女方能要求补偿吗？/ 181

88. 妻子终止妊娠，丈夫能否向其索赔？/ 183

89. 离婚后，丈夫能否要求妻子赔偿因其通奸所生子女的抚养费？/ 185

第六编　继　承

90. 子女能继承父母生前经营的淘宝店吗？/ 190

91. 有遗嘱又有遗赠扶养协议，谁能取得遗产？/ 192

92. 儿子虐待父亲，后获得原谅，还可以继承父亲财产吗？/ 193

93. 侄子女、外甥子女能继承伯叔姑舅姨的遗产吗？/ 195

94. 遗嘱人遗嘱确定后位继承有效吗？/ 197

95. 打印遗嘱有效吗？/ 199

96. 设立公证遗嘱后又立新遗嘱，哪个有效？/ 201

97. 公公订下儿媳永不再嫁才能继承房产的遗嘱有效吗？/ 203

98. 继承人都放弃继承，被继承人的债权人怎么办？/ 205

99. 无人继承又无人受遗赠，遗产到底归谁呢？/ 206

100. 父债一定子还吗？/ 208

第七编　侵权责任

101. 交通事故中受害人被前车轧伤、被后车轧死，应当怎样赔偿？/ 212

102. 参加足球比赛时骨折，可以请求对方球员赔偿吗？/ 214

103. 被吃霸王餐，店家可以扣人扣物吗？/ 216

104. 城市居民和农村居民同一事故中身亡，死亡赔偿金标准不同吗？/ 218

105. 盗用明星肖像推广产品，赔偿时按照损失还是获利来计算？/ 220

106. 母亲亲眼看见儿子被撞身亡，能要求赔偿精神损害吗？/ 222

107. 电梯劝阻吸烟，被劝老人猝死，劝阻人要赔偿吗？/ 224

108. 朋友帮忙带孩子，孩子伤人谁来赔？/ 226

109. 外卖小哥送餐时撞伤他人，外卖平台公司是否承担责任？/ 228

110. 保姆被车撞了，雇主要承担赔偿责任吗？/ 230

111. 维修产品时修理人受伤，谁担责？/ 232

112. 在微博上被他人恶意诽谤，可以要求平台删除相关信息吗？/ 234

113. 车辆被厂家召回，检测费、运输费谁出？/ 236

114. 车被朋友私开，撞伤他人，谁来赔？/ 238

115. 搭载朋友的顺风车出车祸，能要求朋友赔偿吗？/ 240

116. 医院就诊后的次日便有药贩子上门推销，谁的责任? / 242

117. 老人被狗绳绊倒死亡，谁该负责? / 244

118. 故意逗狗被咬伤，还能向主人追责吗? / 246

119. 动物园的动物伤人，怎么维权? / 247

120. 高空抛物受损，如何寻求救济? / 249

第一编

总　则

1.《民法典》是什么样的法律？为什么说《民法典》是社会生活的百科全书？

——《民法典》的性质

案例

> 刘星没出生前，爷爷就去世了。不过，爷爷生前留下遗嘱，声明由刘星继承自己的 20 万元遗产。在刘星 12 岁生日那天，爸爸带着刘星去银行开了账户，专门将这笔钱存入刘星的名下，作为刘星未来的教育基金。刘星觉得自己有钱后，就开始胡乱花钱，还给游戏账号充值了 2 万元。爸爸发现后，赶忙和游戏厂商联系，将这笔钱退了回来。长大后，刘星成为一名消防队员，结了婚。为了买婚房，刘星向朋友夏云借了 20 万元，约定年利率 40%，一年后还清本息。婚后一个月，刘星在执行消防任务时，为了救一名老人，不幸烧伤。住院治疗期间，政府授予他"消防英雄"的荣誉称号。可没过多久，刘星就因病情反复，抢救无效死亡。当地的消防器材厂商抓住商机，在自己的宣传册中印上刘星的照片，到处宣传，获利丰厚。刘星家属知道这一消息后，十分悲痛，将厂家告上法庭。后来，法院判厂家赔了一大笔钱。夏云知道这一消息后，连忙来"催债"。刘星的家属还了夏云 20 万元本金和 48 000 元利息。夏云不依不饶，一定要求刘星家属补齐剩余的 32 000 元利息。

解答

在这个案件当中，我们看到了刘星的一生。于此要说明的是，从刘星还是个胎儿起，一直到他死亡后的一个阶段，他都受到了《民法典》的保护。

第一，刘星尚未出生前，还是个胎儿。为了保护胎儿的利益，《民法典》第 16 条规定："涉及遗产继承、接受赠与等胎儿利益保护的，胎儿视为具有民事权利能力。但是，胎儿娩出时为死体的，其民事权利能力自始不存在。"正因为此，刘星在出生后，才能够继承爷爷遗嘱中所列的 20 万元遗产。

第二，刘星青春期时，还属于限制民事行为能力人，其心智还不够成熟。为了避免限制行为能力人所作出的行为侵害其自身的合法权益，《民法典》第 145 条第 1 款规定："限制民事行为能力人实施的纯获利益的民事法律行为或者与其年龄、智力、精神健康状况相适应的民事法律行为有效；实施的其他民事法律行为经法定代理人同意或者追认后有效。"据此，刘星的爸爸才能够拒绝追认刘星的充值行为，请求游戏商退回充值金额。

第三，夏云向刘星借款时，约定了年利率 40%，这属于高利放贷。《民法典》第 680 条第 1 款规定了禁止高利放贷。据此，刘星只需要按照中国人民银行公布的金融机构同期、同档次贷款利率偿还利息即可。目前，刘星已经去世，家属代其偿还了 20 万元本金以及 48 000 元利息，借款法律关系消灭，无须再额外支付夏云剩余的 32 000 万元利息。

第四，刘星救人后，荣获了"消防英雄"的荣誉称号，享有荣誉权。《民法典》第 1031 条规定了荣誉权的保护规则，即："民事主体享有荣誉权。任何组织或者个人不得非法剥夺他人的荣誉称号，不得诋毁、贬损他人的荣誉。获得的荣誉称号应当记载而没有记载的，民事主体可以请求记载；获得的荣誉称号记载错误的，民事主体可以请求更正。"据此，如果有人诋毁或者贬损刘星的荣誉称号，刘星有权根据《民法典》第 995 条"人格权受到侵害的，受害人有权依照本法和其他法律的规定请求行为人承担民事责任。受害人的停止侵害、排除妨碍、消除危险、消除影响、恢复名誉、赔礼道歉请求权，不适用诉讼时效的规定"，要求行为人对自己赔礼道歉、赔偿损失等。

第五，刘星死后，虽然民事主体资格消亡，但是其仍然享有人格利益。《民法典》第 994 条就规定了死者人格利益的保护规则，即："死者的姓名、肖像、名誉、荣誉、隐私、遗体等受到侵害的，其配偶、子女、父母有权依法请求行为人承担民事责任；死者没有配偶、子女且父母已经死亡的，其他近亲属有权依法请求行为人承担民事责任。"根据该条规定，当地消防器材厂商未经刘星同意，就将他的照片印在宣传册上，是对刘星肖像利益的侵害。刘星的家属有权要求当地消防器材厂商赔偿。至于赔偿的金额，《民法典》第1182条作出了规定："侵害他人人身权益造成财产损失的，按照被侵权人因此受到的损失或者侵权人因此获得的利益赔偿；被侵权人因此受到的损失以及侵权人因此获得的利益难以确定，被侵权人和侵权人就赔偿数额协商不一致，向人民法院提起诉讼的，由人民法院根据实际情况确定赔偿数额。"据此，刘星的家属有权要求按照当地消防器材厂商的获利金额来确定赔偿金额。

可见，刘星不论是在出生后到死亡前的这一个阶段，还是出生前、死亡后的阶段，都受到了《民法典》全方位、多层次的保护。这主要是因为，《民法典》是社会生活的百科全书，它所规定的种种条款，都与我们的日常生活息息相关。最为核心的是，《民法典》是一部权利法，它的基本内容就是对民事权利的确认和保护。这不仅为维护个体的合法权益提供了强有力的保障，也限定了个体权利行使的边界，为维护他人的合法权益提供了坚实的基础。

2. 《民法典》分成哪些编？每一编的区别在哪里？

——《民法典》各编的区别

案例

蒋鑫和方圆相爱多年后结婚，并育有一子。儿子满月生日当天，方圆发现蒋鑫和第三者孙月的暧昧聊天记录，愤怒不已。蒋鑫一看事情败露，反倒大方承认，并主动提出离婚。方圆不同意，蒋鑫便向法院起诉，法院判决驳回。此后，蒋鑫基本不回家，方圆不堪重负，决定离婚，孩子由蒋鑫抚养。两个月后，蒋鑫就和孙月再婚，他发现孙月从来不好好照顾自己的孩子，两人多番发生争吵。某天，蒋鑫气急了，晕倒过去，医院诊断其患了晚期胃癌。为了避免自己死后，遗产出现争议，蒋鑫联系了张律师，委托其作为自己的遗嘱见证人。见证的遗嘱内容是：房子和银行卡账户等全部遗产归儿子所有。蒋鑫死后，方圆作为儿子的法定代理人，请求按照遗嘱继承遗产。因代书遗嘱缺乏一人进行见证，遗嘱无效，只能按照法定继承来处理，即儿子和孙月各自继承一半的遗产。由于律师的过失，儿子未能全部继承遗产，方圆向法院起诉，要求律师赔偿。她还在自己的博客中，将张律师的个人信息全部公开，表示控诉，导致张律师遭受了网络暴力。

解答

在这个案件当中，牵涉多个民法问题。分别是：第一，法院为何驳回了蒋鑫的诉讼离婚请求？第二，蒋鑫所立遗嘱为何无效？第三，方圆可否要求律师赔偿？第四，张律师遭受网络暴力如何维权？

第一个问题的核心在于蒋鑫与方圆的婚姻法律关系。每个人都享有婚姻自由，这其中就包含了离婚自由。那为何蒋鑫去请求法院判决离婚时，法院却不准离婚呢？这主要是保护女性作为弱势群体的权益。《民法典》婚姻家庭编第1082条规定："女方在怀孕期间、分娩后一年内或者终止妊娠后六个月内，男方不得提出离婚；但是，女方提出离婚或者人民法院认为确有必要受理男方离婚请求的除外。"据此，方圆刚刚生下孩子一个月，属于这里"分娩后一年内"的情形。方圆未主动要求离婚，也不存在必须支持蒋鑫离婚请求的情形，故法院驳回了蒋鑫离婚的请求。

第二个问题所涉及的是有关遗嘱继承的问题。《民法典》继承编第1135条规定了代书遗嘱的规则，即："代书遗嘱应当有两个以上见证人在场见证，由其中一人代书，并由遗嘱人、代书人和其他见证人签名，注明年、月、日。"本案中，见证人只有一名张律师，不符合代书遗嘱的"两个以上见证人在场见证"的要求，所以遗嘱无效，只能按照法定继承来处理，即孙月和蒋鑫儿子各自继承一半的遗产。其中，涉及房子的继承问题，根据《民法典》物权编第230条关于"因继承取得物权的，自继承开始时发生效力"的规定，自继承开始之日，孙月和蒋鑫儿子就对房产各享有二分之一的所有权。

第三个问题实质上是主体及责任的认定问题。那么律师是否可以作为这里的赔偿主体呢？答案是否定的。原因在于，尽管蒋鑫委托了张律师来见证遗嘱，但实际上，根据《民法典》合同编第919条关于"委托合同是委托人和受托人约定，由受托人处理委托人事务的合同"的规定，委托合同是蒋鑫与张律师所在的律所签订的，受托人是律所，张律师只是作为律所的工作人员来执行职务。根据《民法典》总则编第 102 条第 2 款关于"非法人组织包括个人独资企业、合伙企业、不具有法人资格的专业服务机构等"的规定，律所作为不具有法人资格的专业服务机构，具有独立的民事主体地位，应当独立承担责任。接下来的问题就是，律所是否需要承担责任？在本案中，蒋鑫正是信任律师的专业性，才让张律师来见证遗嘱。张律师未尽到专业人员的注意义务，导致遗嘱无效，蒋鑫儿子无法获得全部遗产。根据《民法典》第 1191 条第 1 款关于"用人单位的工作人员因执行工作任务造成他人损害的，由用人单位承担侵权责任。用人单位承担侵权责任后，可以向有故意或者重大过失的工作人员追偿"的规定，律所应当承担侵权责任，赔偿损失。张律师有重大过失，律所可以向其追偿。

第四个问题的核心在于隐私权和个人信息保护。《民法典》人格权编第 1032 条至第 1033 条规定了隐私权保护规则，第 1034 条至第 1039 条规定了个人信息保护的规则。在本案中，方圆将张律师的个人信息公开在博客上，属于非法处理张律师的个人信息。网民的网暴行为，侵害了张律师的私人生活安宁，属于对张律师的隐私权侵害。张律师的人格权益受到方圆和网民的侵害，有权要求其承担侵权责任。

《民法典》有七编，分别是总则编、物权编、合同编、人格权编、婚姻家庭编、继承编、侵权责任编。可以看到，在上述四个问题当中，分别适用了《民法典》各编的规则，这主要是因为各编所调整的法律关系有所不同。其中，关于民事主体的法律地位等，需要适用的是《民法典》总则编；关于物权的变动，需要适用的是《民法典》物权编；关于双方意定的协议，需要适用的是《民法典》合同编；关于人格权益的确认和保护，需要适用的是《民法典》人格权编；关于婚姻家庭关系，需要适用的是《民法典》婚姻家庭编；关于遗产的继承，需要适用的是《民法典》继承编；关于权利的消极保护，需要适用的是《民法典》侵权责任编。《民法典》各编各司其职，各自调整不同的法律关系，从而全面保护人民的权益。

3. 房价上涨，开发商以未取得预售许可为由主张购房合同无效怎么办?

——诚信原则的适用

📚 案例

　　2019 年李某某与无信公司签订认购合同，认购无信公司开发建设的商品房，约定了房屋的基本情况、总价款、付款方式、付款时间等内容。合同签订当日，李某某即向无信公司支付 600 万元购房款。2020 年，由于该商品房附近建成地铁并且入驻数个商业中心，该地段房价上涨，相应的商品房售价已经接近 800 万元。因此，无信公司以未取得商品房预售许可证为由，将李某某诉至法院，请求确认双方签订的认购合同无效，现双方争执不下。李某某主张，案涉房屋已经具备办理商品房预售许可证的客观条件，无信公司故意阻挠合同生效条件成就，进行恶意诉讼。无信公司主张其不存在恶意阻挠合同生效条件成就的行为，其不能取得商品房预售许可证，是因为资金链断裂。此外，案涉商品房预售许可证的取得时间是在一审庭审辩论终结后，根据法律规定，只有在起诉前取得预售许可证，房屋买卖合同才能被认定为有效。

　　那么，在本案中李某某与无信公司所签订的合同是否有效呢?

💻 解答

　　本案涉及诚信原则的适用。诚实信用原则，主要是民法对具有交易性质的民事法律行为和民事活动确立的基本准则，是将诚实信用的市场伦理道德准则吸收到民法规则中，约束具有交易性质的民事法律行为和民事活动的行为人诚实守信，信守承诺。故诚信原则被称为民法，特别是债法的最高指导原则，甚至被奉为"帝王原则"。

我们认为，类似案涉所签订的认购合同应当有效。首先，无信公司与李某某之间形成了商品房预售合同法律关系。认购合同对买卖双方名称、商品房基本情况、价款、付款方式、付款时间等内容进行了明确约定，合同内容已经具备了商品房预售合同的主要条款。其次，应判定无信公司与李某某签订的认购合同的效力为有效。具体理由如下：其一，李某某已支付全额购房款，无信公司合同目的已经实现，其本应积极履行合同义务，然而面对房地产市场价格大幅上涨，其主张合同无效，显然违背诚实信用原则。其二，无信公司作为房地产开发企业，对"无证售房"的违法性是明知的，其以自身违法事实为由起诉，真正目的在于获取超出合同预期的更大利益，显然与社会价值导向和公众认知相悖。为弘扬社会主义核心价值观，彰显司法公正，法院对此种行为不予支持。其三，无信公司签约时未取得商品房预售许可证，虽然违反了有关"商品房预售应当取得商品房预售许可证明"的规定，但是并不必然导致其签订认购合同的民事法律行为无效。

在之前，《最高人民法院关于审理商品房买卖合同纠纷案件适用法律若干问题的解释》第2条明确规定："出卖人未取得商品房预售许可证明，与买受人订立的商品房预售合同，应当认定无效，但是在起诉前取得商品房预售许可证明的，可以认定有效。"所以有人认为，房地产项目取得商品房预售许可的时间在提起诉讼之后时，如果严格按照该规定，是不能认定有效的。但是之前针对类案的法院相关裁判的倾向性思路是：基于在诉讼中项目已取得商品房预售许可的事实，以及诚实信用原则和弘扬社会主义核心价值观的考量，会认定预售合同有效。这与《民法典》第7条所规定的"民事主体从事民事活动，应当遵循诚信原则，秉持诚实，恪守承诺"是一致的。此外需要指出的是，即使预售合同被认定无效，《最高人民法院全国法院民商事审判工作会议纪要》也已经明确规定："合同不成立、无效或者被撤销后，在确定财产返还时，要充分考虑财产增值或者贬值的因素。……应予返还的股权、房屋等财产相对于合同约定价款出现增值或者贬值的，人民法院要综合考虑市场因素、受让人的经营或者添附等行为与财产增值或者贬值之间的关联性，在当事人之间合理分配或者分担，避免一方因合同不成立、无效或者被撤销而获益。"

所以，当开发商由于房屋涨价而以未取得预售许可为由主张买卖合同无效时，我们可以用诚信原则进行对抗，以保护自身的合法权益。

4. 知假买假，可以请求惩罚性赔偿吗？

——引致条款的适用

案例

> 2019 年 6 月，孙某某到当地 A 县健康大药房（以下简称"健康药房"）购买了 5 种特殊保健药品，共计 32 盒，价款共计 2 536 元。次日，孙某某以健康药房所售的药品属于无证生产的有毒有害假药为由，向法院提起诉讼，要求"退一赔十"，即健康药房退还货款，并承担 10 倍价款惩罚性赔偿。经查，孙某某以与本案相同或者类似的方式，先后在当地 B 县、C 县、D 县、E 县以及其他省市多地购买类似商品并以销售商为被告，在商品购买地法院提起诉讼 30 余起，要求销售商承担惩罚性赔偿责任。
>
> 那么，像本案中孙某某这样的行为，能够得到法院的支持吗？

解答

根据本案案情，《民法典》中并没有规定类似情况该如何处理，那么是不是意味着法院对本案就无法裁判了呢？当然不是，我们平时会遇到各种问题，任何一部法律都没有办法涵盖所有的争议，所以法律会规定"引致条款"，《民法典》第 10 条规定："处理民事纠纷，应当依照法律；法律没有规定的，可以适用习惯，但是不得违背公序良俗。"

《消费者权益保护法》第 55 条规定，"经营者提供商品或者服务有欺诈行为的，应当按照消费者的要求增加赔偿其受到的损失，增加赔偿的金额为消费者购买商品的价款或者接受服务的费用的三倍；增加赔偿的金额不足五百元的，为五百元。法律另有规定的，依照其规定。经营者明知商品或者服务存在缺陷，仍然向消费者提供，造成消费者或者其他受害人死亡或者健康严重损害的，受害人有权要求经营者依照本法第四十九条、第五十一条等法律规定赔偿损失，并有权要求所受损失二倍以下的惩罚性赔偿。"所以，本案的裁判依据之一就是《消费者权益保护法》第55条，本条规定了消费者在购买到假货时，是有权获得赔偿的，而且为了保护消费者的合法权益，法律还对销售假货的经营者科以惩罚性赔偿，即不仅按照假货的原价赔偿，还要多赔偿。但是，本条规定的适用前提是"消费者"，那么案例中孙某某是不是消费者呢？

一般而言，我们个人作为消费者，购买商品的目的就是消费并享受商品带来的使用价值，比如，我们购买电脑用于办公或者娱乐，购买药品用于预防或治疗疾病，我们购买的数量也是有限的。例如，一般个人购买电脑不会太多台，一家拥有三四台足矣，购买药品也肯定是遵循医嘱并根据疾病的情况。但是本案中，孙某某作为一个自然人，其购买保健药品的方式有点不同寻常，他先后在多地购买同类药品，并且提起诉讼30余起，我们可以认定他并不以个人消费为目的，而是以购买其自认为是假冒、伪劣产品的商品为手段，进而以销售商为被告提起诉讼，想通过这种办法获取高额利益。这更符合"知假买假"的特点。那么"知假买假"是否能够得到保护呢？这个话题一直被社会所关注。

我们认为，知假买假是指在知晓某商品具备特定瑕疵的情况下，购买该商品后直接向生产者或者销售者主张或者诉至法院请求前述主体向其支付惩罚性赔偿的情形。这种做法使得法律的补偿性和赔偿性的规定，成为某类人的一种牟利手段，这就超出了立法者制定法律之时所预期的效果。所以，对于购买者明知商品或服务存在质量问题仍然购买商品或接受服务的，由于不符合惩罚性赔偿构成要件中对于欺诈行为的界定，其主张惩罚性赔偿的，人民法院不予支持。这样的观点基本已经成了法院和市场监管部门的共识。当然，我们所说的不予支持是指不支持惩罚性赔偿，而不是不予赔偿，购买者仍有获得退款、退换的权利。对于惩罚性赔偿，有两个领域是例外——食品和药品。食品和药品与一般的商品不同，它们直接关系到消费者的身体健康，所以即使是"知假买假"并进行牟利，我们也予以认可，这是对生命、健康等最高位价值的特别保护。《最高人民法院关于审理食品药品纠纷案件适用法律若干问题的规定》第3条规定："因食品、药品质量问题发生纠纷，购买者向生产者、销售者主张权利，生产者、销售者以购买者明知食品、药品存在质量问题而仍然购买为由进行抗辩的，人民法院不予支持。"所以，在食品、药品领域，法律并未对购买者的动机、知假买假情形作出限制性规定，即便其明知销售者售假，亦有权向销售者主张惩罚性赔偿金。

所以，在生活中对"知假买假"能否要求惩罚性赔偿需要分情况对待，如果是食品、药品领域，惩罚性赔偿仍然适用；如果是非食品、药品领域，则法院一般不会支持惩罚性赔偿。

5. 尚未出生的胎儿能接受爷爷奶奶的赠与吗？

——胎儿权利的保护

案例

甲与乙系夫妻关系，婚后乙怀孕，甲的父母一直想早日成为爷爷奶奶，听闻儿媳妇怀孕非常高兴，决定将两人收藏的传家宝玉佩赠与即将出生的"小丙"。此时"小丙"还未出生，作为爷爷奶奶，他们担心"小丙"不能够接受赠与，也不清楚他们的赠与是否有效。

在本案中，"小丙"能接受爷爷奶奶的赠与吗？

解答

这涉及《民法典》第16条的规定，即："涉及遗产继承、接受赠与等胎儿利益保护的，胎儿视为具有民事权利能力。但是，胎儿娩出时为死体的，其民事权利能力自始不存在"。本条是关于胎儿利益保护的规定，而之前的《民法通则》未对此作出规定，这是民法典增加规定的新规则。《民法典》第13条规定，自然人完全民事权利能力起止时间是"从出生时起到死亡时止"，即该条确认了自然人自出生时起到死亡时止享有完全民事权利能力。为了更周全地保护自然人的人身利益与财产利益，法律延伸保护至自然人出生前以及死亡后的这段时间，保护的方式就是有限地承认胎儿与死者具有部分民事权利能力。关于胎儿的部分民事权利能力的确认，由《民法典》第16条作出规范；关于死者的部分民事权利能力，则通过《民法典》总则编第185条和人格权编第994条作出的规范予以确认。

规定胎儿取得部分民事权利能力，是对自然人保护的重大突破。在具体适用时，需要注意以下四个方面：第一，胎儿的认定。胎儿，是指自然人未出生但在受胎之中的生物体状态。胎儿不是刚出生的婴儿。刚出生的婴儿具有完全民事权利能力，享有民事权利，承担民事义务。胎儿因尚未出生，无法获得完全民事权利能力。为了保护胎儿的利益，法律规定胎儿以将来非死产者为限；关于其个人利益之保护，视为既已出生。简单说，在胎儿娩出时是活体的情况下，法律将其出生时间提前，视胎儿为已出生，使胎儿具有部分民事权利能力，从而得以享受权利。第二，胎儿取得部分民事权利能力系以"娩出时为活体"为条件。确定胎儿民事权利能力产生的时间，应当从胎儿出生的事实推溯至其出生前享有部分民事权利能力。在胎儿出生前，其可以享有的一切权利，包括损害赔偿请求权、抚养费请求权、继承权、受赠与权、非婚生胎儿对其生父的认领请求权等，均已存在，尚未享有，待其出生成为法律上的"人"时，即可当然地以自己的名义享有和行使这些权利。第三，胎儿取得遗产继承、接受赠与等涉及胎儿利益保护的民事权利能力，不具有完整的民事主体资格。首先，胎儿享有部分民事权利能力，只依法享有民事权利，而不承担义务。其次，胎儿仅享有涉及利益保护的民事权利能力。《民法典》总则编第16条扩大胎儿利益保护的范围，不仅包含了遗产继承，而且包括了接受赠与，同时以"等"字作为兜底条款，即还包括人身损害赔偿请求权、抚养费请求权以及身份权请求权。第四，胎儿的权利待其出生后方可行使。胎儿取得部分民事权利能力，但他们在母体中尚未出生前并不能行使这些权利，须待其出生后享有完全民事权利能力时方可行使。如果胎儿为死产，尽管其曾经享有部分民事权利能力，但其民事权利能力在事实上并未取得，故以上各项请求权均未发生，并不发生其权利的继承问题。

　　回到本案，自然人的民事权利能力始于出生，"小丙"尚未出生时，还不是一个独立的人，按道理来说不具备民事权利能力。但是，在现实中，涉及胎儿利益的案件时常发生，对于胎儿能否继承、赠与，在 2017 年《民法总则》施行之前并没有法律明确规定。《民法典》第 16 条延续了《民法总则》的规定，明确了胎儿享有遗产继承、接受赠与等获益权，但同时附带条件，即以"胎儿娩出时的存活状态"来确定继承方式和赠与是否有效。所以在本案中，"小丙"的爷爷奶奶对"小丙"的赠与是否有效，取决于"小丙"出生时的状态。如果"小丙"顺利出生，那么该赠与有效；如果"小丙"不幸死产未能出生，该赠与就被视为无效。

6. 老王可以事先协商让养老院担任自己老年痴呆后的监护人吗？
——成年人意定监护的适用

📚 案例

　　老王系七旬老人，老伴去世，其膝下无子女。老王从老伴去世后，就一直生活在幸福养老院，在养老院老王得到了很好的照顾，也结识了不少老年人朋友。最近，老王的一位同龄朋友老张被确诊为老年痴呆，生活完全不能自理。看到这种场景，老王心想，自己老伴已经去世，自己也没有儿女，不禁担心自己年纪更大以后，如果也得了老年痴呆，自己得不到任何人的照顾。《民法典》颁布后，幸福养老院举办了学习民法典的活动，老王向普法人员咨询，他能不能趁着自己身体健康、意识清楚的时候，事先与幸福养老院协商；如果自己日后患老年痴呆，将养老院作为自己的监护人。

　　那么，老王到底能不能事先与养老院协商担任自己老年痴呆后的监护人呢？

解答

《民法典》第33条对这种情况作出了明确规定。《民法典》第33条规定："具有完全民事行为能力的成年人，可以与其近亲属、其他愿意担任监护人的个人或者组织事先协商，以书面形式确定自己的监护人，在自己丧失或者部分丧失民事行为能力时，由该监护人履行监护职责。"本条规定了成年人的意定监护制度。之前《民法通则》只规定了法定监护制度和指定监护制度，《民法典》第33条规定意定监护制度，是借鉴《老年人权益保障法》第26条规定制定的新规则。

意定监护制度指的是具备完全民事行为能力的成年人，可以在近亲属或者其他与自己关系密切、愿意承担监护责任的个人、组织中进行协商，通过签订监护协议，合意确定自己的监护人。当签订了监护协议的成年人丧失或者部分丧失民事行为能力时，意定监护人依照监护协议，依法承担监护责任，对被监护人实施监护。意定监护制度具有更好地保护丧失或者部分丧失民事行为能力的成年人的重要意义。《老年人权益保障法》制定时，为了更好地保障老年人的权益，第26条第1款首次规定老年人的意定监护制度，即："具备完全民事行为能力的老年人，可以在近亲属或者其他与自己关系密切、愿意承担监护责任的个人、组织中协商确定自己的监护人。监护人在老年人丧失或者部分丧失民事行为能力时，依法承担监护责任。"《民法典》第33条借鉴了《老年人权益保障法》第26条第1款的经验，并扩大了意定监护的范围，规定了成年人的意定监护制度，确认了成年意定监护是合法的监护设置方式。

当然，成年人设定意定监护人时，双方都必须具备主体资格要件：第一，成年人应当在本人具有完全民事行为能力时，依自己的意思选任监护人；意定监护人也应当具有完全民事行为能力，可以是法定监护人，也可以是法定监护人之外的其他人，即近亲属或者其他与自己关系密切、愿意承担监护责任的个人、组织。第二，成年意定监护须采用书面形式，通过意定监护协议，为自己确定监护人。成年人与意定监护人进行协商，达成合意后，签订意定监护协议，约定在前者丧失或者部分丧失民事行为能力时，由意定监护人进行监护。意定监护对于被监护人的权利保护意义重大，目前还没有规定监护登记程序，可以借鉴公证方法，确认意定监护协议经公证更为稳妥。通过监护协议，确立了意定监护法律关系后，当本人丧失或者部分丧失民事行为能力时，意定监护协议发生效力，产生监护关系，意定监护人履行监护职责。第三，意定监护人履行监护职责时，应当根据《民法典》总则编第34条以及第35条的规定，最大限度地尊重被监护人的真实意愿，保障被监护人的合法权益，更不得擅自变更监护人。

回到本案中老王的担心，现在老王身体健康、意识清楚，属于具有完全民事行为能力人，符合意定监护的基本条件。同时，幸福养老院现在对老王照顾周到，老王完全可以通过书面协议的方式，与幸福养老院就相关费用、情形，甚至之后的监护方式等等事先进行协商，一旦老王出现老年痴呆等丧失或者部分丧失民事行为能力的情况，幸福养老院将根据事先约定的协议履行监护职责。所以，老王可以事先与养老院协商由养老院担任自己老年痴呆后的监护人，这一权利是受到法律保护的。

7. 父母出卖未成年子女名下的房产是否有效？

——监护人职责的行使

📚 案例

周先生和吴女士系夫妻关系，两人共同购买了一套商品房，挂在他们10岁的儿子小周名下。经查，小周并无独立的经济收入。周先生和吴女士委托中介出卖这套房时，吴女士和儿子小周作为出卖人在合同上签了字，购房人A先生在房子买卖合同上签字后，按约支付了定金及房款。两个月后，该房所在小区被划入学区，房屋出售、出租的价格均大幅上涨。吴女士非常后悔，很想将房屋要回来，故其到法院申述确认房子买卖合同无效，理由是：出卖房屋的行为未经小周的父亲周先生同意；同时，出卖房子不是为了未成年子女小周的利益。对此，A先生自然不同意，认为就是因为房屋价格上涨，吴女士才会找出上述借口，双方遂引起争议。

父母出卖未成年子女名下的房产是否有效？

解答

吴女士的诉求反映了本案中存在的两个关键问题：其一，出售挂在未成年子女名下的房子，是否需要父母都同意，房屋买卖合同才有效；其二，出卖房屋不是为了未成年子女小周的利益，买卖合同是否就必然无效。

对于第一个问题，我们认为，吴女士是小周的法定监护人，有权代理小周进行民事活动；同时，没有法律法规对一方监护人独自代未成年人请求房屋权属变更作出禁止性规定。因此，出售房屋并不需要未成年人的父母一致同意。所以，本案依循公平、诚实信用的准则，购房人 A 先生的合法权益应当得到法律保护。

对于第二个问题，我们认为是本案的核心问题，这与《民法典》第 34 条的规定有关。该条规定："监护人的职责是代理被监护人实施民事法律行为，保护被监护人的人身权利、财产权利以及其他合法权益等。监护人依法履行监护职责产生的权利，受法律保护。监护人不履行监护职责或者侵害被监护人合法权益的，应当承担法律责任。因发生突发事件等紧急情况，监护人暂时无法履行监护职责，被监护人的生活处于无人照料状态的，被监护人住所地的居民委员会、村民委员会或者民政部门应当为被监护人安排必要的临时生活照料措施。"法律规定，监护人有权也应当对被监护人的财产权利进行保护。但是这并不意味着监护人与购房人一旦产生争议，就可以"维护被监护人利益"为由，请求合同无效，而是应当具体分析。就本案而言，首先，从该房产的来源来看，小周没有独立的经济收入，其日常生活的费用均来自父母供养，据此可以认定诉争房屋的资金来源于监护人父母，该财产由其父母管理，其收益也由父母自由支配。其次，购房人 A 先生与吴女士事前并不认识，本次的交易是通过中介公司达成，而且交易所约定的价款是符合市场行情的，不存在双方恶意串通损害未成年人小周利益的情况。此外，从另一个角度看，A 先生作为善意买受人，其很难知道作为监护人的吴女士出卖该房屋的真正目的，在完成交易之后，仅凭吴女士自述即认定交易损害被监护人的利益而无效，对 A 先生而言系属不公，也不利于交易的安全和稳定，而且有滥用未成年人利益保护之嫌。

综上，在案设的情景中，吴女士的卖房行为不受被监护人的父亲不知情的影响，其处置房屋也难言损害未成年人小周的利益，所以在本案中吴女士出卖挂在小周名下的房屋是有效的。当然，实践中也存在其他情况，例如小周的房屋是其以自己的经济收入购买，或者是完全受他人赠与，那么一般情况下，小周的父母就不能出卖房屋，除非能够证明出卖房屋所得的售房款有利于小周的利益。

8. 父母因新冠疫情被隔离，年幼小孩由谁来照顾？
——紧急情况下有关组织的临时生活照料义务

案例

小刚今年 8 岁，在北京上小学，其学校为寄宿制学校，小刚平时都住校，由学校对孩子们进行集中管理照顾。小刚的父母都是医生。因为新冠疫情，父母的单位组织医护人员前往武汉进行医疗援助，援助结束后，父母返京需要隔离 14 天。而此时适逢假期，小刚所在的学校因放假不再有老师对孩子进行集中管理。由于小刚父母的老家都不在北京，疫情期间也无法请亲戚前来照顾，小刚父母非常着急，却又不知道联系谁。

那么，在小刚父母被隔离期间，谁能来照顾小刚呢？

解答

其实，小刚的父母完全不用担心，对于因新冠疫情被隔离等突发事件使得监护人暂时无法履行监护职责的情况，《民法典》第 34 条进行了规定，即："监护人的职责是代理被监护人实施民事法律行为，保护被监护人的人身权利、财产权利以及其他合法权益等。监护人依法履行职责产生的权利，受法律保护。监护人不履行监护职责或者侵害被监护人合法权益的，应当承担法律责任。因发生突发事件等紧急情况，监护人暂时无法履行监护职责，被监护人的生活处于无人照料状态的，被监护人住所地的居民委员会、村民委员会或者民政部门应当为被监护人安排必要的临时生活照料措施。"《民法典》第34条是对监护人职责的规定。与之前《民法通则》第18条的规定相比，本条增加规定的新规则是，因突发事件监护人暂时无法履行监护职责，有关组织对被监护人负有临时生活照料义务。而这一款正好能够解决本案例中小刚父母所遇到的难题。

监护权，是指监护人享有的对于未成年人、丧失或者部分丧失民事行为能力的成年人的人身权益、财产权益加以监督、保护的准身份权。监护权的中心内容是义务，这种义务被称为监护职责。监护权的监护职责包括：（1）身上监护权，这也有管教的含义；（2）财产监护权；（3）民事法律行为和民事诉讼行为的代理权。监护人需要承担的两种民事责任分别是：（1）监护人不履行监护职责，造成被监护人人身损害或者财产损害的，应当承担相应的民事责任；（2）监护人侵害被监护人的合法权益，滥用监护权，造成被监护人人身损害或者财产损害的，应当承担赔偿责任。

本条中的新规则内容是因突发事件等紧急情形，监护人暂时无法履行监护职责的，有关组织对被监护人负有临时生活照料义务。这其实就是根据新冠肺炎防控工作的实际情况和总结的经验确定的，其要点如下。

（1）有关组织临时照料义务的适用条件是：第一，因发生突发事件等紧急情况，例如，发生新冠肺炎的大规模传染，若干年前出现的"非典"、汶川地震等以及其他类似突发事件等紧急情况；第二，无民事行为能力人或者限制民事行为能力人的监护人对被监护人暂时无法履行监护职责，例如新冠肺炎防控期间对武汉采取的特殊措施，使分离的监护人对其未成年子女不能履行监护职责；第三，监护人无法履行监护职责，因而使被监护人的生活处于无人照料状态，无法正常生活，陷入窘迫甚至危难。具备这三个要件，即应适用本条的临时生活照料义务的规定。

（2）对被监护人负有临时生活照料义务的组织，是被监护人住所地的居民委员会、村民委员会或者民政部门。居民委员会和村民委员会是地方自治组织，是特别法人，对本区的居民、村民负有职责。民政部门是政府的主管部门，不仅是监护的监督机关，而且是负有监护义务的监护部门。当出现上述突发事件等紧急情况时，这些组织就负有对陷入困境甚至危难的被监护人承担安排必要的临时生活照料措施的义务。这是法定义务，是必须履行的。

（3）该义务的具体内容是为被监护人安排必要的临时生活照料措施。例如，为被监护人设置专人进行生活照料，或者将被监护人集中起来进行生活照料等，使临时脱离监护的被监护人能够正常生活，防止出现意外。

所以，根据《民法典》的规定，本案例中小刚的父母由于新冠疫情被隔离，无法照顾小刚，亲戚、学校也无法照顾时，小刚的生活起居由小刚住所地的居民委员会、村民委员会进行照顾；民政部门也应当根据自身职责，为小刚安排必要的临时生活照料措施。

9. 被宣告死亡人重新出现，其配偶不愿意恢复婚姻关系怎么办？
——死亡宣告撤销后婚姻关系的不同法律效果

案例

谷某某和钱某某结婚后，在广州打工生活。两人生活艰辛，谷某某多次表示要出国挣钱，一天忽然离家后一直未归，钱某某用尽所有办法也未能联系到自己的丈夫。数年过去，谷某某仍旧下落不明，杳无音讯，其妻钱某某便向法院申请宣告谷某某死亡，经查，谷某某符合宣告死亡的条件，故法院宣告下落不明人谷某某死亡。钱某某便回到自己的娘家居住，并一直未再婚。突然有一天，谷某某出现在钱某某的娘家，说这么多年自己其实是去了国外，现在自己挣了钱，经济条件也好了，想接钱某某回广州继续生活。钱某某内心认为，谷某某当年抛下自己，说走就走，没有责任心，自己不愿意再跟他一起生活，况且，谷某某已经被法院宣告死亡，两人的夫妻关系自宣告谷某某死亡之日起就已消灭，她没有义务再跟谷某某回广州。而谷某某认为，自己并没有和钱某某离婚，钱某某就是自己的妻子，况且钱某某也没有和别人再婚。两人为此发生争执。

那么，被宣告死亡的谷某某"复活"后，他和钱某某的婚姻关系能够自动恢复吗？

解答

对此，《民法典》第 51 条进行了明确的规定。《民法典》第 51 条规定："被宣告死亡的人的婚姻关系，自死亡宣告之日起消除。死亡宣告被撤销的，婚姻关系自撤销死亡宣告之日起自行恢复。但是，其配偶再婚或者向婚姻登记机关书面声明不愿意恢复的除外。"这条是关于死亡宣告撤销后婚姻关系法律效果的规定。对于自然人被宣告死亡之后和重新出现时婚姻关系的处理，原来我国的《民法通则》没有作出规定，本条是增加的新规则。

我们知道，自然人被宣告死亡，就是等同于发生死亡的后果，原先的配偶关系自死亡宣告之日起消除，简单而言，例如案例中的谷某某被法院宣告死亡，那么这个效果等同于他真的死亡了，其妻子钱某某和谷某某的婚姻关系自然终止了，钱某某即丧偶之人，她可以选择与其他人结婚，也可以选择不结婚。法律规定，在被宣告死亡的人重新出现后，被宣告死亡的自然人的配偶没有再婚，死亡宣告撤销后，原来的婚姻关系自撤销死亡宣告之日自行恢复，仍与原配偶为夫妻关系，不必进行结婚登记。如此规定，是出于一般性的考虑，被宣告死亡的一方实质上没有死亡，其回来后，如果另一方也没有再婚的，就推定他们感情仍然很好，撤销死亡宣告后，两人的婚姻关系自行恢复。但是，法律也规定了例外情况：其一，被宣告死亡的人的配偶在宣告死亡期间再婚的。在这种情况下，当然不能自动恢复原来的配偶关系，否则会出现被宣告死亡人的配偶"一夫两妻"或者"一妻两夫"的现象，这不符合我国现行婚姻制度的规定。其二，在被宣告死亡的人重新出现后，原配偶一方向婚姻登记机关书面声明不愿意恢复的，婚姻关系也不能自行恢复。这是为了尊重婚姻当事人的意志，贯彻婚姻自由原则，如果其配偶向婚姻登记机关书面声明不愿意与被撤销死亡宣告的配偶恢复婚姻关系，则不能自行恢复夫妻关系。本案中谷某某和钱某某就符合这种情况，所以如果钱某某不愿意和谷某某恢复婚姻关系，她可以向婚姻登记机关书面声明不愿意恢复与谷某某的婚姻关系，这样的话，两人的婚姻关系就不会自行恢复了，对此谷某某也不能强行要求恢复，因为从事实上而言，两人已经处于婚姻关系终止状态。

当然，也有一种更为复杂的情况。例如，钱某某在谷某某宣告死亡期间再婚后又离婚，或者再婚后配偶又死亡，应当怎样处理呢？显然《民法典》没有作出规定。对此，我们可以参照《最高人民法院关于贯彻执行〈中华人民共和国民法通则〉若干问题的意见（试行）》第 37 条的规定，即："被宣告死亡的人与配偶的婚姻关系，自死亡宣告之日起消灭。死亡宣告被人民法院撤销，如果其配偶尚未再婚的，夫妻关系从撤销死亡宣告之日起自行恢复；如果其配偶再婚后又离婚或者再婚后配偶又死亡的，则不得认定夫妻关系自行恢复。"这样规定是合情合理的，即配偶再婚后离婚或再婚后配偶死亡，被撤销死亡宣告的人如果想要继续和配偶成立婚姻关系，应当进行婚姻登记，而不能自行恢复婚姻关系。

10. 老总拿着公司的印章给他人提供担保，有效吗？
——法定代表人以法人名义从事民事活动的效力

案例

　　兄弟公司有甲、乙、丙三个股东，其中甲是法定代表人。某天，甲的好友丁找甲，称自己做生意时遇到资金周转困难，其向戊借款 100 万元，戊要求丁提供担保，丁向甲求助。甲为了帮助朋友，在没有告知也没有取得乙和丙同意的情况下，用兄弟公司的印章在丁的担保合同上盖了章。此后，丁由于经营不善无法向戊还款，戊根据担保合同要求兄弟公司还款，乙、丙此时才知道甲用公章给他人做了担保，遂以两人不知情以及公司内部规定不得为他人担保为由拒绝由公司承担担保责任。双方争执不下，诉至法院。

　　在本案中，甲作为公司老总和法定代表人，其在丁的担保合同上盖章的行为有效吗？

解答

解决这个问题，需要根据《民法典》第 61 条的规定判断。《民法典》第 61 条规定："依照法律或者法人章程的规定，代表法人从事民事活动的负责人，为法人的法定代表人。法定代表人以法人名义从事的民事活动，其法律后果由法人承受。法人章程或者法人权力机构对法定代表人代表权的限制，不得对抗善意相对人。"

我们知道，法人的法定代表人是指依照法律或法人的组织章程的规定，代表法人行使职权的负责人。法定代表人的特征是：（1）法定代表人是由法人的章程所确定的自然人。（2）法人的法定代表人有权代表法人从事民事活动。（3）法人的法定代表人是法人的主要负责人。换句话说，法定代表人以法人名义从事的民事活动，都是法人的民事活动。法人通常都是通过法定代表人来表达自己的意思，从事民事活动的。因而，法定代表人以法人名义从事的民事活动，就是法人的民事活动，其后果都由法人承受。本案中，甲是兄弟公司的法定代表人，甲对外从事的民事活动，就代表着兄弟公司从事的民事活动，因此甲盖章为丁担保的行为，在外人看，就是兄弟公司为丁做了担保。

一般而言，法人的章程或者权力机构对法定代表人的代表权范围会作出限制，即法定代表人不得超出其法人章程或者权力机构对其的限制。如果法定代表人代表法人进行的民事活动超出了法人章程或者法人权力机构对法定代表人代表权的限制范围，法人可以追究其责任。但是，法人的章程或者权力机构对法定代表人的代表权范围的限制，对于第三人而言不具有完全的效力。只要进行民事活动的相对人是善意的，对其超出职权范围不知情且无过失，法人就不能以超越职权为由对抗该善意相对人；如果相对人知情，则法人可以主张该民事法律行为无效或者撤销。对此，应当对照《民法典》合同编第 504 条规定的条件和要求，确定法定代表人超越权限订立的合同的效力。在本案中，戊就是善意的，他并不知道乙和丙也是兄弟公司的股东，也不知道乙和丙对于甲担保的事情不知情，他也无法知道甲、乙、丙三人对于不允许公司对外担保的约定，因为这是他们三人内部协商的事宜，戊作为第三人很难得知真实的情况，在本案中也不存在戊和甲合谋串通，所以乙和丙以自己不知情、不同意以及公司内部约定不得为他人担保为由，无法对抗戊的合理诉求，兄弟公司必须承担担保责任。至于乙、丙如何追责甲，则是三人的内部纠纷，乙、丙可以与甲协商解决或者对甲另案提起诉讼予以解决。

11. 游戏账号被他人恶意注销了怎么办?
——网络虚拟财产的物权保护

📚 案例

小冰非常喜欢玩网络游戏，在一款游戏上倾注了大量的时间和心血，为了不断提升游戏中自己所拥有角色的能力，他先后为该账号充值近万元，为自己的角色配置了高级的装备与更耀眼的外观。小冰的朋友小甲也喜欢玩这款游戏，也经常和小冰一起玩。某日小甲和小冰共同玩游戏时，由于小冰的操作失误使得两人输了与其他玩家的对战，两人发生争吵，小甲一气之下趁小冰不在时，登录小冰的游戏账号，并选择了注销账号，以此报复小冰。小冰发现自己账户被小甲恶意注销，非常生气，要求小甲赔偿，但小甲称，游戏中的东西都是虚拟的，没有价值，不同意向小冰赔偿。

那么，小冰能否向小甲进行索赔呢?

👤 解答

这与《民法典》第 127 条的规定有关，即："法律对数据、网络虚拟财产的保护有规定的，依照其规定。"本条是对数据和网络虚拟财产是民事权利客体的规定。网络虚拟财产是指虚拟的网络本身以及存在于网络上的具有财产性的电磁记录，是一种能够用现有的度量标准度量其价值的数字化的新型财产。网络虚拟财产作为一种新型的财产，具有不同于现有财产类型的特点。例如本案中小冰所拥有的游戏账号，这个账号中的游戏人物虽然是虚拟的，但是其是有价值的，也能够通过金钱进行衡量——小冰为了这个游戏角色，倾注了大量心血，也消费了真金白银。《民法典》将网络虚拟财产规定为特殊物，具有重要的意义：第一，将网络虚拟财产归入特殊物，顺应了物权法的发展趋势；第二，特殊物准确反映出了网络虚拟财产的特性，是对网络虚拟财产的客观界定和准确描述，为解决现实中类似纠纷提供了法律依据，即当网络虚拟财产被侵犯时，我们可以用物权进行保护。

在本案中，网络虚拟财产就是小冰所拥有的具有使用价值和交换价值的网络游戏角色、装备等网络用品，所以他的账户当然属于网络虚拟财产的范畴，根据《民法典》第 127 条的规定，应当对此予以承认和保护。所以，小甲需要对此承担赔偿责任。

12. 未成年人用母亲支付宝打赏主播，钱可以要回来吗？
——限制民事行为能力人实施民事法律行为的效力

案例

　　小明今年 13 岁，父母经商，家境富裕，父母希望小明能接受更好的教育，故将小明送往国外读初中。留学期间，小明并没有适应国外的学习生活，由于性格内向，小明在国外的朋友也不多，所以小明将大量的时间花费在了看直播上。小明注册了直播平台账户，每天观看各类直播，并且用母亲的微信和支付宝对直播账户进行付款充值，购买虚拟币进行打赏，在一年的时间内共给数个主播打赏近 20 万元。由于小明的母亲做生意，手机支付、收款非常频繁，所以也一直没有发现小明的异常消费。直到有一次，小明一次性打赏 1 万元，才引起了母亲的怀疑。事发后，小明母亲多次找直播平台协商退款事宜，直播平台认为，小明一直声称自己是成年人，而且打赏也是因为主播提供了例如唱歌、陪打游戏的服务，打赏实质上是小明的消费行为，所以并不同意退款；小明的母亲遂将直播平台诉至法院要求退还相应打赏款。

　　那么，直播平台是否需要向小明的母亲退还小明的打赏款呢？

解答

解决本案需理解并运用《民法典》第 145 条的规定。《民法典》第 145 条规定："限制民事行为能力人实施的纯获利益的民事法律行为或者与其年龄、智力、精神健康状况相适应的民事法律行为有效；实施的其他民事法律行为经法定代理人同意或者追认后有效。相对人可以催告法定代理人自收到通知之日起三十日内予以追认。法定代理人未作表示的，视为拒绝追认。民事法律行为被追认前，善意相对人有撤销的权利。撤销应当以通知的方式作出。"

本条是对限制民事行为能力人实施的民事法律行为效力的规定。《民法典》第 19 条规定了 8 周岁以上的未成年人为限制民事行为能力人，其实施民事法律行为由其法定代理人代理或者经其法定代理人同意、追认；但是，限制民事行为能力人可以独立实施纯获利益的民事法律行为或者与其年龄、智力、精神健康状况相适应的民事法律行为。结合本条，我们可以得知，限制民事行为能力人实施的两种行为有效：一是纯获利益的民事法律行为；二是与其年龄、智力、精神健康状况相适应的民事法律行为。限制民事行为能力人实施的其他民事法律行为，是效力待定的民事法律行为，其效果是，虽然法律行为已成立，但是否生效尚不确定，只有经过特定当事人的行为，才能确定其生效或者不生效。限制民事行为能力人实施了依法不能独立实施的法律行为，需要其法定代理人的追认才可能生效。其效力的确定须经由以下途径：第一，法定代理人的同意权和追认权。经法定代理人同意的限制民事行为能力人实施的民事法律行为，发生法律效力；法定代理人虽然没有同意，但是在行为实施之后予以追认，该民事法律行为同样生效。第二，相对人的催告权。限制民事行为能力人实施的民事法律行为，其法定代理人没有同意，又没有追认的，相对人可以在 30 日内催告法定代理人予以追认。法定代理人未作表示的，视为拒绝追认，该民事法律行为无效。第三，善意相对人的撤销权。在该民事法律行为被追认前，善意相对人对该行为享有撤销的权利，撤销的方式应以通知的方式作出。撤销权是形成权，只要在该期限内行使，该民事法律行为就被撤销，自始不发生法律效力。

回到本案，小明今年 13 岁，智力、精神健康状况良好，属于限制民事行为能力人，其花费 20 万元的行为不是纯获利益的行为，也明显不是与其年龄、智力相适应的民事法律行为，所以这一法律行为如果要生效，要么得到小明法定代理人的追认，要么直播平台在 30 日内催告小明的法定代理人并得到法定代理人的追认。本案中，小明的母亲一直与平台协商退还打赏款，属于对小明打赏行为的不予追认，所以小明的打赏行为因未得到法定代理人的追认而无效，其母亲可以依法追回上述款项。

13. 不知情买了凶宅，买家能要求退房吗？

——受欺诈而订立的合同可以撤销

案例

　　赵女士一家因工作调动来到 A 市，在"好放心"中介公司的服务下花费 400 万元购买郝女士所拥有的一套房屋，双方在洽谈合同时，赵女士看到同小区同户型的房屋价格都接近 600 万元，所以特意询问该房屋曾经的居住情况。"好放心"中介公司和郝女士一致表示房屋自郝女士购买后，既没有居住过也没有出租给别人，也就是从来没有人居住过，更没有出过事；郝女士之所以低价出售该房屋，是因为要和自己的孩子移民海外急需资金。赵女士听后遂放心签署购房合同，数日后全家入住该房屋。某日，赵女士在和一位邻居聊天时，才得知郝女士的丈夫数年前曾在该房屋内上吊身亡。郝女士听闻后非常气愤，家中老人对此也非常介意，遂将郝女士诉至法院，要求撤销房屋买卖合同，并对自己进行赔偿。郝女士和"好放心"中介公司虽然都承认知道这是"凶宅"，但是均强调"凶宅"是封建迷信，其不影响房屋本身的质量，所以拒绝赔偿。

　　那么，买到"凶宅"到底能否退房呢？

解答

本案例与《民法典》第 148 条有关，即："一方以欺诈手段，使对方在违背真实意思的情况下实施的民事法律行为，受欺诈方有权请求人民法院或者仲裁机构予以撤销。"

当事人一方的欺诈，是指民事法律关系的当事人一方故意实施某种欺骗对方的行为，并使对方陷入错误，而与欺诈行为人实施的民事法律行为。构成欺诈，需要满足以下条件：第一，欺诈的一方须出于故意，或者是以欺诈为手段引诱对方当事人作出民事法律行为，或者是民事法律行为本身就是欺诈；第二，欺诈行为人在客观上实施了欺诈的行为，包括行为人故意捏造事实，虚构情况，诱使对方当事人上当受骗；以及行为人故意隐瞒真实情况，不将真实情况告知对方当事人，使对方当事人上当受骗，作出民事法律行为；第三，受欺诈一方是在违背真实意思的情况下实施民事法律行为，换言之，另一方当事人受行为人的欺诈，而使自己陷入错误的认识之户，由此作出错误的意思表示，作出民事法律行为。一方欺诈行为的法律后果是，受欺诈的对方享有撤销权，可以行使该撤销权，向人民法院或者仲裁机构请求撤销该意思表示。

回到本案，郝女士和"好放心"中介公司在与赵女士洽谈、签署购房合同中，实施了欺诈行为。第一，郝女士和"好放心"中介公司明知该房屋是"凶宅"，仍然以欺诈手段，欺骗赵女士房屋从未住过人，以引诱赵女士购买；第二，郝女士和"好放心"中介公司隐瞒了该房屋的真实情况，在客观上构成了欺诈；第三，赵女士因为受到欺诈，误以为该房屋价格低是因为郝女士急于出手而不是房屋是"凶宅"，使自己陷入错误的认识进而购买该房屋。所以本案符合《民法典》第 148 条的规定，应当认定郝女士和"好放心"中介公司对赵女士实施了欺诈行为。其实，在我们日常生活中，房屋买卖双方应当遵守诚信原则，卖房人应如实披露房屋的实际情况。虽然如郝女士和"好放心"中介公司所称，房屋内发生非正常死亡客观上没有对房屋的实际使用价值产生影响，但这种情况会影响部分购房者的心理感受，属于影响房屋买卖合同订立的重大事项。特别是本案中，郝女士和"好放心"中介公司在赵女士追问的情况下，仍旧隐瞒房屋情况，违背诚信原则，属于欺诈行为，赵女士有权诉请撤销。同时，赵女士还可以根据具体情况，主张搬家费、装修费、精神损失费等赔偿。

14. 以买卖房屋的名义借款担保有效吗？

——虚假行为和隐藏行为的效力

案例

小张起诉至法院称，2019年4月1日与小王签订了商品房买卖合同，购买小王所拥有的商品房一套，房款总价为100万元。合同中约定，小张于合同签订之日给付小王房款定金50万元，小王交付房屋并协助小张办理房屋产权过户等手续，张某应于2020年4月1日付清房款余款。因小王未履行合同约定，导致未能进行房屋过户手续，现小张起诉至法院。办案法官在审理过程中发现此案存在诸多疑点。根据当地房产价格，案涉商品房的市场价值高达500万元，此房价明显低于同期房价。经法官多次询问，小王陈述其因资金周转，需向小张借款50万元，以借贷的目的签订了房屋买卖合同。现小王无力还款50万元，所以小张要求履行买卖合同。

实践中，以买卖房屋的名义借款担保并不罕见，这种行为法院会如何认定呢？

解答

本案关涉《民法典》第146条，即："行为人与相对人以虚假的意思表示实施的民事法律行为无效。以虚假的意思表示隐藏的民事法律行为的效力，依照有关法律规定处理。"

所谓虚假行为，是指行为人与相对人通谋而为虚假的意思表示。虚假表示是双方进行串通的行为，是双方当事人的意思表示都不真实，而不是一方当事人的意思表示不真实。虚假行为的特点是双方当事人进行通谋，通常具有不良动机，因而在主观上是共同故意，在意思表示上是双方的不真实。如果仅有一方是非真意表示，而对方为真意表示的合意，或有误解，或者发生错误的，不构成虚假意思表示。虚假行为的法律后果是一律无效，不具有虚假表示的行为所应当发生的法律效力。隐藏行为，是指行为人将其真意隐藏在虚假的意思表示中。表意人与相对人所为的意思表示虽非出于真意，却隐藏他项法律行为的真正效果，其实质就是在通谋虚伪的意思表示中，隐藏着他项法律行为。确定隐藏行为效力的原则是，虚假行为隐藏其他法律行为者，适用关于该隐藏的法律行为的规定。对此，法律规定的具体规则是：虚假的意思表示行为无效，至于其隐藏的真实意思表示行为是否有效，应当依照该行为的法律规定判断。符合该种法律行为的规定的，认定为有效，否则为无效。

回到本案，小王和小张虽然表面上签订的是房屋买卖合同，但其实质上是借贷关系，他们以虚假的意思表示，将为借贷进行担保这一真实的意思隐藏在了买卖合同中。根据上述分析，对于虚假的意思表示，法律上认定为无效，所以双方的买卖合同行为无效；对于隐藏的意思表示，则是根据借贷关系判断，所以法院会以双方发生的借贷关系判定此案，定分止争。

其实，本案中小王和小张的行为是以借贷为目的签订商品房买卖合同作为借贷的担保，是一种让与担保的模式。《最高人民法院关于审理民间借贷案件适用法律若干问题的规定》第24条对这种情况作出了司法解释，即"当事人以订立买卖合同作为民间借贷合同的担保，借款到期后借款人不能还款，出借人请求履行买卖合同的，人民法院应当按照民间借贷法律关系审理。当事人根据法庭审理情况变更诉讼请求的，人民法院应当准许。按照民间借贷法律关系审理作出的判决生效后，借款人不履行生效判决确定的金钱债务，出借人可以申请拍卖买卖合同标的物，以偿还债务。就拍卖所得的价款与应偿还借款本息之间的差额，借款人或者出借人有权主张返还或补偿。"这与《民法典》第146条的规定也是一致的，所以对于以签订房产买卖合同作为借贷关系担保的这种方式，法院会按照民间借贷的真实法律关系进行处理，当事人单独起诉要求借款人履行房产买卖合同不会得到法院的支持。

15. 救下落水儿童后受伤，可以要求儿童的父母补偿吗?

——因见义勇为受伤，受益人应给予适当补偿

案例

2018 年 7 月 20 日 16 时许，李四年仅 8 岁的儿子李光独自一人在村外水库玩耍时不慎跌落水中。正巧张三路过水库，发现李光溺水后，急忙跳进水里将李光救起，救人过程中张三不慎手臂受伤，后经司法鉴定为伤残 10 级。现张三向法院提起诉讼，要求李四补偿原告医疗费、伤残补助金等。

张三可以要求李四补偿因受伤所造成的损失吗?

解答

本案涉及见义勇为者受损害能否得到补偿的问题。见义勇为是指行为人在没有约定义务，也没有法定义务的情况下，为了使国家利益、社会公共利益或者他人的合法权益不受或免受损害，而实施的制止侵害、防止损失的行为。作为中华民族的传统美德，助人为乐、见义勇为符合公序良俗的民事活动原则和我国当前的主流社会价值观，应当予以肯定并加以弘扬。

综合各项法律规定以及司法判例，见义勇为至少需要符合下列法律要件：(1) 行为人必须是个人。(2) 行为人必须实施了危难救助行为。所谓的危难救助行为是指当国家、集体、社会、公民个人财产及公民个人生命安全遭到威胁之时，行为人实施了旨在降低损失或消除威胁，进而产生了相应后果的一切行为。这种行为一般都是在危险的情况下出现，并且伴有较强的风险性。(3) 行为人并不具备法律约定的义务。否则，即使行为人实施了救助行为且客观上产生了救助效果，因为行为人与救助对象之间存在法律约定，这种行为也不能够算作见义勇为。(4) 行为人主观上存在维护公共利益或降低公共危害的意愿。这种意愿带有

正义感，如果主观上仅仅是出于维护自身利益，那么也不能构成见义勇为。

见义勇为者在实施见义勇为行为时，如果自身受到损害如何得到补偿呢？根据我国《民法典》第183条的规定，因保护他人民事权益使自己受到损害的，由侵权人承担民事责任，受益人可以给予适当补偿。没有侵权人、侵权人逃逸或者无力承担民事责任，受害人请求补偿的，受益人应当给予适当补偿。由此可见：（1）因见义勇为受损害，由侵权人承担；没有侵权人或者侵权人逃逸或者无力承担民事责任的，谁受益谁补偿。（2）受益人可以给予适当补偿，这种补偿不受见义勇为者受损害的责任是否已被侵权人承担的限制，且受益人补偿后不得再以任何理由反悔。

本案中，张三不顾个人安危，全力挽救了李光的生命，属于见义勇为行为。但李光在本案中不是侵权人，其与张三的损害结果之间也不存在必然的因果关系，不应承担赔偿责任。在本案中无实际侵权人的情况下，张三是为了救助李光而受伤，李光作为受益人应在受益范围内给予适当补偿，因李光尚未成年，应由其监护人即李四承担适当补偿责任。

16. 债务人欠债不还，过了诉讼时效债主就不能要求清偿了吗？
——超过诉讼时效期间丧失胜诉权

案例

汪明2007年4月29日在原某信用社借款20 000元，还款日为2008年3月20日，但到期后未还。2010年12月16日，原某信用社将该笔债权转让给新东方公司，同日，新东方公司又将该笔债权转让给钱多多公司。2013年12月13日，钱多多公司委托拍卖行公开拍卖处置包括本案债权在内的不良债权资产包。原告真有钱公司竞买成功，成为案涉债权的合法债权人。2020年6月1日，原告派3名工作人员到汪明家中催收，并于2020年6月28日向汪明发送贷款催收通知书，汪明虽然签收但仍未还款。为此，真有钱公司向法院提起诉讼，要求：汪明立即偿还借款本金20 000元及利息并承担诉讼费。庭审中，汪明提出本案已超过法定诉讼时效期间的抗辩。

本案是否已超过诉讼时效期间？

解答

诉讼时效是指民事权利受到侵害的权利人在法定的时效期间内不行使权利，当时效期间届满时，债务人享有拒绝履行的抗辩权。简单地说就是权利人未在法律规定的时效期间行使权利，就会丧失法律保护的权利，即丧失了胜诉权。

根据我国《民法典》第188条的规定，向人民法院请求保护民事权利的诉讼时效期间为3年，最长诉讼时效为20年，法律另有规定的除外。诉讼时效期间自权利人知道或者应当知道权利受到损害以及义务人之日起计算。超过诉讼时效的，我国《民法典》第192条则规定：诉讼时效期间届满的，义务人可以提出不履行义务的抗辩。诉讼时效期间届满后，义务人同意履行的，不得以诉讼时效期间届满为由抗辩；义务人已经自愿履行的，不得请求返还。

本案中，汪明向原某信用社贷款期间为2007年4月29日至2008年3月20日，诉讼时效应从2008年3月21日开始计算到2010年3月20日。诉讼时效期间届满，真有钱公司没有证据证明该期间内有诉讼时效中止、中断的法定事由，所以到2010年12月16日该笔不良债权转让时，诉讼时效期间早已届满。虽然诉讼时效届满后，双方当事人可以对原债务进行重新确认，但根据最高人民法院有关的司法解释规定，"对原债务的重新确认"是指债权人要有催收逾期贷款的意思表示，债务人签字或盖章认可并愿意继续履行债务，即要求借款人不但在催款通知单上签字盖章，而且有愿意继续履行债务的意思表示。本案中，真有钱公司虽然在2020年6月向汪明进行了催收，汪明也在催收函中签字但并无愿意继续偿还已过诉讼时效期间的该债务的意思表示，不应视为双方对原债务的重新确认，起不到对本案已超诉讼时效的债权债务重新确认而予以保护的效力。故法院最终判决驳回了真有钱公司的诉讼请求。

值得注意的是，债务人虽在诉讼时效期间届满后可拒绝履行其义务，但债权人丧失的仅仅是胜诉权，权利本身及请求权并不消灭。法院受理后，如债务人提出诉讼时效抗辩且查明无中止、中断、延长事由的，判决驳回债权人的诉讼请求。但债务人未提出诉讼时效抗辩的，则视为其自动放弃该权利，法院不得依照职权主动适用诉讼时效，应支持债权人的诉讼请求。此外，超过诉讼时效期间但债权人与债务人重新就原债务达成还款协议的，诉讼时效期间重新计算。债务人自愿履行后，也不得再以超过诉讼时效期间为由主张返还。

第二编

物 权

17. 疫情期间政府征用酒店作为隔离点合法吗？

——紧急需要下的财产征用

📖 案例

　　赵大山在文汉市郊区买下一栋大楼，并将其改造成为酒店使用，因经营得当，酒店生意一直比较好。2020 年年初，一种比较严重的传染病疫情在文汉市暴发，当地政府通知赵大山，因为医院资源紧张，需要紧急征用赵大山经营的酒店作为隔离点。赵大山担心，征用后自己将无法继续正常经营，而且酒店被用来作为隔离点后，不知道什么时候才会归还，之后来的住客也可能会对此产生担心，从而导致酒店的长期经营受到不利影响。政府工作人员和法律工作者对赵大山进行了详细的劝说，提出政府只是在紧急需要下征用老百姓的合法财产，事后一定会归还，不会对老百姓造成损失，而且会给予补偿，这些都是法律明确规定的，因此赵大山完全不用担心。此后，市政府依照法定程序对赵大山经营的酒店进行了征用。

　　那么，政府在疫情期间征用赵大山的酒店作为隔离点，是否合法呢？

💻 解答

　　这涉及民法典中紧急情况下征用老百姓财产的问题。所谓征用，是国家对单位以及老百姓财产的强制使用，在遇到有抢险、救灾或者疫情防控等紧急需要时，国家可以依照法律规定的权限和程序，征用单位和个人的不动产或者动产。《民法典》第 245 条对此作出了规定，即："因抢险救灾、疫情防控等紧急需要，依照法律规定的权限和程序可以征用组织、个人的不动产或者动产。被征用的不动产或者动产使用后，应当返还被征用人。组织、个人的不动产或者动产被征用或者征用后毁损、灭失的，应当给予补偿。"

除《民法典》外，征用问题在其他多部法律中也有规定，比如《宪法》第13条规定，国家为了公共利益的需要，可以依照法律规定对公民的私有财产实行征收或者征用并给予补偿；《传染病防治法》第45条第1款规定，传染病暴发、流行时，根据传染病疫情控制的需要，国务院有权在全国范围或者跨省、自治区、直辖市范围内，县级以上地方人民政府有权在本行政区域内紧急调集人员或者调用储备物资，临时征用房屋、交通工具以及相关设施、设备。根据这些法律的规定，首先，因疫情防控等紧急需要的，有关部门可以依照法律规定的权限和程序征用组织和个人的不动产及动产。其次，在被征用的不动产或者动产使用完后，有关部门应当及时将相应的财产返还被征用人。如果在财产被征用期间，发生了财产毁损、灭失的情况，则征用人应当给予财产所有人补偿，不能使权利人因此受到损失。疫情防控属于紧急需要的情形之一，在此情况下，国家可以依法征用组织或者个人的不动产、动产，这是从防控疫情的实际总结出来的新规则。因此，诸如征用体育馆、学校、宾馆等不动产，建立方舱医院或者隔离点以收治患者，征用医疗器械等动产对患者进行治疗等，只要履行了法定程序，都属于合法有据的行为。

本案中，由于文汉市忽然暴发了一种传染性很强的疾病，此种疾病会通过人与人之间的密切接触传染，所以需要对患者和疑似患者进行隔离观察和治疗，但由于疫情暴发得较为突然，各类医院人满为患，如果不征用一些新的区域作为隔离治疗点，将会使疫情的控制变得更为困难。赵大山所有和经营的酒店正好位于市郊区，条件较好，能够方便对患者和疑似患者进行隔离治疗，因此政府决定依法对酒店进行征用，这样有助于对疫情进行防控，从而使得公共利益最大化。同时，通过履行法定程序和及时进行补偿，也避免了赵大山的合法权益受到损害。市政府作为法定机关，依照法定程序对赵大山所有的酒店进行了征用，这种征用行为有充分的法律依据。当然，在疫情的紧急性消除，相应的医疗资源能够得到充分保障后，有关部门就应当及时向赵大山返还酒店，并就征用行为及时向赵大山支付相应的补偿。

18. 住宅小区车位究竟应当归谁所有?

——住宅小区车位的归属与利用

案例

　　博特房地产开发有限公司（简称"博特公司"）与西京市国土资源局签订国有土地使用权出让合同，取得位于西京市某地土地使用权，并以新建住宅的方式，完成对工程项目的建设，将小区名定为丽水小区。此后，博特公司陆续将丽水小区的商品房出售给刘某华等154户业主。刘某华是西京市丽水小区业主之一，也是业主委员会成员。丽水小区于2015年竣工验收后，博特公司将各商品房以及附属设施等全部交付给各业主使用。经博特公司申请，西京市房产管理局于2016年1月16日颁发了丽水小区地下室41个停车位的产权证，并出租给业主使用。刘某华认为，车位应该归属于全体业主而非开发商，因此2017年6月13日，其作为业主委员会的成员，以博特公司侵占丽水小区地面和地下室停车位为由向法院起诉，要求博特公司返还车位。

　　那么，住宅小区的车位究竟应当归谁所有呢?

解答

　　这涉及民法典规定的小区车位和车库的归属和利用的问题。在区分所有的建筑物中，车库、车位的问题很复杂，也非常重要，现代城市建筑住宅必须有足够的车库和车位。过去的观点认为，地下车库不能设立所有权，而应当采取共有，设立专有使用权的办法，以保障车库、车位用于防空设施等需要，我国法律一直以来都规定，车库、车位的基本权属状态是业主所有。车库和车位有所区别，车库是指六面封闭的停车场，而车位则是指在地表设立的停车区域。《民法典》第275条对车位和车库的归属作了规定，即："建筑区划内，规划用于停放汽车的车位、车库的归属，由当事人通过出售、附赠或者出租等方式约定。占用业主共有的道路或者其他场地用于停放汽车的车位，属于业主共有。"第276条则规定了小区车位利用的原则，即："建筑区划内，规划用于停放汽车的车位、车库应当首先满足业主的需要。"

根据《民法典》第275条和第276条的规定，确定车位和车库的权属应当首先依据合同确定。其中，如果车位和车库是通过出售和附赠取得的，则所有权归属于业主；如果车库、车位只是出租的，所有权仍归属于开发商，但业主享有使用权。通过出售和附赠车位、车库的所有权属于业主的，车库、车位的所有权和土地使用权应当进行登记。需要注意的是，在转移建筑物区分专有权也就是住房所有权时，车库、车位的所有权并不必然跟随住房的权属一并转移，也就是说买房并不必然就买了车位。另外，《民法典》还明确了占用共有道路或者其他场地建立的车位，属于全体业主共有。至于如何使用，确定的办法是，首先，应当留出适当部分作为访客车位；其次，其余部分不能随意使用，应当建立业主的专有使用权，或者进行租赁，均须交付费用，而不是随意由业主使用，保持业主对车位利益的均衡，防止出现买车位的业主吃亏，没买车位的业主占便宜的问题；最后，属于共有的车位取得的收益，除管理费外，归属于全体业主，由业主大会或业主委员会决定，将其归并于公共维修基金或者按照面积分给全体业主。另外，在使用原则上，建筑区划内规划用于停放汽车的车位、车库，应当首先满足业主的需要，但并非一定要通过出售来满足，出租亦能满足业主的需要。

本案中，案涉车位经过建筑工程规划许可，属于规划建造的车位，且并未占用业主共有的道路或者其他场地，根据《民法典》的规定，规划用于停放汽车的车位、车库的归属，由当事人通过出售、附赠或者出租等方式约定。因此，在没有被出售、附赠或者出租给小区业主的情况下，案涉41个停车位应当归属于博特公司所有，小区业主或者业委会无权主张涉案停车位的所有权。另外，开发商博特公司将案涉全部车位出租给部分业主使用，也符合第276条规定的"车位、车库应当首先满足业主的需要"的要求。因此，刘某华要求博特公司返还车位的诉讼请求难以获得法院的支持。

19. 小区业主和开发商有矛盾、想起诉开发商，该怎么办?
——业主大会、业主委员会的职能

案例

　　王某丹、李某文以及宋某水是欣欣花园一期小区的业主，北川公司为欣欣花园的房地产开发企业，负责欣欣花园项目的开发建设。在楼盘开盘销售时，北川公司发的宣传单以及刊登的广告都承诺，将会在小区建设中庭并配套有湖景，同时建设幼儿园、医院等必要设施。但等建设项目完成后，欣欣花园一期全体业主发现小区中庭仅有预留面积，但没有进行任何建设，相应的幼儿园、医院等配套设施也没有建好。各位业主都想提起诉讼以维护自身权益，但是具体操作时，有的业主没有时间，有的业主缺乏法律知识，有的业主担心起诉会因为难以证明损害的存在从而被驳回。王某丹、李某文以及宋某水作为业主的代表，想替小区的全体业主解决这个问题，从而依法维护业主群体的合法权益。

　　王某丹、李某文以及宋某水想要代表全体业主起诉开发商，应该怎么办?

解答

　　这涉及《民法典》规定的业主大会和业主委员会的成立以及诉讼主体资格的问题。所谓业主大会，是由物业管理区域内全部业主组成的团体，依法代表和维护物业管理区域内全体业主在物业活动中的合法权益。业主委员会是本建筑物或者建筑区划内所有建筑物的业主大会的执行机构，按照业主大会的决定履行管理的职责。《民法典》第277条规定:"业主可以设立业主大会，选举业主委员会。业主大会、业主委员会成立的具体条件和程序，依照法律、法规的规定。地方人民政府有关部门、居民委员会应当对设立业主大会和选举业主委员会给予指导和协助。"

根据《民法典》第277条的规定，全体业主享有管理权，但在行使管理权时，需要通过业主大会这一团体，业主大会可以再选举业主委员会，以行使日常事务管理权。业主大会的设立，需要业主的积极参与，考虑到业主人数众多，且个人往往无法很好地行使权利，因此首先需要形成业主大会这一团体。业主大会是由全体业主组成，但为了行使日常管理事务的便利，还需要再选举产生业主委员会，从而实现业主对区分所有建筑物的管理。在一些地方，业主可能会缺乏相应的法律知识，因此本条还规定地方人民政府有关部门和居委会，应当积极地对设立业主大会和选举业主委员会给予指导和帮助。在全体业主组成业主大会后，每位业主都享有平等的选举权和被选举权，有决定小区共同事项的投票权。业主大会的活动方式是举行会议并作出决议，其主要职责包括对外代表该建筑物的全体业主，代表全体业主为民事法律行为和诉讼行为；对内对建筑物的管理作出决策，对共同事务进行决议等。业主大会应当定期召开，每年至少召开一次。

本案中，王某丹、李某文以及宋某水作为业主的代表，如果想替小区的全体业主起诉开发商，首先需要组成业主大会，业主大会不同于个人，其具有诉讼主体资格，也就是可以代表全体业主参与诉讼，诉讼结果也归属于全体业主。另外，业主大会也可以通过共同决定或者授权业主委员会，行使相应的诉讼权利。业主委员会具有一定目的、名称、组织机构与场所，并管理相应财产，属于《民事诉讼法》第48条第1款规定的"其他组织"，在授权范围内，可以以业主委员会名义从事法律行为，代表小区业主与开发商进行沟通谈判，并参与诉讼，具备诉讼主体资格。因此，最好的办法是王某丹、李某文以及宋某水先积极组建业主大会，然后通过选举业主委员会，由后者代表小区全体业主进行诉讼。

在实践中，业主委员会由业主大会会议选举产生，由5至11人单数组成，这是为了更好地进行多数决。业主委员会委员应当是物业管理区域内的业主。业主委员会执行业主大会的决定事项，同时履行召集业主大会会议，报告物业管理的实施情况，代表业主与业主大会选聘的物业服务企业签订物业服务合同等各项职责。业主委员会委员应当由热心公益事业、责任心强、具有一定组织能力的业主担任。业主委员会主任、副主任在业主委员会成员中推选产生。

20. 业主想"炒掉"物业公司应该怎么做？

——业主大会选聘解聘物业的程序

案例

　　刘某、郭某、李某和林某系宽城市某小区的业主，其中李某和林某被选举为小区业主委员会委员。业主大会经投票后向南城物业公司发出解聘通知，明确要解聘南城物业公司并终止服务合同。刘某、郭某比较认可南城物业公司的服务水平，对业主大会投票结果的真实性以及投票程序的正当性提出质疑，并申请调取选票，李某和林某表示不同意调取。刘某、郭某因此向法院起诉请求判令业主大会撤销"终止与南城物业服务有限公司物业服务合同的决议"。法院查明，某小区召开的本次业主大会投票分为现场投票和入户走访投票，其中部分选票未核实投票人信息，另由于部分业主家没有人，走访的总户数大约一半，总投票人数也为业主总人数的一半，表决结果为全部同意。

　　那么，该小区"炒"物业公司的行为能否成立呢？

解答

　　这涉及民法典规定的业主选聘和解聘物业服务企业的问题。业主选聘和解聘物业服务企业，是业主行使共同管理权的重要表现之一。《民法典》第278条对此作出了规定，即："选聘和解聘物业服务企业或者其他管理人"由业主共同决定，决定时"应当由专有部分面积占比三分之二以上的业主且人数占比三分之二以上的业主参与表决"，"并经参与表决专有部分面积过半数的业主且参与表决人数过半数的业主同意。"

根据《民法典》第278条的规定，选聘和解聘物业服务企业或者其他管理人属于行使业主共同管理权利的其他重大事项，首先，应当满足表决的人数要求，即有专有部分面积占比三分之二以上的业主且人数占比三分之二以上的业主参与表决；其次，应经参与表决专有部分面积过半数的业主且参与表决人数过半数的业主同意，也就是多数决。其中，根据相关规定，专有部分面积按照不动产登记簿记载的面积计算；尚未进行物权登记的，暂按测绘机构的实测面积计算；尚未进行实测的，暂按房屋买卖合同记载的面积计算；建筑物总面积，按照前项的统计总和计算。另外，业主人数和总人数的计算方法是：业主人数，按照专有部分的数量计算，一个专有部分按一人计算，建设单位尚未出售和虽已出售但尚未交付的部分，以及同一买受人拥有一个以上专有部分的，按一人计算；总人数，按照前项的统计总和计算。只有在有足够的参会人数，以及参会人数中多数人同意的情况下，才可以代表业主大会的意志，毕竟选聘解聘物业会对全体业主的利益构成重大影响，如此规定，也是现代民主表决程序的应然要求。

本案中，终止与南城物业公司服务合同属于解聘物业服务企业的事项，《民法典》第278条规定应当经专有部分面积占比三分之二以上的业主且人数占比三分之二以上的业主参与表决；同时要求参会表决的专有部分占建筑物总面积过半数的业主且占总人数过半数的业主同意。但是，某社区工作人员在入户走访投票时对投票人员的身份多数未核实，投票的总人数或者总面积也没有占比三分之二以上，因此业主大会关于解聘物业服务企业的投票在核实业主身份方面存在重大瑕疵，该瑕疵直接影响对投票结果的认定。虽然本案中收集到的全部投票均记载同意，但由于表决的总人数不符合法定要求，法院将会认定业主大会作出的解除与南城物业公司服务合同的决定并未以法定的表决比例通过，即"炒"物业公司的行为不成立。

如果某小区不满意物业服务企业的工作，想要解聘物业服务企业，就应当注重业主大会表决的实体和程序问题，一方面，在参与人数上，必须由占小区总面积三分之二且人数占比三分之二的业主参与表决，这是必须达到的前提条件。在此基础上，解聘物业服务企业属于一般决定事项，经参与表决专有部分面积过半数的业主且参与表决人数过半数的业主同意即可获得通过。

21. 业主自作主张将小区住宅改为商铺违法吗？

——"住改商"的民法规制

案例

　　张大三和李小文均为东湖现代住宅小区的业主，二者属于门对门邻居，平时也多有往来。李小文后来在西湖附近买了新房子，想要搬走，于是就将自己居住的住宅交给响当当公司作为娱乐公司的办公场所使用。响当当公司拥有200多名员工，在工作期间，从事业务接待、开例会、做操、唱歌等活动，在小区内进进出出，致使张大三的正常生活受到较大的影响。张大三认为自己作为李小文的邻居，李小文把住宅租给他人，改成经营用途没有取得自己的同意，要求李小文协调响当当公司妥善处理噪声以及人来人往的问题。但李小文以房子已经租出去了，自己也管不了为由予以拒绝。现张大三向法院起诉，请求依法判令响当当公司、李小文停止在小区内的经营，将房屋恢复住宅的状态。

　　那么，张大三的诉求能获得法院的支持吗？

解答

　　这涉及民法典规定的小区房子"住改商"的规制问题。所谓"住改商"，是指日常生活中经常遇到的，业主将小区内的住宅改为诸如小卖部、办公场所、餐厅甚至歌厅等经营性用房。住宅所有权人可能会认为，既然自己对房子有绝对的所有权，那么把房子改造成什么用途、租给什么人使用都和他人无关。但事实上，不顾他人利益对房屋用途进行改变，不仅可能造成安全隐患，而且不可避免对附近业主的权益造成损害。对此，法律有必要予以规制。《民法典》第 279 条就是解决这个问题，该条规定："业主不得违反法律、法规以及管理规约，将住宅改变为经营性用房。业主将住宅改变为经营性用房的，除遵守法律、法规以及管理规约外，应当经有利害关系的业主一致同意。"

根据《民法典》第 279 条的规定，业主负有维护住宅建筑物现状的义务，其中包括不得违反法律、法规以及管理规约，将住宅改变为经营性用房。比如某小区全体业主订立了管理规约，明确小区内所有住房都不能改造成商业用途，则所有业主应当遵循此种规约。即使小区内不存在此种规约，如果将住宅改变为歌厅、餐厅、浴池等经营性用房，仍然可能会干扰其他业主的正常生活，从而引起邻里不和与矛盾，也会造成公共设施使用的紧张状况，产生安全隐患，使城市规划目标难以实现。因此，业主不得违反法律、法规以及管理规约，将住宅改变为经营性用房，没有规约的，原则上不禁止业主将住宅改变为经营性用房，但仍然应当经过有利害关系的业主的一致同意。换句话说，有利害关系的业主只要有一人不同意，就不得改变住宅的用途。

本案中，李小文与张大三属于对门邻居，相隔较近，平时彼此间往来也比较密切。李小文将住宅改成商业用途，尤其是作为娱乐场所的办公区，不可避免地会对张大三的正常生活产生影响，张大三因此属于《民法典》第 279 条规定的有利害关系的业主，根据《民法典》的规定，李小文将自己居住的住宅交给响当当公司使用，应当取得张大三的同意，这是"住改商"的必要条件，但李小文并未告知张大三并取得同意，而且响当当公司的日常经营使得张大三的正常生活受到一定的影响，应当认为张大三的合法权益因此而受到侵犯。根据本条，法院应当判决响当当公司、李小文停止在现代住宅小区内的经营，并将案涉房屋恢复住宅用途。如果给张大三造成了其他损失，还应当依法进行赔偿。

不动产的相邻权利人应当按照有利生产、方便生活、团结互助、公平合理的原则，正确处理相邻关系。"住改商"并非是不被法律允许的，但有前提条件，亦即经过有利害关系的业主一致同意。在《民法典》之前，法律只是笼统地规定"住改商""应当经利害关系的业主同意"。对于该规定怎么理解存在分歧，最高人民法院司法解释明确"住改商"即使得到多数有利害关系的业主同意，只要有一户不同意，也不能证明其行为合法。《民法典》则进一步明确，"住改商"只有经有利害关系业主的一致同意，才可以进行。

22. 住宅小区的广告收益到底应当归谁所有？
——利用建筑物业主共有部分产生收益时的归属

案例

王三和是亲亲家园的业主以及业主委员会委员，四元公司是亲亲家园的物业管理企业。四元公司负责人赵某某代表亲亲家园与中国移动、中国联通等签订小区内的广告牌使用协议，约定两公司使用小区 9 个广告牌，使用期限 3 年，使用费共计 170 万元。此后，中国移动、中国联通等向四元公司账户支付了该笔使用费。王三和知道后找到赵某某，认为小区内的广告牌虽然是由物业服务企业来管理，但是毕竟使用的是全体业主共有部分，使用费收益应当归全体业主所有。赵某某则认为，所有洽谈、沟通和之后的维护工作都是由物业来负责，而且这些款项实质上就属于物业管理费，应当由物业收取，业主无权主张收益。王三和对此很不满，在取得业主大会的同意后，以业主委员会的名义将四元公司告到法院。

那么，王三和的请求能否得到法院的支持呢？

解答

这涉及民法典规定的建筑物业主共有部分收益归属的问题。所谓建筑物业主共有部分，包括建筑物内的全体业主使用的广场、舞厅、图书室、棋牌室等，其他走廊、门庭、大堂等建筑物的构成部分，同样是业主共有部分。针对利用这些共有部分取得的收益应如何分配的问题，《民法典》第 282 条规定在扣除合理成本之后应属于业主共有，即："建设单位、物业服务企业或者其他管理人等利用业主的共有部分产生的收入，在扣除合理成本之后，属于业主共有。"

根据《民法典》第 282 条的规定，区分所有建筑物的共有部分属于业主共有，如果利用共有部分发生的收益，原则上应当归属于全体业主所有。物业服务机构将这些收益作为自己的经营收益，侵害全体业主的权利的，构成侵权行为。但与此同时，毕竟物业服务企业在牵头利用这些共有部分，也是基于物业服务企业确实为共有收益的发生付出了必要的劳动，才能够取得这些收益。而且，物业服务企业是经营者，为经营业主的共有部分获得收益付出了代价，应当有一定的回报。因此，这些共有部分发生收益应当扣除物业服务企业合理的管理成本，也需要给物业服务企业留下必要的利润。剩余的收益部分，就归属于全体业主共有。至于如何处置，应当由业主大会决定。比如业主大会决议归属于公共维修资金，则应当归入公共维修资金；如果业主大会决议分给全体业主每个人享有，那么就应当按照每一个业主专有部分的建筑面积比例分配。

本案中，四元公司作为物业服务企业，利用小区的共有部分开展出租业务，将广告牌租给中国移动、中国联通使用，因此取得了 170 万元的经营性收益，该收益在扣除合理成本后应当由业主共有。因此，王三和代表业主委员会主张四元公司返还物业管理区域的经营性收益，在原则上应予支持。但同时，考虑到四元公司在整个过程中参与了签约的磋商谈判，事后还需要对广告牌等进行维护，相应地也会产生不少经营性支出，这些支出都属于合理成本，如果不考虑这些成本，一味地将所有收益都归属于业主所有，则难免会损害物业服务企业的积极性，导致之后没有物业服务企业愿意从事此类工作，这样的话对业主也是有害而无益。所以，四元公司主张人员费、维护费等这些合理成本和支出，具有合理性，法院同样应当予以支持。

此外，需要明确的是，由于中国移动和中国联通与四元公司签订的是租赁合同，并非物业管理合同，因此两公司按照约定支付给四元公司的各种形式的费用，实质上是租金而非物业管理费用，四元公司主张该费用为物业管理费，从而要求全部收取的请求不能得到支持。在支持了四元公司的正常经营成本后，四元公司应当为广告牌的正常工作履行协助义务，因此广告牌的收入应考虑合理经营成本，并会按照合理费用或者酌定一个合理的比例，将广告费收益支付给物业公司，剩余部分则属于全体业主共有。

23. 承租的房子进行装修后，增加的部分算谁的？

——民法典添附规则的适用

案例

李某华和王某昌是朋友关系，王某昌因为孩子马上要上小学，需要承租李某华位于市中心的一套房子。由于李某华的房子长期没有人居住，出于便利孩子的需要，王某昌对房子进行了全方位的装修，同时也购置了新的家具。考虑到装修的价值，王某昌与李某华签订的租赁合同中约定租期为6年，到期如果要续租，应当取得出租人和承租人的同意。但因为市中心的房价飞涨加上李某华有资金需要，3年后李某华准备出售房屋，但买房人要求房子里没有租客，于是李某华希望提前解除租赁合同，并答应向王某昌支付一定的补偿。王某昌同意搬走，但认为装修花了很多钱，李某华应当补偿。李某华心想房子最终是要卖掉的，装修自己也用不了，于是不同意额外再补偿王某昌，于是让王某昌自己把装修拆了拿走，自己不需要。王某昌不同意，故不肯搬走，双方僵持不下，均到法院起诉。李某华要求王某昌限期搬离，王某昌则要求李某华支付装修的补偿款。

那么，租的房子进行了装修，装修究竟归谁，王某昌和李某华的请求，谁能得到法院的支持？

解答

这涉及民法典中规定的添附规则的适用。所谓添附，是指不同所有权人的物被结合、混合在一起成为新物，或者利用别人之物加工成为新物的事实状态，承租房里的装修是添附的典型体现。添附是所有权取得的根据之一，这是因为添附发生后，要恢复各物的原状在事实上已不可能或者在经济上是不合理的，就像装修一样，要拆也能拆除，但是成本太高。因此，有必要确定添附物的权利归属，以解决双方的争执。《民法典》第322条对此作出了规定："因加工、附合、混合而产生的物的归属，有约定的，按照约定；没有约定或者约定不明确的，依照法律规定；法律没有规定的，按照充分发挥物的效用以及保护无过错当事人的原则确定。因一方当事人的过错或者确定物的归属造成另一方当事人损害的，应当给予赔偿或者补偿。"

根据《民法典》第322条的规定，添附后所有权的确定有四个层次：第一，有约定的按照约定。体现在本案中，如果李某华和王某昌能够就装修物的归属或者补偿达成一致，则应当遵照双方的约定处理。第二，没有约定或者约定不明确的，依照法律规定处理。第三，当事人没有约定，法律也没有规定的，则应按照充分发挥物的效用以及保护无过错当事人的原则确定。所谓发挥物的效用原则，是指物归属于哪一方更能够发挥物的效用，就应归属于哪一方。保护无过错当事人的原则，是指对于无过错的一方当事人，应当给予更好的保护。两个原则中，应当首先考虑物的效用原则。第四，因一方当事人的过错或者确定物的归属给另一方当事人造成损失的，应当给予赔偿或者补偿。

根据上述处理添附所有权归属的四个原则，本案应当做如下处理。首先，当事人双方没有能够就添附物的规定达成一致，李某华想要把装修仍然归王某昌所有，让王某昌自己拆除，王某昌则认为装修的所有权应当归属于李某华，李某华对其进行补偿，因此无法按照约定来处理。其次，对于装修的归属问题，法律没有直接的规定，这属于意思自治的范围。再次，由于本案中李某华准备收回房屋并出卖，显然将装修归属于李某华，有利于提升房屋的价值，对李某华更为有利，相反，对于王某昌来说，其把装修拆走会严重贬损装修物的价值。而且，王某昌在本案中没有过错，是李某华想要将房屋出卖进行谋利，所以才提前要求中止租赁合同，法院应当偏重保护王某昌的诉求，判决装修物归属于李某华。最后，本案系由于李某华的过错，导致租赁合同提前解除，此种行为会给刚完成装修不久，支付了装修款的王某昌的权益造成损害，根据法律规定，李某华应当对王某昌的损失进行赔偿或者补偿。

24. 住宅建设用地使用权到期，业主还能继续居住吗？

——住宅建设用地使用权自动续期规则

案例

冯某经与赵某协商达成转让合意，约定赵某将位于新民市的住宅建设土地使用权转让给冯某，双方签订了转让协议，冯某依照约定支付了转让价款，同时办理了过户登记。一年以后，冯某想要再将土地使用权转让给张某，双方也已经签订了协议，但在办理过户登记的时候，被相关部门告知，新民市的这块国有土地使用权的使用期限为 20 年，颁证时间为 2000 年 4 月，现在已经到期了，因此该国有土地无法办理更名。如果要续期的话，要缴纳一定的费用，冯某很不解，认为住宅建设用地使用权不就是给人住的，怎么还有到期的道理，如果需要补交费用，自己买房子的时候，赵某也没有充分告知这个问题，费用应当由赵某补交。于是冯某将土地部门和赵某共同告上了法院。

那么，住宅建设用地使用权到期后怎么办，业主要从自己的房子搬出吗？

解答

这涉及民法典中规定的住宅建设用地使用权续期的问题。建设用地使用权到期之后，可以续期。建设用地使用权续期分为两种：一是住宅建设用地使用权期限届满的，自动续期，不存在期限届满而消灭的问题。二是非住宅建设用地使用权期限届满需要续期的，须申请续期。《民法典》第 359 条第 1 款明确了我国住宅建设用地使用权采取自动续期模式，即："住宅建设用地使用权期限届满的，自动续期。续期费用的缴纳或者减免，依照法律、行政法规的规定办理。"

根据《民法典》第359条的规定，对于住宅建设用地使用权，到期的应自动续期，但是存在的问题是，法律只规定了建设用地使用权是自动续期，但是没有规定应当续多长期限，续期是否要缴纳费用等等，后面这些问题才是广大人民群众最为关注的。本条规定其实并没有对此规定得很明确，只是规定"续期费用的缴纳或者减免，依照法律、行政法规的规定办理"。当然，这个规定也是有价值的。该规定意味着，只有法律和行政法规才可以决定住宅建设用地使用权到期自动续期的费用和期限问题，这样就禁绝了地方各级权力机构和行政机关对此自行规定的做法，给中央解决这个问题留下了空间。目前学界有很多学者都建议，住宅建设用地使用权到期自动续期的含义，就是对住宅建设用地使用权应当规定为一次取得永久使用的永久性用益物权，无论是20年还是70年期满后，都应当自动续期，而且之后也不应再存在期限，同时更不应当收费。如果考虑到土地使用费用的问题，则可以用土地税的方法来解决。本案中，冯某购买住宅建设用地使用权后，即使使用权确实到期了，也不意味着业主就要从自己的房子搬出，使用权应当是自动续期的，这是明确的。但至于这种续期是不是要缴纳费用，能够续期多久时间，目前法律、行政法律还没有作出明确规定，但可以肯定的是地方政府无权自行作出收费的决定。

另外需要说明的是，对于非住宅建设用地使用权例如商业用地使用权的续期，在建设用地使用权期限届满之前，建设用地使用权人如果需要继续使用该土地，应当在期限届满之前一年申请续期。对于建设用地使用权人申请续期的要求，土地出让人应当准许，除非有出于公共利益的目的需要收回该土地。建设用地使用权续期，建设用地使用权人应当办理续期手续，交付出让金。交付出让金应当按照约定，没有约定或者约定不明确的，按照国家的规定交付。续期手续完备后，建设用地使用权继续存在，并不消灭。和住宅建设用地使用权相比，非住宅建设用地使用权续期多了申请以及缴费的要求。

25. 父亲立遗嘱让保姆继续住在自家房里，儿子反对有效吗？

——遗嘱设立居住权的效力

案例

　　年近八旬的张老伯在遗嘱登记中心以公证遗赠的形式，将家中唯一的一套房产给自己的保姆设置了居住权，让保姆有权一直居住到去世为止。张老伯在设立遗嘱时指出，几年前老伴在世的时候，因为老伴身患多种疾病，包括吃喝拉撒睡在内的各种照料，大部分都由这位保姆承担，一直持续到老伴过世。其间，她始终任劳任怨、贴心照顾。老伴走后，她又一直照顾张老伯。相反，张老伯认为自己的儿女要么在外地工作很少回家，要么忙于自己的小家庭，基本不怎么来看自己，更谈不上照顾自己。张老伯同时又考虑到，自己家中只有这一套房，要是赠与保姆，事后难免会发生纠纷，因此就选择了这个方案。在张老伯去世后，遗嘱被公开，张老伯的儿子知道后，明确表示不同意保姆继续居住在房屋里。

　　案中张老伯儿子的这种反对有效吗？保姆是否能够继续在房子里居住呢？

解答

　　这里涉及民法典中居住权的设立及效力问题。所谓居住权，是指自然人依照合同的约定、依照遗嘱或者遗赠协议，对他人所有的住宅享有占有、使用的用益物权，居住权是《民法典》新增的用益物权的一种。民法上的居住权主要有以下四个方面特征：一是居住权的基本属性是他物权，具有用益性；二是居住权主要是为特定自然人基于生活用房而设立的物权，具有人身性；三是居住权是一种长期存在的物权，具有独立性；四是居住权的设定是一种恩惠行为，具有不可转让性。《民法典》第366条规定，居住权人有权按照合同约定，对他人的住宅享有占有、使用的用益物权，以满足生活居住的需要。第371条规定，以遗嘱方式设立居住权的，参照适用本章的有关规定。

根据《民法典》的规定，居住权作为一种新型的法定用益物权，其设立应当遵循严格的要求。居住权原则上为无偿设立，因而居住权人对取得居住权无须支付对价，不过，居住权人应当支付住房及其附属设施的日常维护费用和物业管理费用，以通常的保养费用、物业管理费用为限。如果房屋需要进行重大修缮或者改建，只要没有特别的约定，居住权人不承担此项费用。居住权分为两种类型，一是意定居住权，二是法定居住权。意定居住权是指根据房屋所有权人的意愿而设定的居住权，设立人必须是房屋所有权人，其他人不得在他人所有的房屋之上设定居住权。意定居住权的设定方式有两种：依据遗嘱方式设立居住权；依据合同的方式设定居住权。法定居住权，是指依据法律的规定直接产生的居住权。依据遗嘱方式设立居住权，包括遗嘱继承和遗赠。不论是依据遗嘱继承方式还是依据遗赠方式取得居住权，都是遗嘱取得居住权。遗嘱取得居住权，参照适用《民法典》物权编第三分编第十四章的规定。具体包括，第一，遗嘱生效后，还须进行居住权登记，否则不能取得居住权；第二，居住权不得转让、继承，设立居住权的住宅不得出租，当事人另有约定的除外；第三，居住权人死亡，居住权消灭。

在本案中，张老伯对房屋具有所有权，其以遗赠的方式设立的居住权，符合《民法典》的规定。但需要注意的是，在张老伯去世后，遗嘱生效，保姆应当及时进行居住权的登记，居住权经过登记后才能依法取得。之所以对居住权采取登记发生主义，是因为居住权与租赁权不同，租赁权是债权，而居住权是物权。物权采取的是登记发生主义，否则不能产生对抗一切第三人的效力。如此居住权才不会与租赁权相混淆。因此，保姆在登记取得居住权后，具有对抗效力，也就是可以对抗所有不特定的义务人，包括张老伯的儿子。也因此，即使张老伯的儿子明确对此表示反对，这种反对也不会发生效力，不能阻碍保姆继续在房屋中居住。

26. 耕地使用权能抵押吗？

——三权分置下的土地经营权抵押

案例

　　王某江通过公开拍卖的方式取得506亩农村土地使用权，并申请了土地使用权权属证书。同日，王某江和另外五名合作伙伴签订合伙协议书，约定将上述拍卖取得的土地使用权用于承包经营，大家按照比例进行投入，收益大家共同享有。因为扩大生产规模的需要，合伙企业想要向银行借款，并打算将土地使用权设定抵押。但合作伙伴中有人告知王某江，说耕地一直是禁止抵押的，因为抵押之后，如果到时候还不了钱，耕地是要被拍卖的，拍卖后就可能被用作其他用途，这样就违反法律规定，也违反耕地红线政策了。但是也有合作伙伴说，现在农村土地搞三权分置，耕地也可以抵押了，《民法典》对此已经作出了修改，因此耕地是可以抵押的。王某江对此感到困难，于是向专业人士请教。

　　这里的耕地使用权到底能不能抵押呢？

解答

　　这涉及民法典规定的三权分置以及土地经营权抵押的问题。《民法典》吸取了农民土地改革的先进经验，采取了三权分置的模式对土地制度进行重构。随着三权分置的改革，通过招标、拍卖、公开协商等方式承包土地取得承包经营权的，其流转也采取三权分置的方法，即流转土地经营权，可以将通过招标、拍卖、公开协商等方式取得的土地承包经营权与土地经营权分离，并将土地经营权进行抵押。《民法典》第342条对此进行了明确，即："通过招标、拍卖、公开协商等方式承包农村土地，经依法登记取得权属证书的，可以依法采取出租、入股、抵押或者其他方式流转土地经营权。"

根据《民法典》第342条的规定，土地承包经营权人可以依照法律的规定，对土地承包经营权采取法定的方式进行流转。土地承包经营权流转的主体是土地承包经营权人，土地承包经营权人有权依法自主决定土地承包经营权是否流转及流转方式。土地承包经营权人的流转方式主要有转包、互换、转让、入股、抵押和其他方式。但是基于农地承包经营方式的不同，土地承包经营权的流转也是不同的。通过招标、拍卖、公开协商等方式承包农村土地，经依法登记取得土地承包经营权证或者林权证等证书的，其土地承包经营权可以依法抵押的方式进行流转。在本案中，王某江取得土地使用权是通过公开拍卖的方式，同时也办理了权属证书，符合本条规定将土地经营权进行流转（包括抵押）的前提条件，因此案涉耕地使用权是可以设置抵押的。

《民法典》规定耕地可以抵押，也曾经遭遇过反对意见。这是因为，规定农民的土地可以抵押，意味着就可以买卖，而出卖承包地，可能会危及我国的粮食安全，同时农民出卖耕地和宅基地的最坏可能是会流离失所，这将带来严重的社会风险。但是，这些担心现在多数已经不存在了，在东部沿海和中心城市周边的农村，很多农民已经不种地了，也不一定住在村里，这样将耕地进行抵押或者流转，让有意愿的人来种地，就有了合理性。因此，《民法典》规定耕地可以抵押，这是农村土地三权分置改革的必然要求。《中共中央、国务院关于全面深化农村改革加快推进农业现代化的若干意见》指出："在落实农村土地集体所有权的基础上，稳定农户承包权、放活土地经营权，允许承包土地的经营权向金融机构抵押融资。"为了贯彻落实这一要求，促进农村土地金融的发展，《民法典》第342条规定了土地经营权的流转，允许就土地经营权开展融资担保。与此相对应，《民法典》第339条也就删去了原物权法关于耕地等集体所有的土地使用权不得抵押的规定。

27. 抵押房屋并约定还不起钱房屋归出借人所有，可以吗？

——流押条款的效力判定

案例

　　陈某友是华升建设集团有限公司的董事长，因为承建大港项目需要大量的资金，特向东方公司借款人民币500万元，为对借款提供担保，陈某友以其自有的位于市中心的一套商品房作为抵押担保。双方约定，借款期限为2年，到期后陈某友应当还本付息，如果到时候陈某友无法按期清偿债务，则位于市中心的房子归东方公司所有。两年后，因为大港项目的建设推进困难，陈某友的资金情况非常紧张，不能如期清偿东方公司的债务。同时，由于学区划片的原因，陈某友位于市中心的房子从2年前的约600万元的价值，上升到大概价值1 000万元。大港公司因向陈某友索要欠款未果，诉至法院，要求履行当初合同的约定，判决位于市中心的房子归东方公司所有。陈某友则认为，现在房子升值了，如果直接给东方公司，自己会遭受很大的损失。

解答

　　这涉及民法典规定的流押条款的效力问题。所谓流押条款，又被叫作抵押财产代偿条款或流抵条款，是指抵押权人与抵押人约定，当债务人届期不履行债务时，抵押权人有权直接取得抵押财产的所有权的协议。对于此种条款的效力问题，《民法典》第401条作出了规定："抵押权人在债务履行期限届满前，与抵押人约定债务人不履行到期债务时抵押财产归债权人所有的，只能依法就抵押财产优先受偿。"

　　根据《民法典》第401条的规定，抵押权人和抵押人订立的流押条款不会发生当事人想要发生的效力。换句话说，即使当事人之间在借款发生的时候约定，当借款人届期不履行债务时，抵押权人有权直接取得抵押财产的所有权，但真的到了要还款的时候，就算借款人没有办法偿还借款，也不意味着抵押权人就可以拿着当事人之间签的这份协议，去主张房屋所有权归其所有。当然，相应的条款也不是完全不具备任何的效力，本条规定抵押权人仍然可以就抵押财产优先受偿，也就是说，当事人主张将抵押财产拍卖、变卖或者折价，并用相应获得的价款优先清偿债务的，就能够得到法律的支持。在逻辑上，本条如此规定首先意味着订立流押条款的，流押条款本身无效；其次，虽然流押条款无效，但不妨碍抵押权依然成立，抵押权人也就可以因此就抵押财产优先受偿，从而使得债务得到清偿。

本案中，东方公司与陈某友约定的"如果到时候陈某友无法按期清偿债务，则位于市中心的房子归东方公司所有"的条款属于流押条款，根据本条规定应属无效，东方公司不能直接主张房子归其所有。如此也是为了避免以1 000万元的房子清偿500万元债务的不公平的结果发生。但与此同时，东方公司根据本条规定具有优先受偿权，因此可以要求对房子进行拍卖、变卖或者折价，并将因此取得的1 000万元价款中的500万元用于优先清偿陈某友欠其的债务，多余部分，则应当退还给陈某友。

在司法实践中，如何在事实上认定某种契约或者某个条款属于流押条款同样值得思考，概括而言多见的有以下三种：第一，在借款合同中订有清偿期限的，期限届至而借款人不还款时，贷款人可以将抵押财产自行加以变卖的约定。第二，抵押权人在债权清偿期届满后与债务人另订有延期清偿的合同，在该合同中附以延展的期限内如果仍未能清偿时，就将抵押财产交给债权人经营为条件的约定。第三，债务人以所负担的债务额作为某项不动产的出售价，与债权人订立不动产买卖合同，但并不移转该不动产的占有，只是约明在一定的期限内清偿债务以赎回该财产。此种合同虽然在形式上是买卖，但实际上是就原有债务设定的抵押权，实质上是以回赎期间作为清偿期间。

28. 买车人不知情买到了4S店里的抵押车，还能要回来车辆合格证吗？
——正常经营活动买受人的优先权

案例

　　常某某在亚超公司经营的4S店看中一款轿车，在支付了购买轿车的价款后将车辆提走。亚超公司当场未交付车辆合格证，但承诺会在5天内将车辆合格证交付给常某某。但10天过去了，亚超公司仍未依约支付。后来常某某了解到，该车辆由神龙公司生产，并交付给亚超公司销售，亚超公司为了资金周转需要，将该车辆抵押向A银行用以担保贷款，并办理了抵押登记，A银行也就案涉车辆合格证进行了监管质押，车辆及其他手续实际由亚超公司管控。但是，车辆抵押给银行、车辆合格证被银行管控的事实，常某某在买车时并不知情，亚超公司也没有如实告知，常某某觉得很生气，于是将亚超公司和A银行告上法院，要求A银行交付车辆合格证。但A银行认为，其对车辆享有合法的抵押权，对车辆合格证进行管控是正常行为。

　　那么，常某某的请求能够获得法院的支持吗？

解答

　　这涉及民法典规定的动产抵押能否对抗正常经营中的买受人的问题。动产抵押采取登记对抗主义，未经登记不得对抗善意第三人。也就是说，在一般情况下，因为动产抵押是不转移动产的占有，第三人很难以知晓，要是不办理抵押登记，第三人就很难对此知情，因此动产抵押需要办理登记，才可以对抗第三人。但也有例外情况，即就算动产抵押已经办理了登记，也不得对抗在正常经营活动中已支付合理价款并取得抵押财产的买受人。《民法典》第404条对此进行了明确："以动产抵押的，不得对抗正常经营活动中已经支付合理价款并取得抵押财产的买受人。"

根据《民法典》第404条的规定，如果在动产抵押过程中，抵押人与他人进行的正常经营活动中，使用抵押财产与买受人进行交易，买受人已经支付了合理价款，同时取得了该抵押财产（一般体现为财产已经交付），该抵押财产就不再是抵押权的客体，抵押权人不能再对买受人继续主张抵押权。在本案中，常某某在购买案涉车辆时不仅不知情车辆办理了抵押，而且支付了价款并将车提走，其符合"正常经营中的买受人"的构成要件，因此，A银行虽然已办理车辆抵押登记，但在这种情况下，其抵押权不得对抗正常经营活动中已支付合理价款并取得抵押财产的常某某，常某某事实上已经取得了车辆的所有权，作为所有权人，他就可以要求A银行返还车辆合格证。因此，法院会支持常某某的请求，判决A银行交付车辆合格证。A银行对于自己所遭受的损失，则应当向亚超公司进行主张，如要求亚超公司清偿债务，或者提供其他形式的担保等等。

第三编

合　同

29. 商家能随意取消网购订单吗?

——网络购物合同的成立生效

案例

　　双十一期间,天猫商城举行促销活动,许多商品的价格都有大幅打折,比平时要优惠许多。大学生小王在天猫商城选购一部苹果 12 Pro 手机,并按照提示提交订单,并支付价款 9 000 元,平台显示"订单提交成功"。次日,小王收到商家发来的消息称:"由于苹果 12 Pro 手机销售过于火爆,已经售罄,故而取消订单"。由于双十一过后,苹果 12 Pro 的手机价格又重新上涨 1 000 元,小王无法再享受打折优惠,因此,小王收到消息后,遂联系商家要求继续发货,否则应该赔偿一部分价款,商家以无货为由坚持取消订单,双方僵持不下。

　　那么,商家有权取消订单吗?

解答

　　这涉及网络购物合同成立生效的时间问题。网络购物合同是指通过网络平台订立的买卖物品的合同。由于网络购物合同的订立过程是在网络上进行的,缺少明确的要约和承诺标志,民法典根据网络购物合同的特点对其成立的时间做出了规定。《民法典》第 491 条规定:"当事人采用信件、数据电文等形式订立合同要求签订确认书的,签订确认书时合同成立。当事人一方通过互联网等信息网络发布的商品或者服务信息符合要约条件的,对方选择该商品或者服务并提交订单成功时合同成立,但是当事人另有约定的除外。"

　　根据《民法典》第 491 条的规定,网络购物合同在买受人选择相应商品或服务并提交订单成功时成立。由此可知,商家在互联网平台发布的商品或者服务信息的行为,只要内容和价格足够具体,就应构成网络交易合同的要约。消费者在网络上选择该商品或者服务加入购物车，并且按照平台要求提交订单的，就构成承诺的行为。当网络交易服务界面显示提交订单成功时，合同即告成立，界面显示"提交订单成功"的时间就是网络购物合同的成立时间。同时，《民法典》第 502 条第 1 款规定："依法成立的合同，自成立时生效，但是法律另有规定或者当事人另有约定的除外。"根据该规定，网络购物合同成立后随即发生效力，开始对双方当事人产生拘束力。任何一方都要按照合同约定履行合同，消费者需要按时支付价款，商家要依约发货，不能随意解除合同或者违反合同的约定，否则就要承担违约责任。

在本案中，商家在天猫平台上发布苹果 12 Pro 手机的销售信息，数量、价格、款式、优惠等信息都已经具体确定，构成向不特定人发出的要约。小王按照天猫平台的要求选购苹果 12 Pro 手机并提交订单的行为构成承诺。天猫平台显示"订单提交成功"的时候，就表明合同已经成立生效，小王和商家都应当依约履行合同。事后，商家告知小王"取消订单"，实质上是商家单方主张解除网络购物合同。由于"苹果 12 Pro 手机销售过于火爆，已经售罄"不是商家解除合同的条件，并且商家也不享有解除权，商家无权单方面决定"取消订单"。如果商家继续坚持"取消订单"，就会构成拒不履行合同的违约行为，小王有权要求商家承担违约责任。商家承担违约责任的方式主要有两种：一是继续履行原来的网络购物合同，即按照约定向小王交付苹果 12 Pro 手机；二是承担损害赔偿责任，也就是赔偿小王因"取消订单"而遭受的损失，包括苹果 12 Pro 手机价格上涨后的差价以及其他损失。

30. 购买商品房签订认购书后能反悔吗？

——预约合同的效力

案例

为准备结婚，张大头计划购买商品房，故而前往锦绣城售楼处咨询。经过一番考察，张大头在售楼小姐的引导下，签订了锦绣城商品房认购书，并交付 20 000 元定金。认购书约定，张大头自愿认购锦绣城住宅一套，该住宅建筑面积平均单价为 4 450 元每平方米，住宅总价暂定 427 200 元，车位使用权单价 10 万元每个，暂定总房款 527 200 元。同时，认购书还约定，在开发商取得商品房预售许可证之日起，30 个工作日内与张大头签订正式的商品房买卖合同。后来，由于张大头的未婚妻看中另一个名为江滨府的楼盘，张大头为了能够尽早结婚，只能根据未婚妻的要求购买江滨城的商品房。因此，张大头向锦绣城提出悔约，锦绣城则要求没收 20 000 元的定金，双方发生争议。

解答

从内容上看，张大头和开发商签订的商品房认购书属于预约合同，这就涉及预约合同的效力问题。预约合同是相对于本约合同来说的，也叫预备合同或合同预约，是指当事人约定在将来一定期限内应当订立合同的预先约定。当事人签订预约合同的最直接目的就是对交易机会的固定，使得当事人能够在复杂多变的环境中对未来合同作出提前的安排，合理分配缔约风险、降低缔约成本，充分保护当事人订立本约的权利。以商品房预约合同来说，在开发商取得商品房预售许可之前尚不能签订买卖合同本约，但可以通过预约的方式来提前锁定潜在购房者。对于预约合同的效力，《民法典》第 495 条规定："当事人约定在将来一定期限内订立合同的认购书、订购书、预订书等，构成预约合同。当事人一方不履行预约合同约定的订立合同义务的，对方可以请求其承担预约合同的违约责任。"

根据《民法典》第 495 条的规定，判断一个合同是预约还是本约，应探求当事人的真意来确定，如果将来还需签订本约，那就是预约，否则就是本约。当事人的真意不明的，就应当通观合同的全部内容确定：（1）合同要素已经明确、合致，其他事项规定明确，已无另行订立合同必要的，为本约。（2）如果将来系依所订合同履行而无须另订本约，即使名为预约，也应认定为本约。

（3）预约在交易上属于例外，当一个合同是预约还是本约有疑问时，应认定为本约。（4）"初步协议""意向性协议"等，只要不具有将来订立本约的法律效力，不认为是预约；具有将来订立本约的效力的，应当认定为预约。

预约同样是依据当事人意思成立生效的合同，其能够对双方当事人都发生拘束力，任何一方都不能随意反悔，拒绝按照预约合同签订本约。一方当事人不履行订立合同义务的，对方可以请求其承担违反预约合同的法律责任。预约合同已经对违约责任作出约定的，按照约定承担违约责任即可。没有约定的，一般不宜要求违约方继续签订本约，而是要求违约方承担损害赔偿责任。因为合同要求当事人之间协力实现合同目的，这是以双方存在信赖为基础的，违约预约已经导致双方丧失信赖的基础。尤其是在合同的标的具有人身性质的时候，比如提供教育培训服务，法律更不应该强制违约方签订本约，只能以损害赔偿来代替。

就本案来说，张大头和开发商签订的购房认购书载明双方将来还需另行签订商品房买卖合同，这表明认购书属于预约合同。该预约合同一经双方签字，便告成立生效，任何一方都不得随意反悔。张大头的反悔行为构成违约，他应当按照合同约定承担违约责任，即无权请求开发商返还 20 000 元的定金。

31. 饭店"禁止自带酒水""包间设置最低消费"有效吗？

——格式条款的法律效力

案例

　　某天，大学生石头约了几个朋友到学校附近的火锅店吃饭，还特意带上了家乡的白酒来款待他们。不料，他们走进包间，石头正要打开白酒时，服务员过来说"本店禁止顾客自带酒水"，如果需要喝酒可以去前台挑选。石头虽然不情愿，但为了不影响大家的兴致，就去前台挑选了其他酒水。等到饭毕买单，石头发现账单与他们所点的菜品价格不一致，就问服务员怎么回事，服务员回答说他们点的菜品没有达到包间的最低消费，所以需要另外收费。听到此处，石头终于忍耐不住心中的怒气，与服务员争辩起来，并要求退还多收的费用。

那么，饭店是否有权禁止顾客自带酒水，并设置包间最低消费呢？

解答

这就涉及格式条款的效力问题。格式条款是指当事人为了重复使用而预先拟定、并在订立合同时未与对方协商的条款。在现代社会中，许多交易都是标准化的，并且会重复多次发生。商家采用格式条款的方式订立合同，可以避免每次都重新拟定合同，有利于节约缔约成本，故而被广泛使用。但是，格式条款有时候会被个别商家所不当利用，即商家利用其在订立合同过程中的优势地位，限制对方的权利或增加对方的义务，从而损害消费者的权益。对此，《民法典》对格式条款作出了专门规定。《民法典》第496条规定："格式条款是当事人为了重复使用而预先拟定，并在订立合同时未与对方协商的条款。采用格式条款订立合同的，提供格式条款的一方应当遵循公平原则确定当事人之间的权利和义务，并采取合理的方式提示对方注意免除或者减轻其责任等与对方有重大利害关系的条款，按照对方的要求，对该条款予以说明。提供格式条款的一方未履行提示或者说明义务，致使对方没有注意或者理解与其有重大利害关系的条款的，对方可以主张该条款不成为合同的内容。"第497条规定："有下列情形之一的，该格式条款无效：（一）具有本法第一编第六章第三节和本法第五百零六条规定的无效情形；（二）提供格式条款一方不合理地免除或者减轻其责任、加重对方责任、限制对方主要权利；（三）提供格式条款一方排除对方主要权利。"

根据《民法典》第496条和第497条的规定，为了保护接受格式条款一方的利益，提供格式条款的一方应当承担一定的法定义务：第一，应当遵循公平原则确定当事人权利和义务；第二，采取合理的方式提示对方注意免除或者减轻其责任等与对方有重大利害关系的条款；第三，按照对方的要求对该条款予以说明。提供格式条款的一方违反公平原则，不合理地免除或者减轻其责任、加重对方责任、限制或排除对方主要权利的，会导致特定格式条款无效；违反提示和说明义务的，则相关格式条款会被视为没有订入合同中，不能拘束对方。

就本案来说，火锅店所设立的"禁止自带酒水""包间设置最低消费"等类似要求都属于格式条款，也就是通常所说的霸王条款。石头和朋友去火锅店就餐，他们之间成立餐饮服务合同，石头的主要权利是获得餐饮服务，主要义务是支付餐费。石头在用餐时，自己携带白酒是为了能够获得更好的就餐体验，这属于石头的主要权利，火锅店无权干涉。另外，石头在火锅店就餐，有权自主决定点餐额度，火锅店要求包间最低消费，这属于加重石头的主要付款义务。因此，"禁止自带酒水""包间设置最低消费"应属无效，石头有权自带酒水就餐，并且要求火锅店返还因"未达最低消费"多收的费用。

32. 重金悬赏，不兑现承诺有法律风险吗？

——悬赏广告的法律效力

案例

2015年9月，张小五购买了大成公司开发的江南城的两套商品房。2015年11月24日，大成公司下发文件《关于江南城"感恩回馈老业主"活动实施细则》，载明："时间范围：2015年11月28日至2015年12月31日；参与条件：必须是江南城业主；奖励标准：老业主如再次购买或老业主推荐亲戚朋友，在活动期间购买江南城商铺，老业主可获得新购买商铺面积×300元每平方米标准的现金奖励"，等等。回馈活动资格界定：（1）老客户必须亲自陪同；（2）新客户为首次上门看房（如之前有过来访并距上次来访时间未超过7天，则不符合此政策）；（3）填写"感恩回馈老业主"；（4）新客户在介绍后缴纳5万元以上每间定金。2015年12月22日，经张小五介绍，李小二在江南商贸城商铺购买两套商铺，每套面积 62.14 平方米。但是，大成公司没有给予奖励，张小五诉至法院请求被告支付奖励 37 284 元。

那么，张小五有权要求大成公司支付这笔奖励款吗？

解答

这里涉及悬赏广告的问题。悬赏广告是指广告人以公开广告的形式允诺对完成指定行为的人给付一定报酬，行为人完成该种行为后，有权获得该报酬的行为。在我国，悬赏广告运用非常广泛，种类繁多，在我们的生活中随处可见，典型如"寻人启事"、公安机关悬赏破案线索等。通常来说，悬赏广告具有以下几个特点：一是有偿性，即通过支付一定报酬激励悬赏对象帮助广告人完成某种行为；二是行为人是不特定的，任何符合悬赏广告要求的人都可以成为行为人；三是行为人只有完成特定结果才能获得报酬，只要没有完成，即使付出再多的时间成本都不能获得报酬。在现实生活中，悬赏广告经常会发生争议，那就是广告人是否应当向行为人支付报酬。对此，《民法典》第 499 条作出了规定："悬赏人以公开方式声明对完成特定行为的人支付报酬的，完成该行为的人可以请求其支付。"

根据《民法典》第 499 条的规定，悬赏广告是向不特定多数人发出的要约，一经发出便对广告人发生拘束力。任何人完成悬赏行为都构成承诺，在广告人和行为人之间成立合同。行为人享有报酬请求权，广告人负有按照悬赏广告的约定支付报酬的义务。悬赏人不履行或者不适当履行支付报酬义务的，构成违约行为，应当承担违约责任。需要注意的是，悬赏广告的悬赏行为应当是合法行为，违法行为或者违背公序良俗的行为不能成为悬赏行为，这会导致悬赏广告无效。比如，小明和小飞发生口角引发肢体冲突，导致小明脸部瘀青，小明心中不忿便对围观的人说，"谁帮我打小飞一顿，我便给他 500 块钱作为报酬"。小刚听到后，二话不说直接抓住小飞揍了一顿，事后便向小明索要 500 元的悬赏金。由于打人是违法的，小明以揍人为悬赏行为，导致悬赏广告无效，小刚无权向小明索要 500 元的报酬。

在本案中，大成公司发出"感恩回馈老业主"的活动公告，提出老业主如再次购买或推荐亲戚朋友购买商铺就给予奖励，这构成向不特定的业主发出悬赏要约。介绍购买商铺属于提供信息的中介行为，并不违反法律强制性规定，也不违背公序良俗，合法合理。张小五按照公告要求介绍李小二购买两套商铺，构成承诺行为，在张小五和大成公司之间成立悬赏广告合同。大成公司应当按照活动实施细则的要求，向张小五支付奖励 37 284 元，如果大成公司拒绝支付，张小五可以向法院起诉要求其承担违约责任。

33. 网购物品在签收前丢失，算谁的？
——网络购物合同的风险负担规则

案例

2020 年 9 月，静静刚刚考上大学，就要开学了。为了给静静的大学学习做准备，爸爸妈妈在某网购平台上为静静选购一部电脑，支付了价款 8 000 元。提交订单成功后，商家打包好电脑交付给某快递公司，快递给静静。但是，开学季是快递的高峰期，快递公司需要处理大量快递，超出了其运营能力。因管理不善，快递公司在运送过程中丢失了商家交付的电脑，导致静静没有收到电脑。随后，静静的爸爸与快递公司协商，要求其赔偿 8 000 元的价款，快递公司以货物没有保价为由，仅仅同意赔偿 1 000 元。无奈，静静的爸爸只得与商家沟通，要求商家重新发货。商家以已经把电脑交付给快递公司，合同已经履行完毕为由，拒绝再次发货，并要求静静的爸爸与快递公司协商赔偿问题。静静的爸爸则认为，订单是向商家下的，就应当由商家负责交付电脑，双方僵持不下。

那么，静静的爸爸有权要求商家重新发货吗？

![解答图标] **解答**

这里涉及网购标的物风险负担问题。风险负担是指在买卖合同订立后，标的物因不可归因于任何一方的事由发生毁损、灭失的损失，应当由哪一方来负担的规则。在网络购物合同中，时常会发生标的物因各种原因而毁损丢失的情形，从而导致买方和卖方就谁来承担这一损失发生争议。对此，《民法典》根据网络交易发展的实际情况规定了新规则。其第 512 条规定："通过互联网等信息网络订立的电子合同的标的为交付商品并采用快递物流方式交付的，收货人的签收时间为交付时间。电子合同的标的为提供服务的，生成的电子凭证或者实物凭证中载明的时间为提供服务时间；前述凭证没有载明时间或者载明时间与实际提供服务时间不一致的，以实际提供服务的时间为准。电子合同的标的物为采用在线传输方式交付的，合同标的物进入对方当事人指定的特定系统且能够检索识别的时间为交付时间。电子合同当事人对交付商品或者提供服务的方式、时间另有约定的，按照其约定。"第 604 条规定："标的物毁损、灭失的风险，在标的物交付之前由出卖人承担，交付之后由买受人承担，但是法律另有规定或者当事人另有约定的除外。"

根据《民法典》第 512 条和第 604 条的规定，网络购物合同的标的物毁损、丢失的风险在收货人签收的时候转移，在签收之前由出卖人承担，签收后由买受人承担。通常情况下，买卖合同标的物的风险是在出卖人交给承运人时转移，标的物在运送过程中毁损、灭失的，应当由买受人承担。但是，在网络购物合同中，消费者相对于商家处于弱势地位，既不能决定商家把标的物交给哪一家快递公司来运送，也不能决定标的物的包装、安全保护措施、交付时间等。如果法律继续按照通常规则要求消费者承担标的物在快递过程中的风险，就有过于苛责的嫌疑了，不利于保护消费者的权益。因此，《民法典》对网络购物合同作出特殊规定，消费者只有签收标的物后风险才会转移给自己，其无须对快递过程中的毁损、灭失风险负责。

在本案中，静静的爸爸下单成功后，就和商家成立了网络购物合同。根据《民法典》的规定，商家把电脑交给快递公司后到静静签收前的这段时间里，电脑毁损、灭失的风险尚未转移给静静的爸爸，仍然应该由商家来负担。也就是说，电脑丢失后，应当由商家重新给静静交付新的电脑，否则就应向静静承担违约责任。另外，静静的爸爸只是与商家之间成立了网络购物合同，并未与快递公司订立快递合同，快递丢失后应当由商家与快递公司来协商赔偿事宜，而不应推托给静静的爸爸。

34. 疫情防控期间，能请求法院变更租赁合同吗?

——情势变更原则

案例

2018 年，王小二在大学城租赁一家门面，用来经营洗衣店，主要是给附近师生提供洗衣服务。租赁合同的租期为 3 年，每月租金 5 000 元。由于附近师生密集，王小二的生意十分红火，每月利润有近万元。2020 年 1 月，新冠疫情暴发后，武汉封城，全国都实施管控。大学城的师生不许返校，都只能滞留在家，改为线上上课。由于大学城内的人流量急剧减少，洗衣店门可罗雀，没有生意可做，营业收入大幅减少。由于缺少现金流，王小二感到压力巨大，无力承担高额房租。因此，王小二向房东主张变更租赁合同，要求降低租金，房东不允，双方发生争议诉至法院。

那么，王小二有权请求法院降低租金吗?

解答

本案涉及的问题是如何依据情势变更来调整合同内容。情势变更是指合同有效成立后，因不可归责于双方当事人的原因导致合同基础动摇或丧失，若继续履行合同使得当事人利益失衡，法律允许受不利影响的当事人主张变更合同内容或者解除合同的制度。在发生情势变更事实时，为妥当调整合同当事人之间的利益，《民法典》规定了情势变更制度。《民法典》第 533 条规定:"合同成立后，合同的基础条件发生了当事人在订立合同时无法预见的、不属于商业风险的重大变化，继续履行合同对于当事人一方明显不公平的，受不利影响的当事人可以与对方重新协商；在合理期限内协商不成的，当事人可以请求人民法院或者仲裁机构变更或者解除合同。人民法院或者仲裁机构应当结合案件的实际情况，根据公平原则变更或者解除合同。"

根据《民法典》第533条的规定，在特定情势发生后，受不利影响的当事人如要请求变更或解除合同需要满足严格的条件：第一，特定情势是不属于正常商业风险的客观事由，且必须影响到合同的基础条件。也就是说，这种情势与当事人的主观意志无关，当事人既不能预测到，也对其发生没有过错可言。但是，这种情势发生后会给合同履行造成重大影响，即导致双方利益明显失衡。比如，由于国家对特定原材料施加管制，导致原材料价格急剧上升，如果供货方继续按照原来的价格履行合同会严重亏损。第二，特定情势发生的时间是合同成立后至履行完毕前。如果发生在合同成立前当事人就可以事先知悉，并在合同中对相关风险作出安排。如果发生在合同履行后，就不会影响合同履行，也就不必变更或解除合同了。第三，继续按照原来的合同约定履行会产生显失公平的结果。情势变更的价值在于通过司法权力的介入，重新在合同当事人之间分配利益和风险，以实现公平的目的。而这必须以继续履行原来的合同会造成利益失衡为前提。

就本案来说，王小二在与房东订立合同之时，新冠疫情尚未发生，双方也难以预料到新冠疫情会在2020年年初暴发。而洗衣店的经营是以具备充足的人流量为前提的，新冠疫情暴发导致大学城师生无法返校，洗衣店附近的人流急剧减少。王小二继续租赁该门面的价值就会大打折扣，甚至会使其面临亏损倒闭的风险，如果要求王小二按原标准支付租金明显不公平。这种影响已经超出了正常的商业风险的范围，构成情势变更的法定事由，王小二有权要求房东降低租金，以共同分摊新冠疫情带来的损失。具体来说，王小二应当与房东进行磋商，请求房东根据新冠疫情的影响适当降低房租，双方共同分担这部分损失。只有在磋商失败后，王小二才应该向法院提起诉讼，请求法院变更合同，降低租金数额。因为磋商义务是法定义务，王小二需要先行与房东磋商，履行磋商义务后才可提起诉讼。

35. 以实物清偿债务的行为是否有效?
——以物抵债协议的法律效力

案例

　　李某是一个从事外贸交易的私企老板。2015年12月,李某因进货需要向张某借贷100万元,约定2020年年底还款,利息每年15%。张某按时向李某提供了100万元,李某拿去购买了一批纺织品,并获得了可观的利润。天有不测风云,2020年年初,新冠疫情暴发,我国的外贸遭受重大冲击,李某之前购买的货物急切间无法转售出去,造成货物积压严重,无法及时变现。到了2020年年底,100万元的债务到期,李某无法按时向张某清偿债务。事后,双方就还款事宜进行协商。张某得知李某家中还有一套商品房,价值110万元左右,便提出要求李某交出房子来抵债。李某无奈,为了保持商业信誉,只得同意用房子清偿借款及其利息。2020年12月15日,李某和张某共同向房管局进行了过户登记,张某立据表示债务已经清偿。后来,李某感觉后悔,便以房子抵偿债务的行为无效为由,主张张某向其返还房屋。张某自然不会同意,双方发生争执,对簿公堂。

　　那么,李某有权要求张某返还房屋吗?

解答

　　这就涉及以物抵债行为的效力问题。以物抵债是债权人在无法以货币资金收回贷款时,为降低风险,收回借款人的相应实物以抵偿债务的行为。2020年,由于新冠疫情的影响,经济下行压力骤增,许多企业的资金压力大幅增加,债务无法按时清偿的情况频繁发生。为能够按时清偿债务,许多债权人和债务人通过协商约定,由之前的以货币清偿转变为以实物清偿债务。对于如何认定这种变更的效力,《民法典》第543条作出了规定:"当事人协商一致,可以变更合同。"

根据《民法典》第543条的规定,任何一个合同,在其成立生效之后,只要当事人协商一致,都可以进行变更。在社会生活中,当事人在订立了合同之后,很多都通过签订补充协议、备忘录等表达变更合同的意思表示。通过这些补充协议、备忘录等协议变更合同内容,就是对合同的协议变更。之所以已经成立、生效的合同可以在当事人协商一致的情况下进行变更,是因为合同本来就是由当事人协商一致订立起来的。既然合同当事人可以依据协商一致的原则订立合同,当事人当然就可以依据协商一致而变更合同。合同变更的协商一致原则完全符合民法典总则编关于意思自治原则和民事法律行为的规定。债权人和债务人协商以实物清偿债务的行为,实质上是对合同履行方式的变更,只要双方能够形成一致意见,法律就应认可这种变更的效力。

需要注意区分的是,双方在债务履行期限到期后达成的以物抵债协议不同于流押条款,不能等同视之。流押条款又称为"流抵押合同""流抵合同",是指在为债权设定抵押权时,或债权清偿期届满前,约定债权如果已经届至清偿期,而债务人不能清偿的,抵押物的所有权即归债权人所有的条款。流押条款和以物抵债协议都是以实物来清偿债务的方式,二者的根本区别是形成这种合意的时间不同,以物抵债协议是在债务到期后双方对合同履行方式的变更,流押条款在债务到期前就已经存在。法律为了避免债权人利用流押条款巧取豪夺,对其效力进行了限制,规定债权人不得依据流押条款直接获得对标的物的所有权,而只能就该标的物取得优先受偿权。

就本案来说,李某是在不能清偿到期债务后,与张某进行协商后决定以房屋抵偿100万元的债务及其利息。这是对原来借款合同所进行的合法变更,并没有违反法律的强制性规定,也没有损害到李某的利益,应当认定为有效,李某无权请求张某返还房屋。

36. 健身房转让，老板不退储值卡的钱，如何维权？

——债务转移

案例

> 大学生小明是个健身达人，每周都会定期去几次健身房锻炼，以保持健康体态。健身房老板王某为了回笼资金，推出年卡充值活动，充1 000元可以不限次数地进入健身房锻炼。为了节约费用，小明按照活动规则缴纳了1 000元，并办理了健身卡。半年后，王某决定把健身房转让给周某，然后由周某进行经营。小明得知周某做生意不诚信，并且服务态度很差，所以不愿意继续在周某经营的健身房锻炼，故而要求王某退还尚未消费的资金500元。王某认为，健身房并不是关闭了，小明依然可以继续在健身房锻炼，小明并未遭受损失，因此不同意退钱。小明却坚持拒绝继续在这个健身房锻炼，要求退款，故而发生争议。
>
> 那么，小明有权要求王某退还剩余的500元充值费用吗？

解答

这就涉及债务转让的问题。所谓债务转让，是指债务人将其负有的债务转移给第三人，由第三人取代债务人的地位，对债权人负责给付的债的转移形态。通过债务转让，债务人可以迅速从债务中解脱出来，有利于债务人开始新的生产生活。但是，由于新的债务人履行债务的能力可能不足，债务转让就会损害债权人的利益，因而发生纠纷。对此，《民法典》对债务转让作出了调整，第551条规定："债务人将债务的全部或者部分转移给第三人的，应当经债权人同意。债务人或者第三人可以催告债权人在合理期限内予以同意，债权人未作表示的，视为不同意。"

　　根据《民法典》第551条的规定，债务人如要把债务转移给其他人，必须经债权人同意，如果债权人不同意债务转让，则债务人转让其债务的行为无效，不对债权人产生拘束力。原因在于，债务移转关系到债权人的重大利益，新的债务人可能没有能力如约履行债务，这会导致债权人的债权不能实现，从而遭受巨大风险。但是，在现实生活中，债务人要转移债务，向债权人征求意见，债权人可能会不回复意见，同意还是不同意的态度不明确，长期拖延。此时，债务人不知是否应当转让债务，又会损害债务人的利益。因此，本条第2款规定，债务人或者拟受让债务的第三人享有催告权，可以催告债权人在合理期限内予以同意。该合理期限届满，债权人仍未作表示的，视为不同意，不发生债务转移的效果。这样的规则，就能够确定在债权人对债务转移未表示是否同意的情况下，是否可以进行债务转移，平衡了双方的利益关系，对债权债务关系的当事人都有利。另外需要注意的是，不是所有的债务都可以转移，法律规定不得转移、当事人约定不得转移以及依照性质不得转移的债务，债务人不得将该债务转移给他人。比如，在法定必须进行招标的建设工程项目中，即使招标人同意，中标人也不得将工程主体转移给其他人来建造，因为这会实质架空招标制度，损害公共安全。

　　就本案来说，在小明的充值费用消费完之前，王某转让健身房实质上是将提供健身服务的债务转移给周某，这应当以小明的同意为前提。由于小明明确不同意接受周某的健身服务，这实质上是拒绝王某将债务转移给周某的请求，王某无权继续转移其对小明的债务。尽管如此，如果王某执意把健身房转让给周某，这就构成以行为表示拒绝履行债务，小明获得合同解除权，可以请求王某返还未消费的500元的充值费用。

37. 未保价的快递丢了，应当怎么赔？

——违约损害赔偿

案例

　　2016 年 9 月 30 日，某银行交给某快递公司收派员托寄一份面单号为 210×××326 的快递，托寄的物品是一张银行承兑汇票。另，银行支付快递费 12 元，未进行保价。快递面单上载明：（1）若寄件人未选择保价，则本公司对月结客户在 9 倍运费的限额内，对非月结客户在 7 倍运费的限额内赔偿托寄物的实际损失。（2）若寄件人已选择保价，则本公司按照投保金额予以赔偿。该承兑汇票价值 100 万元，于 10 月 1 日到达苏州市吴江某速递营业点时，案外人高某获取了该快递，并通过伪造印章、裁剪粘贴的方式将上述快件内的银行承兑汇票背书信息予以变造，同时高某将其他银行寄送给某银行的快件与上述快件进行调包，调包后的快递于 2016 年 10 月 10 日被某银行签收。后高某将变造后的票据转让给他人，该变造后的票据于 2016 年 10 月 27 日在某银行被承兑提现。2016 年 11 月 28 日，高某被抓获归案，但大部分非法获利尚未追回。某银行认为快递公司未按合同约定履行义务，已构成违约，故起诉要求赔偿损失。

　　那么，本案中某银行究竟可以获得多少赔偿呢？

解答

　　本案涉及的问题是如何确定违约损害赔偿责任。赔偿损失这种违约责任方式，是违约责任中应用最广泛的一种，违约责任中损害赔偿责任的目的是对违约行为造成的损害进行补偿。合同的受损害方有权获得其在合同中约定的利益，通过给付这种损害赔偿，保护合同当事人的期待利益。在违约发生后，合同双方经常会因损害赔偿而发生争议，这是合同纠纷的重要来源。对此，《民法典》作出了调整，第584条规定："当事人一方不履行合同义务或者履行合同义务不符合约定，造成对方损失的，损失赔偿额应当相当于因违约所造成的损失，包括合同履行后可以获得的利益；但是，不得超过违约一方订立合同时预见到或者应当预见到的因违约可能造成的损失。"

根据《民法典》第584条的规定，违约损害赔偿的范围主要包括两个部分：一是为履行合同实际发生的损失，比如当事人生产订货而采购原材料、雇用工人、投入生产消耗的水电等费用；二是合同履行后预期可以获得的利益，比如交付订货后可以获得的利润等。但是，因为违约损失具有不确定性，尤其是预期利益可能异常的高昂，法律也对可以赔偿的违约损失施加了限制，这就是可预见规则。根据可预见规则的要求，违约损害只有在可预见的情况下，守约方才有权获得赔偿，否则无权请求违约方赔偿其遭受的损失。可预见规则的核心功能是把损害赔偿的范围限制在违约方于订立合同时可以预见的范围内，这样就能让其在订立合同之前对可能要承担的责任有个清晰的了解，并据以确定是否签订合同，以及采取何种措施来防范违约的风险。

具体到本案中，由于快递公司管理不善，导致银行承兑汇票被盗窃丢失，构成违约，并导致银行遭受100万元的损失。但是，由于银行并未对100万元的损失进行保价，说明银行在托寄快递时并未告知快递公司所托寄的银行承兑汇票的价值。根据通常的社会经验，如果托寄100万元的巨额物品，托寄人应当采取额外的保障措施，而银行并未采取，这就使得快递公司无法预见到违约损失的价值。根据可预见规则的要求，快递公司无须赔偿100万元的违约损失，而只需按照面单载明的最高价值进行赔偿即可。

38. 丈夫未取得妻子同意就出售房屋，买方怎么维权？

——无权处分合同的法律效力

案例

　　2013 年，水根和翠花办理了结婚登记，正式成为合法夫妻。2017 年，双方经过几年的共同努力，购买了一套价值 200 万元的房屋，并以二人为所有权人办理了房屋登记。2019 年，水根不想再朝九晚五地在单位上班，计划下海经商，为了筹集做生意的本钱，决定把房子卖掉，用来作为注册公司的启动资金。但是，水根知道翠花不会同意把房子卖掉，就决定先斩后奏，先把房屋买卖合同签了再去说服翠花。因此，水根找到打算买房的王小二，跟他说已经与妻子翠花商量好同意把房子卖出去，王小二信以为真就与水根签订了房屋买卖合同，约定价款为 240 万元，一个月后双方共同办理房屋过户登记。回家后，水根把与王小二签合同的事情告诉翠花，翠花大为光火，坚决不同意出卖房屋。一个月后，王小二向水根支付了 240 万元的价款，并与水根去办理房屋过户登记。因翠花作为共有人不同意出售房屋，导致无法办理过户登记，王小二这时才明白事情的原委，愤而向法院提起诉讼。

　　那么，王小二应该如何维护自己的权利呢？

解答

　　本案涉及的问题是无权处分合同的效力问题。无权处分合同是指无处分权人以自己的名义与他人订立的买卖合同。出卖人转让标的物及其所有权，是其在买卖合同中的主要义务，因而出卖人必须享有标的物的所有权或者处分权。但在经济实践中，经常会出现无处分权人为了谋取不当利益，在未经真正的权利人同意的前提下，就与他人订立买卖合同的情况。届至履行期后，买受人、真正的权利人和无权处分人往往会发生纠纷，法律对其如何调整已经成为一个重要问题。对此，《民法典》第 597 条规定："因出卖人未取得处分权致使标的物所有权不能转移，买受人可以解除合同并请求出卖人承担违约责任。法律、行政法规禁止或者限制转让的标的物，依照其规定。"

根据《民法典》第 597 条的规定，在无权处分合同中，虽然出卖人无法将标的物的所有权转移给买受人，但是他们所签订的买卖合同本身是有效的。如果因出卖人未取得标的物的处分权，致使标的物所有权不能转移，买受人就无法取得标的物的所有权，无法实现合同目的，出卖人构成根本违约。此时，买受人享有两种救济渠道：第一，行使法定解除权解除买卖合同。买受人解除合同的目的是使自己从无权处分合同中解脱出来，无须再受其拘束，也就不必再履行支付价款的义务，从而及时寻找其他的交易机会；如果买受人已经支付价款的，买受人还可以请求出卖人予以返还。第二，请求出卖人承担违约责任。我国法律规定，虽然买受人已经解除了无权处分合同，但是出卖人的违约行为发生在解除合同之前，违约责任已经产生，并不会因合同解除而消失，买受人在解除合同之后依然可以请求出卖人承担违约责任，主要表现为赔偿买受人遭受的经济损失，比如为订立合同费用、房屋价格上涨导致的差价损失等。

具体到本案中，标的房屋的所有权归水根和翠花共同所有，水根无权独自决定将房屋出售给王小二，他们之间签订的房屋买卖合同就属于无权处分合同。由于翠花最终并未同意水根把房屋出售给王小二，导致王小二不能取得房屋所有权，水根应当承担不能交付房屋的违约责任。王小二应该首先解除之前签订的房屋买卖合同，要求水根返还 240 万元的购房款。另外，如果王小二还遭受其他损失，比如为签订合同发生的律师咨询费、差旅费、误工费以及因房屋价格上涨导致将来购房需要多支付的差价等，可以一并要求水根予以赔偿。

39. 捐助残疾人的赠与还能反悔吗？
——具有公益性质的赠与合同

📖 **案例**

　　杨婷婷是个网红歌手，借助网络直播平台，在演艺圈中小有名气，并且获得了可观的经济收益。2018 年，杨婷婷受邀参加"助力残疾人"的慈善晚会，并登台献艺。在募捐环节中，杨婷婷当场表示同意捐赠 50 万元用于残疾人慈善事业，获得了台下观众的广泛好评。事后，晚会举办方的工作人员联系杨婷婷请她给付 50 万元的捐款。杨婷婷觉得，50 万元太多了，就跟工作人员说自己当时只是"随便说的，并没有当真"，故而拒绝支付 50 万元的款项。晚会举办方认为，杨婷婷既然已经公开表示愿意捐赠 50 万元，就应当依约履行，坚持要求杨婷婷支付该款项。因此，双方发生争议，以致引发诉讼。

　　那么，杨婷婷可以在事后对赠与残疾人慈善事业 50 万元表示反悔吗？

👤 **解答**

　　这里涉及公益赠与合同的效力问题。公益赠与合同是指赠与人基于救灾、扶贫、助残等公益或者道德原因，将自己的财产及权利无偿给予受赠人，受赠人表示接受赠与的合同。在新闻报道中，公众人物同意公益捐赠，事后又反悔的新闻并不鲜见。对于如何看待公益捐赠的反悔行为，《民法典》第 658 条作出了规定："赠与人在赠与财产的权利转移之前可以撤销赠与。经过公证的赠与合同或者依法不得撤销的具有救灾、扶贫、助残等公益、道德义务性质的赠与合同，不适用前款规定。"

　　根据《民法典》第 658 条的规定，在通常的赠与合同中，赠与人在实际给付所要赠与的财产之前享有任意撤销权，但是公益赠与的情形除外，即公益赠与合同中的赠与人无权撤销赠与合同。赠与人任意撤销赠与合同，没有期限的限制，只要在实际给付财产之前实施即可。一旦赠与人行使任意撤销权，就视为没有赠与合同，双方当事人之间不再存在赠与的权利义务关系。法律之所以赋予赠与合同的赠与人任意撤销权，是因为赠与合同仅仅对赠与人施加了单方的赠与义务，而受赠人无须对受赠的财产付出任何的代价，不宜对赠与人过于苛刻。并且，即使赠与人撤销赠与合同，受赠人也不会遭受实际的损失。由此可知，法律的目的是给予赠与人一段时间的考虑期，虽然鼓励赠与人实施善行，却并不会过于苛责。但在公益赠与情形，情况就发生了改变，它与社会公益有关，与道德义务有关，因而赠与人做出赠与的意思表示之后，不能撤销；特别是有的人借公益捐赠打广告，打完广告之后就不再赠与，借机行骗，如果允许赠与人任意撤销，与公益和道义不符，也应该不得撤销赠与。

具体到本案中，作为一个网红歌手，杨婷婷属于公众人物，其言行对于社会公众的影响要比常人的更为广泛深远。杨婷婷在助残慈善晚会上公开表示愿意捐赠50万元，对于资助残疾人，乃至于鼓励引导社会关注残疾人都具有重要的公益价值。因此，杨婷婷在助残慈善晚会上表示捐赠50万元属于公益捐赠，赠与合同已经成立。与此同时，杨婷婷本人也能从中获得实际的利益，那就是社会声誉的提升，这对于其今后事业的发展乃至经济收入都会起到促进作用。事后，杨婷婷的反悔行为实质上是要撤销之前的赠与合同，这构成违约。如果杨婷婷坚持拒绝按照之前的承诺给付50万元的赠与财产，助残慈善晚会的举办方有权向法院起诉，要求杨婷婷承担违约责任。

40. 丈夫赠与妻子的房产能要求返还吗？
——赠与人的法定撤销权

案例

李刚和林萍是大学时期的恋人，毕业后来到同一个城市工作，工作两年后就办理了结婚登记。李刚的父母经商，家境较为富裕，拥有多套房产。李刚为了加深双方的感情，在征得父母同意后，决定将其名下一套房产赠与林萍，并且完成了过户登记。时间又过了两年，李刚在一次上班的路上遭遇车祸，腿部受到严重损害，只能依靠轮椅来行动，并且需要林萍照料其日常生活。时间长了之后，林萍逐渐厌倦了这种生活，不再愿意继续和李刚生活下去，便提出离婚。此时，李刚对赠与林萍房产的事情感到后悔，要求林萍返还该房产。林萍认为，"房子既然给了我，就是我的，没有要回去的道理"。双方争执不下，最终只得诉至法院，请求法官予以裁决。

那么，李刚可以请求林萍返还之前赠与她的房产吗？

解答

本案涉及的问题是赠与人能否撤销赠与合同。通常情况下，在赠与合同成立生效，并且赠与人已经实际把赠与财产交付或者登记过户给受赠人后，赠与人便无权再请求受赠人返还赠与财产。但是，在受赠人取得受赠财产后，一旦双方的关系恶化，或者发生其他特殊情势，法律赋予了赠与人法定撤销权。赠与的法定撤销，是指具备法定条件时，允许赠与人或其继承人、监护人行使撤销权，撤销赠与合同的行为。法定撤销与任意撤销不同，必须具有法定理由，在具备这些法定事由时，权利人可以撤销赠与。对此，《民法典》第663条规定："受赠人有下列情形之一的，赠与人可以撤销赠与：（一）严重侵害赠与人或者赠与人近亲属的合法权益；（二）对赠与人有扶养义务而不履行；（三）不履行赠与合同约定的义务。赠与人的撤销权，自知道或者应当知道撤销事由之日起一年内行使。"

根据《民法典》第663条的规定，在以下三种情形下，赠与人享有法定撤销权，即反悔的权利。第一，受赠人严重侵害赠与人或赠与人的近亲属的合法权益。此处的严重侵害行为，是指受赠人对赠与人及其近亲属实施的触犯《刑法》和违反《治安管理处罚法》的行为，含故意和重大过失两种。第二，受赠人对赠与人有扶养义务而不履行。通常情况下，赠与人赠与受赠人财产，多是基于双方之间具有一定的亲属关系。如果受赠人在获得赠与财产后，不履行对赠与人的扶养义务，这会严重违背赠与人赠与财产的初衷。此时，法律允许赠与人撤销对受赠人的赠与，符合正义原则。第三，在附义务的赠与合同中，受赠人如果不按约定履行该负担的义务，有损于赠与人的利益，赠与人可以行使法定撤销权。

需要注意的是，虽然法律赋予赠与人相应的法定撤销权，但是这一权利并不是绝对的，而应在一定期间内及时行使。原因在于，一旦赠与人行使法定撤销权，便会导致赠与合同自始无效，不利于法律关系的稳定性。具体来说，赠与人行使撤销权应当自知道撤销原因之日起1年内为之，超过1年不行使的，因为超过撤销权的除斥期间，该撤销权即消灭。

具体到本案中，李刚已经把房屋过户登记给林萍，房屋所有权已经发生转移，赠与合同已经履行完毕。但是，林萍作为李刚的妻子，对李刚负有法定的扶养义务，其提出离婚实际是不愿继续照料身患疾病的李刚的生活，构成受赠人对赠与人有扶养义务而不履行的情形，李刚因此而获得法定撤销权。在李刚和林萍离婚后，李刚反悔，要求林萍返还房产的，法院应当支持。

41. 网贷被套路了怎么办？

——禁止高利贷

案例

白某某（借款人）因公司经营急需，通过某平台公司撮合与许某某（出借人）签订"借款合同"，约定借款金额10万元，借款月利率3％，白某某以每月等额本息方式还款，借款逾期则按照当期应还本息的0.8％／天计收逾期罚息。若白某某违约，许某某有权单方面宣布借款提前到期（即所有未到期的后期借款本金和利息均视为全部到期），白某某需按照剩余借款本金的3％向许某某支付违约金。白某某与某平台公司签订的"借款咨询及管理服务协议"约定：平台公司为白某某提供借款相关的全程信息服务，协助其办理借款的各项手续等，同时对白某某的借款提供担保并收取相应服务费。借款合同签订后，某平台公司向白某某转账给付借款 10 万元。后白某某归还了 2 期（共计 20 668 元）后再无还款。许某某遂提起诉讼。审理中，法院查明许某某为某平台公司的法定代表人和股东。许某某出借给白某某的款项系某平台公司以其网络平台吸收的公众存款。经查询案件系统，许某某仅在 2018 年度于同一法院以出借人身份作为原告起诉的民间借贷案件就多达 600 余件。

如何看待案涉借款合同的效力？欠款本息如何计算？

解答

本案是一起出借人与借款人因在互联网平台实现借贷而引发的民间借贷纠纷，即个体网络借贷（P2P 网络借贷）纠纷。其典型的模式为：网络信贷公司提供平台，由借贷双方自由竞价，撮合成交。资金借出人获取利息收益，并承担风险；资金借入人到期偿还本金，网络信贷公司收取中介服务费。毋庸置疑的是，P2P 网贷业务曾经为解决中小微企业的资金问题提供过帮助，虽然其贷款成本较高，但资金到账快、申请门槛低，对解决短期临时性资金周转具有很大意义。与此同时，"高利贷"问题随之出现，一些不法分子在利益的驱使下，利用中小微企业主急于融资的心理特点，打着"网络贷款"的名义，谎称"无须抵押、无须担保"等，通过"砍头息""利滚利""套路贷"等花样，采取隐蔽交易的手段非法谋取高额利息，衍生了一系列社会问题，导致部分企业破产倒闭，债务人举家搬迁逃债等，还出现了暴力催收等违法活动，甚至导致债务人跳楼自杀，进而诱发非法拘禁、故意伤害等刑事犯罪的产生，严重破坏了我国正常的市场经济秩序。

对于高利贷，我国相关法律一直都不承认其合法地位，并严格加以限制。2015 年 8 月 6 日，最高人民法院颁布了《关于审理民间借贷案件适用法律若干问题的规定》，明确规定民间借贷的最高年息不能超过 24%，自愿履行的也不能超过 36%。自 2020 年 8 月 20 日起，民间借贷的法定最高年息为"合同成立时一年期贷款市场报价利率四倍"。中国银行业监督管理委员会、工业和信息化部、公安部、国家互联网信息办公室联合发布《网络借贷信息中介机构业务活动管理暂行办法》，确定网络借贷中的个体网络借贷（P2P网络借贷）属于民间借贷范畴。同时《民法典》第680条明确规定："禁止高利放贷，借款的利率不得违反国家有关规定。借款合同对支付利息没有约定的，视为没有利息。借款合同对支付利息约定不明确，当事人不能达成补充协议的，按照当地或者当事人的交易方式、交易习惯、市场利率等因素确定利息；自然人之间借款的，视为没有利息。"

本案中，许某某作为平台公司的法定代表人和股东，利用平台公司吸收的公众存款，与平台公司拓展的借款人，以个人名义从事借贷行为。出借对象众多且具有不特定性，出借行为具有反复性、经常性，借款目的也具有营业性，属于未经国务院银行业监督管理机构批准，从事银行业金融机构的业务活动，违反了《银行业监督管理法》第19条的强制性规定，许某某与白某某签订的借款合同依法无效，许某某据此提起的关于白某某支付其高额利息与违约金的诉讼请求不应支持。白某某已经偿还的2期共计20 668元款项，因借款合同无效，故该20 668元应为偿还了借款本金，白某某只需再偿还许某某剩余本金79 332元。

故当网贷被套路时，我们首先要冷静，不要盲目听从别人指导，拒绝还超过合法范围的贷款利率。其次，当发现网贷平台有违法行为时，一定要及时收集证据并向金融监督部门反映情况，或向公安机关报案。最后，在有资金需求时，应当选择正规融资渠道。

42. 和银行借了新钱还旧债，保证人还承担责任吗？

——借新还旧时的保证责任

📚 **案例**

2016年3月8日，大港支行与王兰签订借款合同，约定：借款金额200万元，借款期限为一年。张明为该笔借款提供连带责任保证。后贷款到期，王兰无力清偿。2017 年 4 月 10 日，大港支行与王兰签订借款合同：借款金额 232 万元，借款用途为购买原材料。张明和李华为该笔借款提供连带责任保证。2018 年 10 月，大港支行诉至法院要求王兰偿还借款本金 232 万元及利息，保证人张明和李华承担保证责任。审理中查明，2017 年 4 月 10 日的贷款实际用于偿还 2016 年 3 月 8 日的贷款。

本案中，张明和李华应否承担保证责任？

解答

借新还旧，又称贷新还旧，是指借款人在贷款人处贷款到期（含展期后到期）后不能按时收回时，贷款人向借款人重新发放一笔贷款用于归还或部分归还前期贷款的行为。

担保人能否以"借新还旧"为由主张保证责任的免除呢？《民法典》第 695 条规定："债权人和债务人未经保证人书面同意，协商变更主债权债务合同内容，减轻债务的，保证人仍对变更后的债务承担保证责任；加重债务的，保证人对加重的部分不承担保证责任。债权人和债务人变更主债权债务合同的履行期限，未经保证人书面同意的，保证期间不受影响。"2020 年 11 月 9 日，最高人民法院民二庭为配合民法典的施行，在清理《最高人民法院关于适用〈中华人民共和国担保法〉若干问题的解释》等相关司法解释基础上，结合审判实践，制定了《最高人民法院关于适用〈中华人民共和国民法典〉有关担保制度的解释》。该解释第 16 条第 1 款规定："主合同当事人协议以新贷偿还旧贷，债权人请求旧贷的担保人承担担保责任的，人民法院不予支持；债权人请求新贷的担保人承担担保责任的，按照下列情形处理：（一）新贷与旧贷的担保人相同的，人民法院应予支持；（二）新贷与旧贷的担保人不同，或者旧贷无担保新贷有担保的，人民法院不予支持，但是债权人有证据证明新贷的担保人提供担保时对以新贷偿还旧贷的事实知道或者应当知道的除外。"根据上述规定，结合最高人民法院的审判观点，新贷的担保人以"借新还旧"主张免责，应同时满足下列要件：（1）新贷的担保人与旧贷的担保人非同一人或系新增担保人。如果新贷和旧贷的担保人系同一人，担保人的担保责任不能免除。(2)新贷的担保人不知道或者不应当知道新贷用于偿还旧贷。但担保书中已经载明有"借新还旧"或"偿还借款"字样的，或在还后再贷过程中，新贷的担保人参与了旧贷过桥资金寻求的，则新贷的担保人不免责。

本案中，张明作为新旧贷款的保证人，无论新贷款是否用于偿还旧贷款，对张明的保证都没有影响，因为，新贷偿还了旧贷，旧贷债务归于消灭，也就解除了张明对偿还旧贷部分的保证责任，实际上并未加重张明的保证风险。因此，张明仍要承担保证责任。但对于李华而言，其系新贷增加的担保人，借款合同载明的借款用途为购买原材料，大港支行也没有证据证明李华知道或应当知道新贷的实际用途为归还旧贷，故李华不应当承担保证责任。

由此可见，对于银行而言，虽然"借新还旧"可以使资金暂时顺利回笼，但在操作过程中，如有不当或疏忽，难免会导致脱保，增加贷款风险。建议在签订新贷的借款合同前，一定要取得保证人的书面同意，并在借款合同和保证合同中均明确"借新还旧"的实际用途。对于担保人而言，应催促借款人及时还款，或者在借款人不能按时还款时，催促银行启动诉讼程序，尽早保全借款人的资产，避免再次担保后，借款人转移资产，损害担保人的合法利益。

43. 租房期间房东把房子卖了，租客必须搬走吗？

——买卖不破租赁原则

案例

李先生 2019 年 11 月 6 日在某法拍网竞拍到北京市房山区房产一处，该房产的网络司法拍卖公告上标注房屋内有租户，租期自 2016 年 12 月 15 日至 2031 年 12 月 15 日。李先生竞拍成功并办理了产权过户手续，后要求租客搬离，但遭到租客的拒绝。为此，李先生诉请法院要求租客搬离。

李先生能否要求租客搬离呢？

解答

《民法典》第 725 条规定："租赁物在承租人按照租赁合同占有期限内发生所有权变动的，不影响租赁合同的效力。"即所谓的"买卖不破租赁"原则。根据这一基本原则，出租期间的房屋即使发生了所有权的变动（包括房屋买卖、司法拍卖、赠与、继承等），但原房主与租客之间的租赁关系也不会因房屋所有权变动而终止或解除，对新房主具有法律约束力，新房主应当接受原租赁合同的所有条款。

正常情况下，房屋所有权发生变动，一般会进行房屋的交接。但对于带租约的房屋而言，由于房屋由租客占有和使用，即使所有权发生变动，新房主自动承继原房主出租人的主体地位，无须也无法完成房屋交接。故带租约的房屋发生所有权变动的，原房主只要协助新房主完成房屋登记手续，或者司法机关强制过户完毕，无须进行房屋实物交付。新房主取得房屋所有权后，可以与租客协商原租赁合同的履约、是否重新签约等事宜，如租客坚持按照原租赁合同履行的，新房东必须遵守。变更与否均不影响原租赁合同的效力。当然，如租客出现违约行为，如拖欠租金、破坏房屋主体结构等，新房东可以依法、依约追究租客的违约责任。

本案中，李先生虽然通过法拍形式竞得涉案房产，但在网络拍卖公告中已经明确载明了涉案房产带有租约，租期至 2031 年 12 月 15 日。根据《最高人民法院关于人民法院网络司法拍卖若干问题的规定》第 12 条第 2 款网络司法拍卖的公告内容"应当包括拍卖财产、价格、保证金、竞买人条件、拍卖财产已知瑕疵、相关权利义务、法律责任、拍卖时间、网络平台和拍卖法院等信息"的规定，拍卖公告履行了拍卖财产已知瑕疵的告知义务，李先生参加竞拍，视为接受了拍卖房屋的瑕疵，并承担相应的法律后果。因此基于"买卖不破租赁"的基本原则，李先生无权要求租客搬离。

值得注意的是，"买卖不破租赁"是以租赁合同真实、有效为前提。正常的房屋交易外，针对法拍房，出现了大量虚构租赁关系阻挠拍卖的情形，因此应严格审查租赁合同是否真实、有效。除了必须是在房屋产权变动前已签订租赁合同外，还需以承租人已合法占有使用租赁物或租赁合同已登记备案为要件。

还需要注意的是，下列房产不适用"买卖不破租赁"原则。

1. 查封后出租的房屋不适用"买卖不破租赁"原则。根据法律规定，房屋被司法查封后，所有权人或有权处分人即丧失了对房屋处分的权利。故房屋被查封后再设定租赁权无效。

2. 先抵押后租赁的房屋不适用"买卖不破租赁"原则。但抵押权设立前，抵押财产已经出租并转移占有的，原租赁关系不受该抵押权的影响。

此外，我国《企业破产法》第18条第1款规定："人民法院受理破产申请后，管理人对破产申请受理前成立而债务人和对方当事人均未履行完毕的合同有权决定解除或者继续履行，并通知对方当事人。管理人自破产申请受理之日起二个月内未通知对方当事人，或者自收到对方当事人催告之日起三十日内未答复的，视为解除合同。"所以在破产程序中，存续的租赁合同存在终止履行的可能。在这种情况下，如果破产财产变更所有权，不能适用"买卖不破租赁"原则。

44. 房客能优先购买房屋吗？

——承租人的优先购买权

案例

张三将房屋租给李四，租期3年，每年租金2万元。后张三因急需资金周转，便将房屋以低于市场价100万元卖给自己的妹妹张宏。张宏取得房产证后要求李四搬离，李四才知道房屋已买卖，但认为双方签订的租赁合同中约定了张三在出卖房屋前应提前30天通知，自己有优先购买权，要求以同样的价格购买该房屋，双方为此发生争执。现李四以自己享有房屋优先购买权为由提起诉讼。

那么，李四的优先购买权能否得到保护？

解答

本案涉及承租人的优先购买权问题。承租人的优先购买权是指在房屋处于租赁状态下，出租人要出卖房屋时，承租人享有在同等条件下优先购得该房屋的权利。

《民法典》第726条规定："出租人出卖租赁房屋的，应当在出卖之前的合理期限内通知承租人，承租人享有以同等条件优先购买的权利；但是，房屋按份共有人行使优先购买权或者出租人将房屋出卖给近亲属的除外。出租人履行通知义务后，承租人在十五日内未明确表示购买的，视为承租人放弃优先购买权。"根据上述规定，承租人主张优先购买权，应满足下列条件。

1. 房屋租赁关系在存续状态中。

2. 出租人没有在合理期限内通知承租人。

所谓"合理期限"，如双方租赁合同中有约定，则按照约定的时间执行；双方没有约定的，一般为提前3个月。但对于委托拍卖的租赁房产，根据《民法典》第727条的规定，为拍卖5日前通知承租人。出租人履行通知义务后，承租人在接到通知之日起的15日内未明确表示购买的，或者承租人未参加拍卖的，该承租人的优先购买权归于消灭。

关于出租人通知的形式，可采取信函、在租赁房屋处张贴告示、电话、短信、微信聊天、电子邮件等形式。但无论什么形式都应当以送达承租人为必要。现在很多出租人为减少麻烦或出于某种目的，直接进行登报公告，但我们认为这种形式只是在其他形式送达不能的情形下才采取，如果单纯地采用登报公告的形式，并不发生通知的效果。此外，通知中应如实告知租赁房屋转让的事实、时间及具体转让条件。未告知具体的转让条件或告知内容不真实、不全面，或在出卖条件发生变化后未及时告知承租人的，应当认定出租人未履行通知义务。

3. 具备同等条件。

目前主张优先购买权的大部分案件中，承租人往往是基于转让价格低于市场价而要求以同等价格来受让房屋，这种认识显然是片面的。法律上所规定的"同等条件"不能仅依据转让价格，还要综合出租人与受让人之间的关系、房屋履行方式及期限等诸多因素来确定。如出租人转让按份共有的房屋，其他按份共有人依法享有优先购买权，这种情况下不能赋予承租人优先购买权。又如出租人将房屋出卖给近亲属，此时承租人不可能具备"同等条件"。至于近亲属的范围，依据《民法典》第 1045 条第 2 款的规定，具体包括配偶、父母、子女、兄弟姐妹、祖父母、外祖父母、孙子女、外孙子女。

本案中，虽然李四对涉案房屋享有承租权，但因张三系将房屋转让给了自己的妹妹张宏，张三和张宏之间系近亲属，其二人之间低于市场价的转让价格主要是基于亲情，是无法用金钱计算的，故依据《民法典》第 726 条的规定，李四依法不得对涉案房屋主张优先受偿权。

通过上述案例可以看出，虽然法律赋予承租人优先购买权，但这种权利的行使还是会受到一定限制。而且承租人要注意，一旦出租人在合理期限内履行了通知义务，承租人就必须在法律规定的期间向出租人作出明确的购买意思表示，否则视为放弃优先购买权。

值得注意的是，承租人放弃优先购买权后，但基于"买卖不破租赁"的基本原则，承租人仍可按照原租赁合同继续租赁、使用房产。

此外，根据最高人民法院的裁判观点，当承租人的优先购买权和继续履行租赁合同的权利并存时，承租人只能择一行使。

45. 乘车人买短乘长、霸座、丢失客票怎么办？

——规制"霸座""买短乘长"

📖 案例

> 赵青乘高铁从青岛去北京，但只是买了青岛到济南的二等座票。上车后，赵青就跑到一等车厢找了两个相邻的空座睡觉。持票乘客上车后要求赵青让座，赵青却一直假寐不让座，导致两名乘客一直被迫站在车厢里。后列车工作人员查票，赵青又发现其购买的高铁票已经遗失。

集"霸座""买短乘长""越级乘坐"于一身但又丢失车票的赵青，该如何处理？

解答

对于本案涉及的问题及处理方式，我国《民法典》第 815 条明确规定："旅客应当按照有效客票记载的时间、班次和座位号乘坐。旅客无票乘坐、超程乘坐、越级乘坐或者持不符合减价条件的优惠客票乘坐的，应当补交票款，承运人可以按照规定加收票款；旅客不支付票款的，承运人可以拒绝运输。实名制客运合同的旅客丢失客票的，可以请求承运人挂失补办，承运人不得再次收取票款和其他不合理费用。"

根据《民法典》的规定，旅客向客运部门购买客票（包括电子客票），客运部门向旅客出具客票，旅客与客运部门之间的客运合同关系成立。"按照有效客票记载的时间、班次和座位号乘坐"是客运合同履行过程中旅客所必须遵守的法律底线，旅客也应该按照有效客票所记载的这些内容来履行自己的合同，到站就要下车，否则即构成违约。

但现实生活中，"买短乘长""霸座"等不合规行为屡有发生，严重干扰了运行秩序，损害了正常旅客的合法权益。

"对号入座"本是旅客应履行的合同义务之一。而"霸座"顾名思义就是不"对号入座"，强行霸占别人的座位，2018 年 8 月 21 日孙某霸占女乘客高铁列车座位的事件曾在社会上引起很大的争论，但因当时我国没有相关的法律规定，社会只能从道德层面上予以谴责，最终孙某被处治安罚款 200 元，并被限制在一定期限内禁止乘坐火车。

"买短乘长"，就是旅客购买了短途车票，到站后不下车而是继续乘坐。短途车票原本是为了满足部分群众短途出行需求而设。在有运输能力的前提下，允许乘客在车票到站前通过补交票价和手续费继续乘车的利民政策，现在却成为一些人逃票的手段和方式。为此，国家铁路集团有限公司 2019 年 5 月 4 日回应将商请有关部门增加诚信记录内容，将"买短乘长"者列入限制乘坐火车失信人"黑名单"。还有些人为了贪小便宜，借用残疾军人或大学生证件购买优惠客票，这同样属于逃票的一种。根据《民法典》"旅客无票乘坐、超程乘坐、越级乘坐或者持不符合减价条件的优惠客票乘坐的，应当补交票款，承运人可以按照规定加收票款"的规定，本案中的赵青为"买短乘长""越级乘坐"的行为，应当补齐相应的票款，铁路部门还可以按照规定对其加收票款。如果赵青拒绝补交票款，铁路部门有权拒绝运输，要求赵青下车，并仍然有权向赵青追偿票款。

至于赵青的霸座行为，首先违反了他和铁路部门之间的合同约定，铁路公司可以"违约"为由起诉霸座人。此外，赵青霸占了他人座位，侵犯了被霸座人的使用权，使得被霸座人付出金钱而不能"落座"，被霸座旅客也可以起诉赵青侵权。

针对赵青实名购买却遗失的车票，根据实名制客票的专属性，赵青可以请求挂失补办，列车工作人员不得再次收取该部分票款和其他不合理费用。

值得注意的是：无论是"买短乘长"还是无票乘坐或者借用别人身份购买优惠票，都属于逃票，对于逃票者而言，大多数人都是抱着侥幸的心理，认为如果被查到再补票就可以了，没什么大不了。我国《刑法》第 266 条规定："诈骗公私财物，数额较大的，处三年以下有期徒刑、拘役或者管制，并处或单处罚金；数额巨大或者有其他严重情节的，处三年以上十年以下有期徒刑，并处罚金；数额特别巨大或者有其他特别严重情节的，处十年以上有期徒刑或者无期徒刑，并处罚金或者没收财产。本法另有规定的，依照规定。"《最高人民法院、最高人民检察院关于办理诈骗刑事案件具体应用法律若干问题的解释》规定："诈骗公私财物价值三千元至一万元以上、三万元至十万元以上、五十万元以上的，应当分别认定为刑法第二百六十六条规定的'数额较大'、'数额巨大'、'数额特别巨大'。"因此，恶意逃票的行为，轻则可以行政拘留，重则可能会被判刑。

46. 物业以断电、停水的方式催交物业费违法吗?

——严禁以断电停水的方式催缴物业费

案例

张华系某小区某幢 2 单元 301 户房产的业主，2017 年 3 月 27 日，张华与某物业公司签订"前期物业管理服务协议"，约定某物业公司对小区提供物业管理，张华按 2 元/平方米/月的标准按季度交纳物业费。同时双方约定如张华逾期缴纳，应从逾期之日起每天按欠交费用总额的 1‰ 交纳滞纳金，或物业公司有权停水停电等。2020 年 6 月，因张华拒绝缴纳物业管理费，某物业公司对 301 户房产断水断电。现张华向法院提起诉讼，要求物业公司赔偿损失 3 万元。

物业公司以停水、断电的方式催缴物业费是否合法?

解答

本案涉及《民法典》第 944 条第 2、3 款"业主违反约定逾期不支付物业费的，物业服务人可以催告其在合理期限内支付；合理期限届满仍不支付的，物业服务人可以提起诉讼或者申请仲裁。物业服务人不得采取停止供电、供水、供热、供燃气等方式催交物业费"的规定。根据该规定，物业公司以停水、停电的方式催缴物业费是不合法的。

物业公司与业主之间是一种具有委托性质的物业服务合同关系，物业公司依据其与业主（或业主委员会）签订的物业服务合同对小区提供物业管理等并有权收取物业费用，业主则应遵守物业管理规约并承担缴纳相应物业费用的义务。业主和物业公司之间适用的是《物业管理条例》以及与物业管理有关的规定和合同。而水、电的提供者是自来水公司和供电局，供水、供电合同的当事人是业主与自来水公司和供电局。物业公司与业主、业主与自来水公司和供电局之间的法律关系是不同的，各自独立。根据合同相对性原则，只有当发生了业主逾期不交付水费、电费的情况下，自来水公司和供电局经法定程序才有权终止供应水、电。否则，其他任何单位，包括物业公司都无权停水、断电。

值得注意的是，在某些小区的物业服务合同中，约定了"业主不交纳物业服务费用的情况下，物业公司有权停水断电"等内容，这种约定是否合理呢？答案是不合理。首先，这种约定属于涉他合同条款，涉及第三人，即供水人和供电人，则逾越了合同的相对性。其次，根据权利义务相一致的法律原则，即使供水人和供电人授权物业公司代替其收取水费电费并同意以停水停电作为催收物业费用的手段，由于供水供电义务所对应的是缴纳水费和电费义务，物业公司并非供水供电义务的提供者，其也无权以停水停电作为催收物业费用的手段。这种情况下，如物业公司依据供水人和供电人的授权对业主断水断电，业主可以要求供水人和供电人恢复供水和供电。供水人和供电人拒绝的，业主可以起诉供水人和供电人承担相应的法律责任。

在物业公司无权停水断电的情况下，如果物业公司为了催缴物业费而停水断电，致使业主遭受损失，业主可以物业公司未履行物业服务合同、构成违约为由，要求物业公司赔偿由此而造成的损失。

因此，当业主出现逾期不支付物业费时，物业公司只能通过协商、起诉等公力救济方式来维护自身权益，而不能采用停水、断电、停气、停暖等行为作为催缴物业费的手段。如果业主拒不缴纳物业费且一直拖欠，物业公司应提起诉讼或者申请仲裁，要求业主缴纳拖欠的物业费并主张相关滞纳金。

47. 物业服务不到位，业主可以拒不支付物业费吗？

——物业服务合同中双方的权利义务

案例

黄小萌购买了某房地产开发公司开发的住房一套，2019 年 3 月 14 日，沙沙物业公司与开发商就该小区物业服务签订"前期物业服务委托合同"，约定由其为涉案房产所在的住宅小区提供前期物业管理服务。沙沙物业公司按约进驻小区并提供服务。其物业费定价经过了市物价局的批准。2019 年 6 月 16 日，房地产公司向包括黄小萌在内的全体业主邮寄了交房通知并在报纸上刊登了交房公告。黄小萌到物业公司办理了交房手续，签订了"前期物业管理服务协议"，并实际入住。现黄小萌以物业公司提供的物业服务不到位为由拒绝交纳物业费。

黄小萌能否以物业服务不到位为由拒绝向沙沙物业公司支付物业费呢？

解答

本案涉及《民法典》第 944 条第 1 款"业主应当按照约定向物业服务人支付物业费。物业服务人已经按照约定和有关规定提供服务的，业主不得以未接受或者无需接受相关物业服务为由拒绝支付物业费"的规定。根据上述规定，黄小萌不能以物业服务不到位为由拒付物业费。

物业公司和业主之间是一种具有委托性质的物业服务合同关系，根据双方之间签订的合同，物业公司在物业服务区域内，为业主提供建筑物及其附属设施的维修养护、环境卫生和相关秩序的管理维护等物业服务，业主支付物业费。虽然现实中，不少物业公司的物业服务出现了不到位的情况，如楼道的垃圾得不到及时清理，小区内车辆乱停乱放，甚至出现车辆被刮花的情况。面对这些情况，有些业主会以物业公司服务不到位为由拒绝交纳物业费，但这种维权方式是不理性的。一旦物业公司提起诉讼，要求业主补交物业费并承担滞纳金的，法院往往也会支持物业公司的诉讼请求。这是因为物业服务具有长期性、综合性的特点。长期性是指物业服务期限短则一年，长则三五年，不能以其某一时间段的服务不到位就认定整个物业服务不到位。综合性是指物业服务不仅是对业主建筑物及其附属设施的维修和养护，还包括了对小区环境、卫生、治安秩序等的管理维护，是对小区多方面的服务，因此，不能仅因为某一项服务不到位就拒绝交纳物业费用。

面对物业公司服务不到位的情形，我们有如下建议。

1. 协商解决。直接向物业公司提出建议，要求物业公司进行整改。

2. 投诉或举报。根据国务院《物业管理条例》第5条的规定，县级以上地方人民政府房地产行政主管部门负责本行政区域内物业管理活动的监督管理工作。因此业主通过向街道和房管部门投诉或举报，由主管部门出面进行沟通和协调，可以很好地解决业主的合理诉求。

3. 提起诉讼或申请仲裁。物业公司和业主之间系合同关系，当物业公司不履行或者不完全履行物业服务合同约定的或者法律、法规规定以及相关行业规范确定的维修、养护、管理和维护义务时，业主可以提起诉讼，请求物业公司承担继续履行、采取补救措施或者赔偿损失等违约责任。

4. 更换物业公司。当小区业主对物业公司的服务实在不满意，可以通过正当程序解聘原物业公司，重新聘用新的物业公司。

值得注意的是，根据《最高人民法院关于审理物业服务纠纷案件具体应用法律若干问题的解释》第6条的规定，业主有正当理由的，可以拒绝交纳物业费。主要有下列几种理由。

1. 在开发商还未交房或延迟交房的情况下，业主有权拒绝交纳物业费。

2. 物业服务企业违反物业服务合同约定或者法律、法规、部门规章规定，擅自扩大收费范围、提高收费标准或者重复收费的。

3. 物业服务合同中约定先服务后收费的，在物业管理企业未提供相应服务的情况下，业主可以不交。

4. 物业公司尚未取得物价管理部门各项审批文件的。

48. 租房人绕过中介与房东订立租赁合同，中介还能索取报酬吗？
——中介人的报酬请求权

案例

　　徐磊想租用一套房产，委托张三寻找出租房源，并同意承租后给张三5 000元作为中介费。正好张三的朋友李四有房要出租，张三就带着徐磊找到李四，三方一起看房后，徐磊对房源很满意，与张三一起和李四谈好了房屋租赁细节，并约定3天后签订书面租赁合同，双方互留了联系电话。结果徐磊为节省中介费，绕开张三，私下与李四签订了租赁合同，李四也已经将房产交付给徐磊使用。现张三知道后，找徐磊索要中介费未果，遂向法院提起诉讼。

　　张三可以向徐磊索要5 000元的中介费吗？

解答

　　本案中徐磊的行为属于典型的"跳单"行为，根据《民法典》第965条"委托人在接受中介人的服务后，利用中介人提供的交易机会或者媒介服务，绕开中介人直接订立合同的，应当向中介人支付报酬"的规定，张三可以向徐磊索要5 000元的中介费。

　　中介合同是中介人向委托人报告订立合同的机会或者提供订立合同的媒介服务，委托人支付报酬的合同。"跳单"则是指在中介合同中，委托人在接受中介服务后，利用中介人提供的交易机会或媒介服务，绕开中介人与相对方直接订立合同。关于委托人绕开中介人直接订立合同一般存在下列三种表现形式：（1）委托人直接与合同相对方订立合同。（2）委托人通过其他中介人与合同相对方订立合同。（3）委托人以亲朋好友的名义与合同相对方订立合同。

判断委托人的行为是否构成"跳单"，主要看"跳单"是否具备下列要件：首先，中介人已按照合同约定提供了交易机会或者媒介服务，委托人接受了中介人的服务。其次，委托人利用了中介人提供的信息机会或者媒介服务，这是判断是否构成"跳单"的关键。最后，委托人绕开中介人与相对方直接订立了合同。

实践中，委托人为了增加交易机会，往往会委托多个中介人。比如在二手房买卖中，卖方为尽快出售或提高售价，往往会委托多家中介公司挂牌出售，多家中介公司都可以掌握同一房源的信息，而买方也可以通过多家中介公司了解到同一房源的信息。这种情况下，委托人到底是利用了哪家中介公司提供的服务达成交易，不能简单地以提供服务的时间先后来判断，还要结合服务的内容等具体情形。比如委托方通过某一中介公司提供的信息和媒介服务，与合同相对方已基本达成合同。此时，委托人发现其他中介公司的费用更低，继而通过其他中介公司与合同相对方订立合同，构成"跳单"违约，视为中介服务已经完成，中介人有权要求委托人支付报酬。但值得注意的是：若同一客户先后通过两家中介公司看了同一套房屋，但中介费报价不一的，委托人选择了报价较低的中介公司成交，这种情况下，委托人不构成"跳单"，未成交的中介公司不能向委托人主张报酬请求权。

为避免被客户"跳单"，建议中介人可以这样做：（1）预留委托人的身份证复印件，并及时与委托人签订中介合同，最好能和委托人沟通签订独家代理协议。（2）提供服务的过程中，最好通过微信聊天、短信或者录音的形式，以证明中介人确实向委托人提供了中介服务。（3）提供服务过程中，真正站在委托人的角度考虑问题，想在客户前面，做在客户前面，提供最专业的服务，取得委托人的认可和信任。（4）尽量避免委托人和客户直接接触，以防止委托人和客户联合"跳单"。

49. 捡到他人丢失的宠物后悉心照料，可以要求主人补偿吗？

——无因管理

案例

蕾蕾在一家宠物店门口捡到一只加菲猫，经询问宠物店以及周围的店家，均说不知道猫主人是谁。蕾蕾遂将这只猫带回家喂养，同时将自己的联系方式留给了宠物店老板，称猫主人如来寻找，可电话联系她取猫。因猫不停地打喷嚏、流眼泪，蕾蕾将其带到宠物医院检查，发现患有疱疹性病毒，蕾蕾为此花费治疗费4 000元。其间，蕾蕾买猫粮、猫窝等花费了1 000多元。两个月后，王华通过蕾蕾留给宠物店老板的电话联系上了蕾蕾。蕾蕾把猫还给了王华，但对于蕾蕾因饲养猫所支出的费用，王华以系蕾蕾自愿支出为由拒绝补偿。为此，蕾蕾诉至法院，要求王华补偿各类损失共计10 000元。

王华是否需要向蕾蕾补偿因饲养、治疗加菲猫所支出的费用？

解答

本案系无因管理纠纷，根据《民法典》第979条第1款"管理人没有法定的或者约定的义务，为避免他人利益受损失而管理他人事务的，可以请求受益人偿还因管理事务而支出的必要费用；管理人因管理事务受到损失的，可以请求受益人给予适当补偿"的规定，王华应向蕾蕾补偿因饲养猫所支出的费用。

无因管理，是指没有法定的或者约定的义务，为避免他人利益受损失而自愿为他人管理事务或提供服务的事实行为。根据《民法典》第979条的规定，无因管理的构成要件如下：（1）有为他人管理事务；（2）有为他人谋利益的意思；（3）管理人没有法定的或约定的义务。其中，有为他人谋利益的意思是构成无因管理的主观要件，也是构成无因管理的关键。也就是说，管理人必须有为他人谋利益的目的、动机和效果，管理行为最后所取得的利益最终都为本人所享有。如果管理人管理他人事务是为了管理人自己的利益或本人以外的第三人的利益，则不构成无因管理。本案中，蕾蕾捡到加菲猫后，主动将联系方式留给了宠物店老板，并明确表示猫主人来找时可电话联系她，这就说明蕾蕾没有将加菲猫据为己有的想法，其饲养、治疗加菲猫纯粹是出于维护猫主人王华的利益，构成无因管理，因此，王华应补偿蕾蕾因饲养、治疗加菲猫所支出的费用。

值得注意的是：并非所有的无因管理都是正当的，当管理事务的承担不利于本人，或违法本人明示或可得推知的意思时，即构成无因管理不当。本人是否需要承担管理人因无因管理不当所支出的费用呢？对此，《民法典》第979第2款规定："管理事务不符合受益人真实意思的，管理人不享有前款规定的权利；但是，受益人的真实意思违反法律或者违背公序良俗的除外。"如甲在老家的住宅年久失修，但因无人居住，甲也没有想维修该住宅的任何想法。邻居在未通知房主的情况下，将该住宅进行了维修，因此支出的维修费，邻居无权要求甲予以补偿。但是如果该住宅位于交通要道，因年久失修容易给过往的车辆和行人造成安全隐患，现邻居出于安全考虑，对房屋进行了整修，则甲应承担因此所产生的维修费用。

50. 网上转账转错人了，对方拒不归还怎么办？

——不当得利

案例

李克、王帅和赵兰都是朋友。2019年12月24日，赵兰向李克借1万元，但李克在给赵兰微信转账时，不小心把1万元转给了王帅，王帅秒收。李克发现转账错误后，立即与王帅微信联系，王帅答应尽快将钱退给李克，但却一直没退还。后经李克多次催要，王帅又称钱已经被他花了，等有钱再还给李克。再催，王帅就辩称这钱是李克给他的。为此，李克向法院提起诉讼，要求王帅返还1万元及支付占有期间的利息。

王帅是否该返还给李克这1万元？

解答

　　本案系不当得利纠纷，根据《民法典》第985条"得利人没有法律根据取得不当利益的，受损失的人可以请求得利人返还取得的利益"以及第987条"得利人知道或者应当知道取得的利益没有法律根据的，受损失的人可以请求得利人返还其取得的利益并依法赔偿损失"的规定，王帅如无取得这1万元的合法事由，就应当把钱返还给李克并承担占有期间的利息。

　　不当得利，是指没有合法根据，取得了致他人遭受损失的利益。需要注意的是，不当得利不是由于得利人针对受损人而为的违法行为，而是由于受损人或第三人的疏忽、误解或过错所导致。

　　判断得利人是否构成不当得利，关键要看：（1）得利人取得利益；（2）得利人取得利益没有法律根据；（3）得利人取得利益致使他人受到损失。根据不当得利发生原因的不同，可分为给付不当得利和非给付不当得利两种类型。其中，给付不当得利指在没有给付目的，基于他人的给付行为所获取的利益。这里所说的给付目的就是发生原因，可以是赠与，也可以是还款，还可以是出借等等，这里的目的或原因就成了得利人获取利益的法律根据。但如果给付目的不存在或不能达到，那么得利人取得的利益便会因无法律根据而成为不当得利。非给付不当得利则是指基于给付以外的事由而发生的不当得利，这种类型下的不当得利或因受损人自己的行为所导致，如甲误将邻居乙的羊当作自己的羊饲养，则甲有权请求乙返还饲养费用；或因事件所导致，或因天降暴雨将甲池塘的鱼冲入乙的鱼塘，甲有权请求乙返还不当得利。

　　本案中，李克将应转给赵兰的钱错误地转给了王帅，王帅取得该1万元并无法律依据，王帅拒不返还使得李克受到了损失，故王帅的行为构成不当得利。

　　《民法典》第985条同时规定了不当得利的三种除外情形。

　　1. 为履行道德义务进行的给付。

　　例如：王帅是李克的叔叔，法律上没有赡养的义务，但李克实际上赡养了多年。这种情况下，李克就不能依据不当得利要求返还赡养费。此外，赈灾捐款后反悔的，也不得以不当得利请求返还等等。

2. 为履行未到期债务而清偿。

例如：李克曾向王帅借过1万元，说好一年后偿还。现在还不到一年，李克把钱转给了王帅，王帅认为这钱是李克的还款。这种情况下，李克也不能依据不当得利要求王帅返还这1万元。

3. 明知无给付义务而进行的债务清偿。

例如：赵兰欠王帅的钱，李克明知自己和赵兰之间没有债务，但仍一厢情愿代赵兰向王帅还款。这种情况下，李克不能依据不当得利要求王帅予以返还。

此外，现实生活中，还有一种不当得利的排除情况，即"强迫得利"。如甲把乙即将要拆除的围墙进行了粉刷。表面上看乙获得了利益，但实际上这种粉刷行为违背了乙的真实意思，乙并未从中受益。这种情况下，甲不得以不当得利要求乙承担粉刷费用。

值得注意的是，根据最高人民法院的审判观点，不当得利关系中，应区分受益人的善意与否，以确定不同的返还义务范围，如受益人主观上是善意的，其返还义务的范围应以现存利益为限，没有现存利益的，不再负有不当利益的返还义务；如受益人主观上为恶意，即使没有现存利益，也不能免除其返还所受不当利益的义务。

第四编

人格权

51. 被恶意诽谤后可以要求赔礼道歉吗?

—— 赔礼道歉的法律应用

案例

邹某曾系 P 大教授,其微博拥有粉丝 11 万余人。某日,其在微博上发布以下内容:"P 大院长在校餐厅包房吃饭时只要看到漂亮服务员就必然下手把她们奸淫。P 大教授系主任也不例外。……除了我自己,P 大淫棍太多。"微博发布后引起网友热议,一众网友对 P 大教师展开了口诛笔伐甚至侮辱谩骂,两天后该微博已被转发近 7 万次,评论近 2 万条。此后邹某继续发微博称:"P 大教授们和校属食堂的漂亮女服务员发展淫荡关系是常事,至于那些在外面歌厅舞厅娱乐桑拿会所吃喝嫖娼的院长主任教授就更多了。此等事情在中国高校很普遍。"该微博引起了网友对 P 大新一轮的舆论攻击,邹某的粉丝随即增长至近 20 万人。事发后,P 大认为邹某行为属于恶意诽谤,严重损害了 P 大及其教师的名誉和社会形象,要求邹某删除相关微博并向 P 大公开赔礼道歉。

那么,P 大是否可以要求邹某对其赔礼道歉呢?

解答

要回答这一问题,我们首先要界定邹某的行为是否属于恶意诽谤,然后对照法律上关于赔礼道歉的规定作出分析。

在法律上,诽谤是指因过错通过向第三者捏造、传播虚假事实而致使他人社会评价降低,非法损害他人名誉的行为。《民法典》第 1024 条规定"任何组织或者个人不得以侮辱、诽谤等方式侵害他人的名誉权",已将诽谤明确列为侵害名誉权的典型方式之一。

　　一般认为，诽谤的典型特征是行为人表达或传播的事实是虚假的、与客观现实不符的，同时该行为造成了被诽谤人社会评价降低的后果。诽谤可以通过口头的方式进行也可以通过书面的方式进行。诽谤在生活中一般表现为：出于嫉妒或报复而捏造并散布有损他人名誉的虚假事实；在新闻报道中捏造有损他人名誉的虚假事实；在文学作品中编造损害他人名誉的虚假情节；侵权单位以公函或广告虚构事实损害法人声誉；在电视、广播、报纸、互联网等新闻媒介的报道中虚构事实损害法人名声等。

　　本案中，邹某在微博中宣称 P 大教授有奸淫女服务员的行为，经法院查证，邹某描述的均为虚假事实，其行为对 P 大的名誉也造成了严重的客观损害，属于典型的恶意诽谤行为，损害了 P 大的名誉权。

　　无论是自然人还是法人、非法人组织，当其遭受诽谤后都可以根据《民法典》第 995 条的规定，依据人格权编相关条款和其他法律的规定提出救济请求。一般而言，为了督促处于交易中的权利人积极行使自己的权利，在民法上申请权利救济需要受到诉讼时效的限制，即当事人需要在民法规定的诉讼时效期间内提出自己的请求，否则将失去胜诉的权利。但是由于诽谤行为损害的是受害人的人格权，关系到受害人的人格尊严，不涉及交易行为，所以遭到诽谤后当事人请求民法上的救济是不受诉讼时效限制的，可以随时提出。

　　当事人遭受诽谤后，一般而言可以要求对方停止侵害、消除影响、恢复名誉、赔礼道歉等，造成实际损失的还可以请求对方赔偿损失。其中，要求诽谤人赔礼道歉是遭受诽谤后的重要救济措施。赔礼道歉作为民法上的责任方式，在我国司法实践中已经积累相当的经验，需要以恰当的方式进行并具有一定的强制性。《民法典》第 1000 条规定："行为人因侵害人格权承担消除影响、恢复名誉、赔礼道歉等民事责任的，应当与行为的具体方式和造成的影响范围相当。"在本案中，邹某拥有大量微博粉丝，其通过发微博的方式对 P 大进行诽谤，如果邹某想要通过私下道歉的方式承担责任，就与其微博公开大范围诽谤P 大的行为并不相当；如果其通过公开发道歉微博的方式进行道歉则可以被认为是相当的。在本案的实际裁判中，法院要求邹某自判决生效之日起 10 日内，在其实名认证的新浪微博首页公开发表致歉声明，持续时间为 7 天，且声明内容需经法院核准，此做法可以作为实践中互联网侵权赔礼道歉的操作范本。

此外，如果行为人应该赔礼道歉而拒不道歉，根据《民法典》第1000条第2款的规定，人民法院可以采取在报刊、网络等媒体上发布公告或者公布生效裁判文书等方式强制执行，由此产生的费用由行为人负担。以本案为例，如果邹某拒不履行执行上述赔礼道歉的判决，法院可以在全国公开发行的媒体上公布该判决的主要内容，刊登费用由邹某负担。

52. 摄影师丢了婚礼当天的视频，新人可以请求精神损害赔偿吗？
——违约之诉中的精神损害赔偿

案例

张某与陈某为新婚夫妻，二人与摄影师林某签订摄影服务合同，合同约定由林某担任张某与陈某婚礼的独家摄像师，负责为二人婚礼筹备及婚礼现场全程录像，并以此为素材制作婚礼纪录片一部。制作完成后，林某应向二人交付婚礼筹备及现场完整录像与纪录片刻录光盘；二人应于婚礼前支付林某1万元预付款，并于验收满意后支付林某报酬5万元。合同签订后，林某顺利为二人婚礼进行了录像。婚礼结束后，林某携带当天摄像设备与已录制的素材与朋友进行聚会，聚会醉酒后于返程途中不慎丢失了摄影设备与已录制婚礼素材。最终林某无法向张某与陈某交付婚礼录像，张某与陈某认为林某的行为已经构成违约且对他们造成了严重的精神损害，要求林某退还预付款并赔偿精神损失费，林某仅同意退还预付款。张某与陈某将林某诉至法院，请求林某对其进行精神损害赔偿。

那么，张某和陈某是否可以向林某请求精神损害赔偿呢？

解答

这涉及在违约之诉中是否可以提请精神损害赔偿的问题。司法实践中，对于是否可以在违约之诉中支持当事人精神损害诉求的裁判尺度并不统一，在医疗服务合同纠纷和旅游合同纠纷中，裁判多偏向不支持，而在客运合同纠纷中，有部分案例对违约精神损害赔偿持支持态度。

《民法典》第996条的规定将统一这个裁判尺度，该条规定："因当事人一方的违约行为，损害对方人格权并造成严重精神损害，受损害方选择请求其承担违约责任的，不影响受损害方请求精神损害赔偿。"这意味着当事人提起违约之诉并不会成为被否定精神损害赔偿的理由，符合该条规定的精神损害可以在违约之诉中得以赔偿。适用该条的要件是：第一，双方当事人存在合同等债的关系；第二，一方当事人违反合同构成违约行为；第三，在侵害了债权人债权的同时，还侵害了债权人的人格权、造成严重精神损害。

本案中，张某夫妇二人与摄影师林某签订了摄影服务合同，二者之间存在合法有效的合同关系；张某夫妇履行了相应的合同义务，但林某因个人过失无法履行服务合同，构成违约；在现实生活中，婚礼是具有典型人生纪念意义的重要时刻，记录婚礼的视频也显然属于具有高度精神利益的、具有人格意义的物，婚礼独家视频的丢失显然会给张某夫妇带来严重的精神损害。

受到侵害后，张某夫妇可以根据《民法典》第186条的规定选择侵权之诉或者违约之诉对林某主张赔偿。如果张某夫妇选择侵权之诉，则其需要证明林某有侵权行为、他们受到了实际损害、林某具有过错以及林某行为与损害结果之间存在因果关系，赔偿范围是他们因林某行为遭受的实际损失，即已经交付的金钱损失和精神损失。如果张某夫妇选择违约之诉，则其需要证明他们之间存在合法有效的合同、林某违约以及他们的损失，赔偿范围是合同正常履行完毕他们应获得的利益状态，即可以要求林某退还已支付的价款，并根据《民法典》第996条的规定进行精神损害赔偿。

53. 绝症患者可以选择安乐死吗？

——生命尊严的保障

案例

> 傅某 80 岁时罹患胰脏癌，病情被发现时已处于癌症晚期，傅某在 A 医院进行治疗，林某是傅某的主治医师。治疗期间，傅某身体机能每况愈下，癌症治疗给傅某带来了极大的身体和精神痛苦，傅某及其家人请求医生林某为傅某注射药物进行安乐死，林某以国内尚未有安乐死合法化明确立法为由拒绝了其要求。此后，傅某的病情继续恶化，医院根据其病情对其下达病危通知书，傅某的生命只能靠多种医疗设备进行维持，且在维持过程中傅某承受着更大的痛苦。此时，傅某明确表示不愿再承受治疗带来的巨大痛苦并希望有尊严地结束自己的生命，其家人亦同意其决定，傅某及其家人请求林某停止对于傅某的生命维持，听任傅某生命自然结束，林某对此左右为难。
>
> 那么，傅某的两次安乐死请求在法律上是否都可以得到支持呢？

解答

这涉及安乐死在我国是否合法的问题。在我国，随着经济社会的发展，人们对于尊严死亡临终关怀的关注越来越多，从 1994 年起每年都有人大代表提出"安乐死"合法化的议案。一般而言，安乐死是指对于现代医学无可挽救的、逼近死亡的病人，医生在患者本人真诚委托的前提下，为减少病人难以忍受的剧烈痛苦，采取措施提前结束病人的生命或者停止生命维持措施任由病人自然死亡的死亡方式，前者被称为积极安乐死，后者被称为消极安乐死。安乐死是否应该合法化，应该在何种程度上被法律认可，是一个复杂的、需要在伦理道德、法律社会、医疗条件、政策落实能力等多个维度综合考虑的问题。

在民法上,安乐死的问题主要涉及自然人的生命权。《民法典》第1002条规定:"自然人享有生命权。自然人的生命安全和生命尊严受法律保护。任何组织或者个人不得侵害他人的生命权。"这意味着,生命权的基本内容包括维护生命安全和维护生命尊严两个方面。生命尊严是人格尊严在生命权方面的表现,既包括生的尊严也包括死的尊严,安乐(尊严)死、生前预嘱和临终关怀等都是维护生命尊严的重要方式。当自然人的生命濒临终结不可治愈且采取延命措施会有巨大痛苦时,自然人有权选择上述方式减轻痛苦请求临终关怀,这是权利人自主行使生命权的方式之一。目前,我国尚未有关于安乐死的明确立法,学理一般认为由于积极安乐死属于主动剥夺他人生命权的行为,存在较大的伦理道德风险,尚不宜被立法认可;而消极安乐死是一种顺应自然人生命发展的行为,没有人为减损和剥夺他人的生命,亦可以适当起到缓解病人痛苦的作用,可以纳入《民法典》第1002条维护生命尊严有限处分个人生命权的范围内。

另应注意的是,所谓的安乐(尊严)死并不是生与死的选择,而是痛苦地死亡还是安乐尊严死亡的选择,即使是消极安乐死也必须在严格的限制条件下进行。第一,病患必须身患绝症临近死期。所谓绝症是指所患的疾病按照当时的医学水平是无任何治愈希望的;临近死期,即根据一定医学标准判断病患即将死亡,且与死期相距不远。第二,病患必须极度痛苦不堪忍受,这种痛苦限于肉体痛苦,不包括精神痛苦,肉体的痛苦必须达到不堪忍受的程度。第三,病患必须自愿请求采取安乐死,病患自愿请求必须以明示方法为之。第四,病患的请求必须经过相应的伦理审查,符合生物医疗活动的相关规定,个别的医务人员不得擅自为病患进行安乐死。

本案中,傅某在癌症治疗期间第一次提出安乐死时,虽然其身体也经受了极大的治疗痛苦,但是此时傅某的身体状况尚未达到绝症临死的状态,尚有一定恢复可能性,不符合实施安乐死的条件。况且,第一次傅某和其家人提出的是积极安乐死的请求,希望医生主动结束傅某的生命,这在我国的法律内是不被允许的,如果医生擅自为其实施了积极安乐死,是有可能需要承担刑事责任的。傅某第二次提出的是消极安乐死,提出时医院已经为傅某下达了病危通知书，其生命状态已经处于理论上无可挽回的地步，此时傅某依然承受着癌症治疗的巨大痛苦，且傅某本人也多次表达了希望进行安乐死的意愿，傅某此时可以行使自己的生命权维护自己的生命尊严，请求医生为其停止维持生命的相关措施，顺应自身生命的消亡。林某作为傅某的主治医师，收到傅某的请求后，应该根据医院的相关程序，请求医院伦理委员会及相关组织核实傅某是否符合停止治疗的条件，接到批准并履行相关同意书的签订等程序后，方可为傅某停止相关治疗。

54. 人体器官可以买卖吗?

——人体器官的无偿捐献

案例

　　樊某系范某之妻，王某是范某的主治医师。范某因患尿毒症需要进行同种异体肾移植术，在取得樊某和范某的同意后，肾脏供体由王某帮助寻找。王某将范某的情况根据器官移植申请程序汇报给医院，医院通过当地红十字会积极寻找肾脏捐献者。由于器官捐献数量较少，当地红十字会一般会通过给予供体一定经济补偿的方式以刺激器官捐献。范某进行肾脏移植手术前，医院向范某和樊某告知了器官移植手术可能存在的风险以及需要向肾脏供体提供经济补偿的事项，范某和樊某同意后向医院支付了包括肾脏供体补偿费、器官运输保存费、手术及手术后期医疗费等共计35万元。范某进行移植手术后，出现了移植肾功能延迟恢复情况，于手术三天后死亡，医院遂向范某退还了尚未进行的治疗的相关费用14万元。樊某认为由于范某在进行移植手术后死亡，说明移植手术并未成功，遂将医院和王某诉至法院请求返还剩余的21万元。

　　那么，樊某请求医院返还剩余21万元的请求是否应该得到支持呢?

解答

这涉及剩余的这 21 万元的性质问题。要判断这 21 万元的性质，则需要以我国人体器官移植法律制度的规定与具体落实情况为根据。《民法典》第 1006 条规定，"完全民事行为能力人有权依法自主决定无偿捐献其人体细胞、人体组织、人体器官、遗体。任何组织或者个人不得强迫、欺骗、利诱其捐献。"第 1007 条规定"禁止以任何形式买卖人体细胞、人体组织、人体器官、遗体。违反前款规定的买卖行为无效。"

由此可知，我国人体器官移植法律制度以自愿、无偿捐献器官为基本原则，我国对于人体细胞、人体组织、人体器官、遗体的利用只允许通过无偿捐献的方式进行，明确禁止人体细胞、人体组织、人体器官、遗体买卖。在法律的价值导向上，捐献自己的组织器官等救助他人、服务科学研究的行为是高尚的行为，在不影响自身的健康状况且符合相关法律法规、伦理道德的情况下，国家鼓励自然人捐献自己的组织器官等，这也是自然人自主行使身体权的行为，是建立在自愿的基础之上的。同时，人体的组织器官是人体的组织部分，直接关系到人的身体完整和生命健康，也直接关系到自然人的人格尊严，其性质就决定了其不可被商业化利用，器官捐献必须以无偿为原则，否则不仅有损人格尊严，还会催生极大的道德风险和相关犯罪。

应注意的是，捐献行为必须自愿无偿进行，并不意味着法律禁止接受器官的一方对供体及其家属自行给予一定的补偿或者营养费，以弥补权利人健康受到的损害。相反，实践中这种补偿措施是一种社会效果良好的激励机制。由于我国人口众多，人体组织器官方面存在巨大需求，加之在确定捐献、摘除器官和移植器官的过程中的确需要耗费一定人力物力成本，且群众对于人体细胞、器官等捐献意愿仍有待提高等原因，我国人体器官的捐献数量与实际需求远难匹配。在这样的实践背景下，与其对这些情况视而不见，甚至否定这种补偿的效力，还不如尊重现实社会习惯，直面我国在人体组织器官医疗资源短缺问题，对实践中业已形成的无偿捐献处理方式予以认可。

本案中，医院与范某之间属于医疗服务合同关系，医院为范某提供医疗服务，范某则需为此服务支付一定的对价。在进行肾脏移植手术前，医院向范某和樊某告知了器官移植手术可能存在的风险以及需要向肾脏供体提供经济补偿的事项，范某和樊某同意了这种补偿方案，应视为范某与樊某认可了补偿费用的性质。范某与樊某向医院支付的 35 万元，包括了肾脏供体补偿费、器官运输保存费、手术及手术后期医疗费等多种费用，虽然范某于肾脏移植手术后三天即死亡，但是医院已经进行了相应的医疗服务，供体也已经提供了肾脏器官，所以无论手术成败如何，范某与樊某均应支付器官移植手术本身的费用以及补偿肾脏供体费用。对于未进行的治疗服务的费用 14 万元，医院理应退还也已经退还了。至于樊某认为对供体支付补偿费属于买卖器官的行为，补偿费用应该退还的观点法律不应支持。首先，法律不禁止受体方对供体方提供自愿自主的经济补偿；其次，范某与樊某在手术前已经认可了费用的补偿性质，如果因为手术失败就否定该补偿，不仅有违诚实信用原则和公平原则，也是对供体及其家人的伤害，打击了捐献者的积极性。综上，本案中对于供体的经济补偿并不违法，樊某要求医院返还 21 万元的请求不应得到支持。

55. 临床试验新冠疫苗可以向受试者收取费用吗？

——临床试验不得收费

案例

Z 公司是国内某新冠疫苗研发公司，由其研发的新冠疫苗通过动物实验后经国家药监局审评后进入临床试验阶段。经过Ⅰ期和Ⅱ期人体试验后，已验证该疫苗在较大规模人群中具有安全性并具备刺激机体产生免疫力的能力。在Ⅲ期人体试验的志愿者招募中，Z 公司在招募公告中要求受试者应为 18 至 60 周岁之间的健康成人，无新冠肺炎病史或感染史，无疫苗接种过敏史，能自愿签署知情同意书，能遵守研究方案要求，承诺坚持完成 6 个月的研究随访等。除此常规条件外，Z 公司在招募公告中声称该疫苗已经被验证在较大规模人群中安全有效，故要求受试者若要参与该临床试验还应支付12 000元的试验诊疗费，以覆盖试验期间受试者产生的各项开销。林某看到招募公告后认为Z公司无权向受试者收取费用，准备向有关行政部门举报Z公司。

那么，Z公司在进行新冠疫苗临床试验过程中是否可以向受试者收取费用呢？

解答

这涉及在我国的在临床试验中，受试者一般享有哪些权利的问题。《民法典》第1008条规定："为研制新药、医疗器械或者发展新的预防和治疗方法，需要进行临床试验的，应当依法经相关主管部门批准并经伦理委员会审查同意，向受试者或者受试者的监护人告知试验目的、用途和可能产生的风险等详细情况，并经其书面同意。进行临床试验的，不得向受试者收取试验费用。"这是针对临床试验的目的与临床试验中受试者权利的规定，该条涉及的临床试验包括四种：一是研制新药，二是研制医疗器械，三是发展新的预防方法，四是发展新的治疗方法，不是出于上述四种目的的，不适用该条的规定。本条强调受试者两方面的权利：一是关于临床试验的知情同意，二是临床试验免费，这两项是受试者在临床实验中最基本而重要的权利。

本案中，Z公司研发的疫苗虽然经过Ⅰ期和Ⅱ期人体试验后，已被验证在较大规模人群中具有安全性并具备刺激机体产生免疫力的能力，但是Ⅲ期人体试验依然属于疫苗研发中的临床试验行为，属于《民法典》第1008条规定的为发展新的预防方法而进行的临床试验。在此临床试验过程中，Z公司应遵循《民法典》的规定，保障受试者的合法权益。具体而言，Z公司在招募Ⅲ期人体试验志愿者的过程中，不能夸大试验疫苗的作用和安全性，也不能混淆临床试验行为和临床治疗行为，更不能向受试者收取试验费用。林某的质疑于法有据，他可以拒绝向Z公司支付费用，并向有关部门举报Z公司；已经交付试验费用的受试者有权要求Z公司依法返还。

56. 对基因编辑行为怎么看？
——基因编辑必须符合法律与伦理规范

案例

2016 年 6 月开始，贺某私自组织包括境外人员参加的项目团队，开始策划实施以生殖为目的的人类胚胎基因编辑活动。2017 年 3 月至 2018 年 11 月，贺某通过他人伪造伦理审查书，招募 8 对夫妇志愿者（艾滋病病毒抗体男方阳性、女方阴性）参与实验。为规避艾滋病病毒携带者不得实施辅助生殖的相关规定，贺某组织其他人顶替志愿者验血，并指使相熟的从业人员违规在人类胚胎上进行基因编辑并植入母体，导致最终有 2 名志愿者怀孕，其中 1 名已生下双胞胎女婴"露露""娜娜"，另 1 名在怀孕中。2018 年 11 月 26 日，贺某团队对外宣布，一对基因编辑婴儿诞生。该事件引起社会各界广泛关注，当地司法行政部门随即对"基因编辑婴儿事件"展开调查。

那么，我国法律是如何对待基因编辑行为的呢？

解答

基因编辑，又称基因组编辑或基因组工程，是在基因组上对 DNA 进行敲除、插入、定点突变编辑，对生物体基因组特定目标基因进行修饰的技术行为。随着生物科技的发展，基因编辑技术逐渐应用于基因研究、基因治疗和遗传改良等方面，为人类通过改变基因从而改善生活环境和自身健康提供了技术可能。但是由于基因编辑是针对生物进行的、可能存在不可逆损伤的试验性技术，且在一定程度上会影响到整个生物遗传资源库的组成，世界各国对于基因编辑技术的发展和应用都进行一定干涉管控。

在我国从事基因编辑活动必须符合法律与伦理的双重规范。《民法典》第

1009条为针对人的基因、胚胎等方面的医学科研活动划定了法律红线，即：
"从事与人体基因、人体胚胎等有关的医学和科研活动，应当遵守法律、行政
法规和国家有关规定，不得危害人体健康，不得违背伦理道德，不得损害公共
利益。"关于人的基因编辑即属于本条规定的与人体基因有关的医学和科研活
动，评价该行为应遵循《民法典》第1009条的规定，从法律法规、人体健康、
伦理道德和公共利益四个维度进行分析。同时还需注意的是，本条规制的对象
是"与人体基因、人体胚胎等有关的医学和科研活动"，人体基因属于人的遗
传资源，人体胚胎是人生理上的初始阶段，二者都直接关系到人的身体机能与
现实存在，直接关系到人格尊严。对人体基因与人体胚胎以及"等"的范围应
以生物科学的一般术语为基础、以保护人格尊严为目的，从宽界定。

　　除了《民法典》之外，我国近年来逐步完善了关于人的医疗科研活动方面
的法律规范。早在2003年12月，科技部和卫生部就联合下发了《人胚胎干细
胞研究伦理指导原则》，申明中国禁止进行生殖性克隆人的任何研究；2016年
12月，国家卫生和计划生育委员会通过《涉及人的生物医学研究伦理审查办
法》；2018年8月，国家卫生健康委员会通过《医疗技术临床应用管理办法》；
2019年5月，国务院通过《中华人民共和国人类遗传资源管理条例》；2020年
10月全国人大常委会通过《中华人民共和国生物安全法》。这些法律规范都对
关涉人体基因、胚胎等的医疗和科研活动进行了更为细致的规定，在现实生活
中处理相关案件时应从中找寻法律依据。

　　本案中，贺某伪造伦理审查书，未经伦理审查，对法律规定不适宜进行辅
助生殖的艾滋病病毒携带者进行人体基因编辑试验，并将进行过基因编辑的人
类胚胎植入母体用于生殖繁衍，实施了国家明令禁止的以生殖为目的的人类胚
胎基因编辑活动，严重违反国家有关规定，是典型的违法行为；未经伦理审查
对人体基因进行编辑，严重违背伦理道德和科研诚信；在存在巨大道德和技术
风险的前提下开展人体编辑，对于被进行人体编辑的自然人的身体健康埋下了
巨大风险；同时其行为还在国内外造成恶劣影响。被进行过基因编辑后出生的
自然人，如果因此产生了相关损害，可以请求贺某承担侵权责任。此外，贺某
的行为已经触犯了刑法，应被追究相应刑事责任。

57. 上司给下属微信发色情图片是不是性骚扰?

——性骚扰的形式和后果

案例

熊某是某公司主管,赵某是其下属。赵某形象好气质佳,熊某时常在工作期间口头赞美赵某身材好,并以开玩笑为由在公开交谈中猜测赵某胸部内衣尺寸,表示赵某容易引发男性欲望。赵某因上下级关系对熊某行为隐忍不发。此后,熊某时常通过职务便利安排自己与赵某一起加班,以增进员工间交流为由约赵某单独见面,并给赵某发微信说自己常会想念她,尤其对她的身材念念不忘。赵某拒绝熊某的邀约,并告知熊某不要给她发送暧昧性暗示信息。熊某遭到拒绝后,继续多次在工作时间以及深夜通过微信给赵某发送色情网文和图片,并称赵某的身材和图片中的女性相似,惹人遐想。此外,熊某还在工作期间故意制造原本不必要的肢体接触,趁赵某不注意触摸赵某的胸部和臀部。赵某不堪其扰,最终向单位纪检监督部门举报熊某对其进行性骚扰。公司调查确认熊某行为后,认为熊某已对赵某构成性骚扰,故以熊某严重违反公司规章制度为由解除了与熊某的劳动关系。熊某认为自己是在追求赵某,没有对赵某性骚扰,公司解聘他于法无据,遂提起劳动争议诉讼。

那么,熊某的行为是否构成性骚扰呢?公司与其解除劳动关系是否于法有据?

解答

这首先涉及法律对性骚扰的界定问题。性骚扰行为是侵害权利人性自主权的行为。性自主权是自然人保持其性纯洁的良好品行,依照自己的意志支配其性利益的具体人格权。同时,性自主权也受法律、道德的约束,行使性自主权不得违反公共利益和善良风俗，尤其在已婚男女之间还要互负忠实义务。性自主权的权利客体是性利益，对于性利益应作广义理解，它包括实体上的利益和精神上的利益。实体上的利益体现为保持自己性器官不被他人非法接触，保持自己不为违背自己意志的性交行为；精神上的利益则表现为人的以自己性自主为内容的精神满足感，以及社会和他人对权利人性状态的某种评价。与此相对应的，对于实体性利益和精神性利益的侵害都会构成性骚扰。

《民法典》第1010条对性骚扰进行了规定，即："违背他人意愿，以言语、文字、图像、肢体行为等方式对他人实施性骚扰的，受害人有权依法请求行为人承担民事责任。"该条不仅对性骚扰的典型行为进行了列举，也是权利人受到性骚扰后可以直接援引的法律救济条款。根据该条的规定，言语、文字、图像等方式都可以构成性骚扰，在权利人拒绝后仍然对其讲黄色笑话、对权利人进行语言或文字的性暗示、向权利人发送黄色图片等都构成性骚扰，这主要侵害了权利人的精神性利益。违背权利人意愿，通过肢体行为性骚扰权利人主要是侵害了实体性利益，触摸权利人敏感部位、强抱强吻权利人、自行暴露性器官等都属于性骚扰的行为。

本案中，熊某赞美赵某身材好，在公开交谈中猜测赵某胸部内衣尺寸，说赵某容易引发男性欲望的行为属于通过语言进行性骚扰的行为；熊某发微信表示对赵某身材念念不忘，发送暧昧性暗示信息，色情网文和图片，并称赵某的身材和图片中的女性相似，惹人遐想的行为属于通过文字、图片进行性骚扰的行为；熊某故意制造原本不必要的肢体接触，趁赵某不注意触摸赵某的胸部和臀部的行为属于通过肢体进行性骚扰的行为。

判断公司因熊某性骚扰与熊某解除劳动关系是否合法，应关注我国对于性骚扰的规制措施。一般而言，规制性骚扰行为有两种立法模式：一种是权利保护主义，即以保护性自主权人的权利为主，追究性骚扰行为人的民事责任；另一种是职场保护主义，即对性骚扰行为的制裁，以制裁职场负责人未尽保护义务的违法行为为主，以保护权利人的性利益安全。我国采取以权利保护主义为主，职场保护主义为辅的对策，即追究实施性骚扰行为的行为人的责任，辅之以追究职场负责人未尽保护义务的责任。《民法典》第1010条第2款规定：

"机关、企业、学校等单位应当采取合理的预防、受理投诉、调查处置等措施，防止和制止利用职权、从属关系等实施性骚扰。"本案中，熊某严重违反了基本道德行为准则，违反了法律法规和公司的劳动纪律，属于《劳动法》第25条规定的劳动者严重违反劳动纪律或者用人单位规章制度的行为，公司受理赵某的投诉并在调查之后与熊某解除劳动关系的行为于法有据。

58. 被冒名顶替上大学，该用什么方法来保护自己的权利？

——姓名权的保护

📖 **案例**

> 齐某与陈某均是 T 州八中的 1990 届应届初中毕业生，当时同在 T 州八中驻地 T 州市某镇某村居住，二人的相貌有明显差异。齐某在 1990 届统考中取得成绩 441 分，J 商校发出了录取齐某为该校 1990 级财会专业委培生的通知书，该通知书由 T 州八中转交。陈某在 1990 年中专预选考试中，因成绩不合格，失去了继续参加统考的资格。为能继续升学，陈某从 T 州八中将齐某的录取通知书领走，并持齐某的录取通知书到 J 商校报到，以齐某的名义在 J 商校就读。在校就读期间，陈某一直使用齐某的姓名在校生活，考试时填写齐某的姓名。直到毕业时，陈某以父母离婚自己已经改名为由向学校申请，将自己的毕业证和学位证上的姓名更改为陈某本名。齐某因此事失去了上大学的机会，其得知此事后，认为陈某和 J 商校侵害了她的姓名权和受教育权，诉至法院请求其承担法律责任。
>
> 那么，齐某应该如何救济自己的权利呢？

👤 **解答**

这涉及对姓名权的保护以及宪法上规定的权利如何在民法得到落实的问题。本案中的冒名顶替的行为是民法上典型的侵害姓名权的行为。《民法典》

第 1012 条规定："自然人享有姓名权，有权依法决定、使用、变更或者许可他人使用自己的姓名，但是不得违背公序良俗。"姓名权是受《民法典》明文保护的具体人格权。姓名权的权利客体是姓名，是用以确定和代表个体自然人并与其他自然人相区别的文字符号和标识，姓名权包含的法益主要是精神利益，在特定情形下也包含财产利益。

姓名权是绝对权，在自然人享有姓名权时，其他任何民事主体都是权利人的义务主体。针对姓名权的保护，《民法典》第 1014 条规定："任何组织或者个人不得以干涉、盗用、假冒等方式侵害他人的姓名权或者名称权。"本条所说的"任何组织或者个人"，就是对姓名权、名称权义务主体的规定，包括权利人以外的所有的自然人、法人、非法人组织。该规定可以成为权利人请求保护自身姓名权的主要依据，同时也列举了生活中侵害姓名权的典型方式，即干涉他人决定、变更、使用自己的姓名，盗用他人的姓名以及假冒他人。其中，干涉命名权、使用权、改名权，都是侵害姓名权的行为；盗用他人姓名和假冒他人都是非法使用他人姓名的行为。盗用他人姓名表现为未经本人授权，擅自以该人的名义进行民事活动或从事不利于姓名权人、不利于公共利益的行为。假冒他人是冒名顶替，使用他人姓名并冒充该人参加民事活动或其他行为。假冒行为比盗用姓名行为造成的损害后果更严重。盗用姓名与假冒并不限于使用他人本名，还包括他人的笔名、艺名、别名、化名。此外，不使用他人的姓名的行为也是生活中常见的，属于以不作为的方式侵害他人姓名权的行为。姓名乃正当之指示手段，指明某人时，应使用其人之姓名。应当使用他人姓名而不予使用的，亦为侵权行为。

本案中，陈某从 T 州八中将齐某的录取通知书领走，持齐某的录取通知书到 J 商校报到，以齐某的名义在 J 商校就读，考试时填写齐某姓名的行为，都属于典型的故意非法使用齐某姓名、假冒齐某的行为，无疑侵害了齐某的姓名权。

此外，我国《宪法》第 46 条第 1 款规定"中华人民共和国公民有受教育的权利和义务"，陈某假冒齐某的行为使得齐某丧失了上大学的机会，侵害了齐某的受教育权，但是由于我国的《宪法》本身不具有可诉性，在民事审判中法官并不能直接援引《宪法》进行裁判。但是，这也不意味着《宪法》规定的权利无法救济。在我国的法律体系中，宪法规定的基本权利是通过各部门法的具体规定在生活中予以落实的。以受教育权为例，这项基本权利本质上保障的是公民人格成长和自身发展的权利，可以被解释纳入《民法典》第990条规定的"基于人身自由、人格尊严产生的其他人格权益"的范围，通过一般人格权制度加以保护。陈某假冒齐某上了大学，使得齐某没有享受到本应属于自己的自我提升的机会，人生轨迹被迫改变，侵害了齐某的发展自由和人格尊严，使得齐某遭受了巨大的精神损害。学校在此过程中亦存在明显过错。所以，在民事方面，齐某可以根据《民法典》第1014条关于姓名权保护的规定、第990条关于一般人格权的规定，以及侵权责任编精神损害赔偿的规定，要求陈某和学校澄清事实消除影响、赔礼道歉并赔偿损失。

59. 个人可以决定自己姓什么吗？

——自然人的姓氏确定规则

案例

　　吕某与张某为夫妇二人，因酷爱诗词歌赋和中国传统文化，吕某、张某夫妇二人决定给爱女起名为"北雁云依"，"北雁"是姓，"云依"是名，并以"北雁云依"为姓名办理了新生儿出生证明和计划生育服务手册新生儿落户备查登记。此后，吕某前往派出所为女儿申请办理户口登记，被民警告知拟被登记人员的姓氏应当随父姓或者母姓，即姓"吕"或者"张"，否则不符合办理出生登记条件。因吕某坚持以"北雁云依"为姓名为女儿申请户口登记，派出所依照《婚姻法》第22条之规定，于当日作出拒绝办理户口登记的具体行政行为。吕某与张某认为，其作为父母有权为未成年子女决定姓氏，即使未成年子女对其该姓氏有异议，也应该等子女成年后自行变更，派出所拒绝以"北雁云依"为姓名办理户口登记的行政行为是违法的。

　　那么，吕某与张某是否有权自由决定其未成年子女的姓氏呢？

解答

　　这涉及法律对于自然人姓氏确定的规定。《民法典》第 1012 条规定："自然人享有姓名权，有权依法决定、使用、变更或者许可他人使用自己的姓名，但是不得违背公序良俗。"姓名权是《民法典》明文规定的具体人格权，姓名的主要作用是对自然人进行标识和区别。在我国，自然人的姓名一般包括姓和名两部分。姓是一定血缘遗传关系的记号，标志着个体自然人从属于哪个家族血缘系统；名则主要起到区别不同个体的作用。

　　我国的姓氏文化源远流长，一般认为，中国姓氏的最初来源是基于"天道"的原始宗教崇拜、图腾崇拜与祖先崇拜。姓者，统其祖考之所自出；氏者，别其子孙之所自分。秦汉以来姓与氏逐渐合一成为标示家族血缘的符号。在中国古代，封建制使得家族成为社会中主要的组织形态，个体总是依附于特定家族而存在，拥有特定姓氏即是这种依附关系的外在表征，并逐渐融入道德伦理层面。此外，由于同姓家族多呈聚居形态，所以姓氏不仅是起到标识血缘遗传信息的作用，还对人口统计和社会资源分配具有重要作用。随着时代的发展和社会制度的改变，自然人的个体化程度不断提高，在法律上人人独立而平等无须再依附于某一特定家族，但是姓氏文化在道德文化方面的影响依然深远，对于家庭伦理的维护依然起到重要作用。

　　因此，虽然姓名权作为人格权，原则上自然人有权依照自己的意愿决定、使用、变更或者许可他人使用自己的姓名，但是基于姓氏的特点和公序良俗、伦理道德的考虑，《民法典》第 1015 条对自然人选择姓氏作出了一定限制。根据其规定，自然人原则上应当随父姓或者母姓，一般不能选取父母姓氏以外的姓氏，除非符合法律规定的三种特定情形，自然人可以选择父母之外的第三姓作为姓氏。这三种情形是：第一，选取其他直系长辈血亲的姓氏，例如祖父母、外祖父母的姓氏与父母姓氏不一致而选择祖父母、外祖父母的姓氏；第二，因由法定扶养人以外的人扶养而选取扶养人姓氏，例如长期被父母以外的人扶养但未形成收养关系而随扶养人的姓氏；第三，有不违背公序良俗的其他正当理由，例如本家族原姓氏为"萧"，而错误简化为"肖"，恢复姓萧。此外，由于少数民族风俗习惯与汉族不同，姓氏文化对其的伦理道德的影响也不同，依据民族自治原则，少数民族自然人的姓氏可以遵从本民族的文化传统和风俗习惯，例如有的少数民族没有姓氏，只有名字，例如蒙古族；有的少数民族因改姓汉姓而改变原民族的姓氏等。

在本案中，吕某和张某的女儿刚出生，属于无民事行为能力人，没有自行决定姓名的能力，吕某与张某作为她的法定代理人和监护人，的确有权为其决定初始姓名，但是其为女儿选择姓氏也必须遵循《民法典》第1015条的规定。吕某与张某均不是少数民族，其女儿亦非少数民族，所以其女儿原则上只能随父姓或随母姓。吕某与张某想要为女儿选取父母外的第三姓，应符合《民法典》第1015条规定的三种情形，然而本案中吕某与张某仅因个人喜好就想选择第三姓的行为，是不符合三种情形之一的，所以其想法不能得到法律支持，户籍登记机关可以依法对其不予登记。

60. 网红的网名受法律保护吗？

——《民法典》对网名的保护

案例

"汉云吧"为汉服爱好者聚集的贴吧论坛，用户实名注册后可以在贴吧发帖。"汉云七杰"是该贴吧建立之初的七位资深用户的ID合称。"汉云龙"原名曹某，为贴吧吧主，热爱传统汉服，拥有粉丝近百万；"汉云海"原名栾某，为汉云七杰之一，偏爱与现代融合的新汉服，凭借倡导新汉服的网络内容逐渐走红。二人矛盾日渐尖锐，"汉云龙"发帖指责"汉云海"是"传统汉服传统文化的背叛者""审美低下、忘恩负义的狗"，认为"汉云海"网名不配冠以"汉云"二字，要求其更改网名。此外，"汉云龙"还删除了贴吧中所有以"汉云海"为署名的帖子，并鼓动其粉丝对"汉云海"进行谩骂；同时，"汉云龙"指使粉丝何某注册ID"汉云海本人"，将该ID头像设置为与"汉云海"原头像一样的头像，用该ID在贴吧发布贬损新汉服的内容。栾某认为其合法权益受到了侵害，欲诉诸法律。

那么，栾某的网名能受到法律保护吗？

解答

这里涉及《民法典》对网名的保护问题。网名是自然人或法人、非法人组织在互联网中使用的署名，论坛贴吧留言板的用户名 ID、网络聊天自行设置的昵称、互联网社交平台自行设置的名称等都是生活中常见的网名。在本案中，曹某在贴吧使用的署名"汉云龙"、栾某在贴吧使用的署名"汉云海"就是他们的网名。《民法典》对民事主体网名的保护是对其姓名权保护的延伸和变形。《民法典》第 1012 条规定："自然人享有姓名权，有权依法决定、使用、变更或者许可他人使用自己的姓名，但是不得违背公序良俗。"第 1013 条也规定了法人和非法人组织享有名称权。姓名权和名称权是《民法典》明文规定的具体人格权。

姓名和名称之所以受到法律保护，是因为他们是用以确定和代表特定个体与其他个体相区别的文字符号和标识，具有明确的人身属性，是民事主体内在人格的外在体现，与自然人的人格尊严紧密相关。姓名亦有广义、狭义之分，狭义的姓名即为本名，广义的姓名包括姓名本名以及字、号、笔名、艺名、网名等可以标识自然人人身特征的文字符号。当下，笔名、艺名、网名的使用很普遍，有时其起到的人身标识作用甚至比本名还要大。法律对网名进行保护的正当性基础在于网名是网络环境中最为直观的标识民事主体人身特征的符号，其与现实生活中民事主体的本名发挥着相同的作用，对于网名的保护是法律对于姓名保护在网络世界中的体现。

我们要注意的是，法律将权利人某一法益作为绝对权加以保护，就相应地为其他不特定的人增加了不得侵害该权利的义务，所以绝对权的范围不宜过大。因此，法律并非对所有网名都会加以保护。《民法典》第 1017 条规定："具有一定社会知名度，被他人使用足以造成公众混淆的笔名、艺名、网名、字号、姓名和名称的简称等，参照适用姓名权和名称权保护的有关规定。"这里规定了与姓名、名称受同等保护的笔名、艺名、网名、字号、姓名和名称的简称的条件，即这些别名必须具备"具有一定社会知名度"和"他人使用足以造成公众混淆"两个条件才能与姓名和名称得到同样的法律保护。网名是《民法典》第1017条明文规定的受法律保护的别名的一种，具备上述两个条件即应得到与姓名同等的保护。同等保护意味着权利人有权像对待姓名与名称一样，依法决定、使用、变更或者许可他人使用自己的上述网名，任何人不得干涉权利人决定和使用自己的网名，不得盗用和假冒权利人的网名。

本案中，"汉云海"是栾某的网名，其使用该网名发布原创内容并为网络公众所熟知，该网名属于具有一定社会知名度且被他人使用足以造成公众混淆的网名，应与姓名受同等保护。所以栾某依法有权自行决定、使用、变更或者许可他人使用"汉云海"这个网名，曹某和其粉丝何某均无权因自己的好恶加以干涉。曹某删除贴吧中所有以"汉云海"为署名的帖子的行为，属于干涉栾某使用网名的行为，侵害了栾某的姓名权，同时也干涉了栾某表达自由的权利。何某注册ID"汉云海本人"，将该ID头像设置为与"汉云海"原头像一样的头像，并用其发布与栾某本人意见显著不同的言论，属于假冒栾某网名的行为，同样侵害了栾某的姓名权和表达自由。此外，曹某鼓动其粉丝对"汉云海"进行谩骂，在网络公开指责栾某是"传统文化的背叛者"和"审美低下、忘恩负义的狗"的行为，属于对栾某的侮辱，侵害了栾某的名誉权，亦应承担相应的侵权责任。

61. 使用 AI 换脸技术恶搞他人肖像，受害人怎么维权？
——AI 换脸的法律规制

案例

张某与陈某为恋人关系，张某计算机水平较高，在某互联网视频平台拥有账户和专栏，拥有粉丝近万人。张某学习了 AI 换脸技术，利用自己存有的陈某照片将陈某的面部肖像替换在各类电视剧及搞笑视频的角色之中，逐渐在网络走红收获粉丝近百万。此后陈某与张某分手，并告知张某不要再用自己的照片制作视频，张某为了维持专栏热度继续使用陈某照片制作换脸视频。陈某多次与张某交涉未果，遂到张某专栏播放热度最高的几个视频下面发布了自己已经与张某分手以及今后不再同意张某继续使用其肖像的评论留言。网友看到陈某留言后纷纷声援，要求张某不再制作关于陈某的 AI 换脸视频并删除之前的含有陈某肖像的视频。张某受到施压后心中不满，遂将某情色电影片段的女主通过 AI 替换成陈某面容在专栏发布。陈某认为张某侵害了其肖像权，将张某诉至法院。

那么，张某的行为是否侵害了陈某的肖像权呢？

解答

这就涉及《民法典》对肖像权的保护问题。肖像权是受《民法典》明文保护的具体人格权，《民法典》第 1018 条第 1 款规定："自然人享有肖像权，有权依法制作、使用、公开或者许可他人使用自己的肖像。"在法律上，肖像是指通过影像、雕塑、绘画等方式在一定载体上所反映的特定自然人可以被识别的外部形象。这意味着，肖像需要通过一定方式在一定载体上呈现出来，本案中涉及的视频就是载体之一。同时，肖像的核心特点是可被识别，一般要求普通人通过该图像与真人的比对能辨认出图像和真人的关联对应关系，通俗来讲就是看到图像就能认出对应的人。另外需要注意的是，肖像是一种外部形象，其内涵是广泛的，凡是具有可识别性的外部形象，例如自然人的手、脚、背甚至半张脸等，都属于肖像，受《民法典》的保护。

肖像本身可以在与自然人本身分离的情况下被无限复制，这使得权利人许可他人使用自己的肖像成为可能，所以肖像权也是较早被商业化利用的具体人格权。生活中常见的明星代言广告，带有各类自然人影视角色或者明星肖像的周边文化产品都是肖像被商业化利用的表现。权能是指权利的行使方式，《民法典》规定的肖像权的典型权能包括制作权、使用权、公开权和许可他人使用权。在本案中，张某在视频中使用的陈某的面部形象，显然属于陈某可以被识别的外部形象，属于肖像权保护的范围，根据《民法典》的规定，陈某有权对自己的面部形象依法制作、使用、公开或者许可他人使用。

判断是否构成侵害肖像权，应遵循人格权编的规定。《民法典》第1019条规定："任何组织或者个人不得以丑化、污损，或者利用信息技术手段伪造等方式侵害他人的肖像权。未经肖像权人同意，不得制作、使用、公开肖像权人的肖像，但是法律另有规定的除外。"这里强调的是生活中侵害肖像权的典型行为，即：（1）丑化他人肖像；（2）污损他人肖像；（3）利用信息技术手段伪造他人肖像；（4）未经肖像权人同意制作、使用、公开他人肖像。其中，丑化和污损肖像应当具有恶意，是否构成丑化和污损应该采取一般人标准，例如将自然人的头部肖像和裸体身体进行拼接、在自然人的肖像上画红叉做涂鸦鬼脸、向肖像上泼粪等都是常见的侵权行为。

在本案中，前期陈某同意张某将自己的肖像通过AI技术替换于搞笑视频之中，是陈某行使自己肖像权的行为，张某的行为不构成侵权。后期，陈某不再同意张某使用其肖像，张某依然利用AI技术制作含有陈某面部肖像的视频并公开发布的行为，属于《民法典》第1019条规定的利用信息技术手段伪造他人肖像以及未经肖像权人同意制作、使用、公开他人肖像的行为，该行为对陈某的肖像权已经造成了实际损害，张某对此属于故意为之，可以认定张某的行为构成侵权。此外，张某后期将陈某的面部肖像替换于情色电影的片段之中，还涉及对陈某人格尊严以及名誉权的侵害。陈某受到侵害后，可以根据《民法典》第995条的规定，随时要求张某停止制作含有其肖像的视频并下架之前发布的含有其肖像的视频，同时还可以根据《民法典》第1019条和侵权责任编的规定，要求张某对其进行精神损害赔偿。

62. 可以随意模仿他人的声音吗？

——《民法典》对声音的保护

案例

　　张某原为某公司婚礼司仪，善于模仿各种明星名人的声音。在主持婚礼过程中，张某逐渐发现模仿明星声音为婚礼新人送祝福会取得不错的现场效果。张某受此启发，分别模仿刘德华、郭德纲、姜文、葛优、赵本山等明星的声音录制婚礼祝福语，开设网店进行明星婚礼祝福语定制服务。消费者在张某的网店里可以选择直接购买张某用明星声音已经录好的祝福录音，也可以选择提供自己的姓名和需要播报的祝福语，由张某模仿某明星的声音为其单独录制。张某网店的商品使用了"刘德华、郭德纲、姜文、葛优、赵本山多明星语音定制祝福语"的宣传字样，网店开设三年张某获利50余万元。被模仿的明星郭某无意间发现了张某的网店，认为张某侵害了其人格利益，欲通过法律途径维护自己的合法权益。

　　那么，自然人的声音受《民法典》保护吗？张某的行为是否构成侵权呢？

解答

　　《民法典》第1023条第2款规定："对自然人声音的保护，参照适用肖像权保护的有关规定。"这意味着自然人的声音已经正式成为《民法典》明文保护的人格利益。在所有的人格利益中，与肖像利益最相似的就是声音，它们与姓名一样，能够标识特定自然人主体的人格特征，具有专属性。只有自然人才享有声音权，法人和非法人组织并不享有。同时，声音中潜在包含相当的财产利益。在社会实践中，声音与商标具有共同的特点，就是作为标识能够较为有效地降低消费者搜索商品的成本。与聘请明星为产品做代言人类似，被市场认可具有带动产品销售的声音具有相当的财富价值。

在法律上，自然人对于自己声音的权利一般表现在两方面：一是声音的自我使用，二是许可他人使用声音。

声音的自我使用意味着自然人对自己的声音可以进行使用，是利用声音表达自己的意志，还是利用自己的声音创造财产利益，全由权利人本人自主决定。涉及的条款是《民法典》第1018－1020条，通常表现为声音录制专有权和声音使用专有权。权利人对自己的声音如何使用具有支配权，权利人作为和不作为都可以支配自己声音，比如说朗诵、歌唱等会给人带来精神上愉悦享受，这就是以作为的方式支配声音利益；而有的人想保持生活的低调，不想让其他人知悉自己的生活，那么他就不愿意将自己的声音公之于众，这就是以不作为的方式支配声音利益。

许可他人使用声音意味着自然人可以将自己的声音许可他人使用，并从中获得利益或者不获得利益，也意味着自然人享有是否允许他人再现自己的声音的权利，涉及的条款是《民法典》第1021条和第1022条。实践中，权利人可以和商家通过签订声音使用许可合同把自己声音的财产潜力挖掘出来。

判断一个行为是否侵害了权利人的声音权，应根据侵权责任的构成要件来进行。生活中常见的侵害他人声音权的行为有：第一，歪曲他人的声音，这会对声音权人的人格尊严造成较大损害；第二，未经允许偷录他人的声音；第三，不按照预定的目的使用他人声音，任意剪接录音记录；第四，未经允许模仿他人声音，这类似于恶意混同他人姓名；第五，未经他人允许将带有他人声音的录音公开；第六，恶意对他人的声音进行失真处理或者应当作失真处理而未作失真处理。

在本案中，张某在从事司仪工作时，在婚礼上擅自模仿各明星的声音烘托婚礼气氛的行为，理论上也是构成对被模仿者声音利益的侵害的，如果被模仿的明星明确表示不允许张某在婚礼上模仿他的声音，张某就应停止模仿。不过此类事件一般被认为属于侵权程度较轻的行为，而且在实践中发生的概率也比较小。张某开设网店，未经各位明星的许可，擅自模仿他们的声音并将其录制成祝福语录音用于销售获利，这属于典型的侵害他人声音权的行为；而且，张某从事该行为本身具有主观上的故意，其行为与损害结果之间具有因果关系，因此应认定张某构成法律上的侵权责任。对于被模仿的明星郭某而言，当他发现张某侵害其声音权后，首先可以根据《民法典》第 995 条的规定，随时要求张某停止模仿、从网店下架已经录制的包含其声音的商品，并可以继续根据《民法典》侵权责任编的规定要求张某赔偿损失。

综上，自然人的声音受《民法典》保护，本案中张某的行为已经构成了对被模仿者声音权的侵害，应承担相应的侵权责任。

63. 在微博上声称他人吸毒，是侵犯名誉权吗？
——名誉权及其客体

📖 **案例**

　　赵某某在日本从事电影拍摄工作，因工作需要，需借助微博宣传自己、通过众筹吸收资金。2019 年 4 月 14 日，赵某某陆续接到部分关注者私信，何某某通过新浪微博账号"白某某"向赵某某微博关注者群发语音，称赵某某勾引其丈夫、骗钱拍电影等。何某某在微博主页上发表一系列言论@赵某某微博账户，声称赵某某是"吸毒诈骗捞女""通过混圈子约炮乱搞关系"等，公开了赵某某照片，并在言论中@中国警方在线、北京矫治戒毒等微博账号。赵某某认为何某某侵犯了其名誉权，应当在南京市级别报刊头版以及何某某新浪微博个人主页、天涯论坛上刊登道歉信以消除影响、恢复名誉并赔偿精神损害抚慰金。何某某承认当时自己在微博发表过激言论，是由于和丈夫感情破裂心理崩溃，现在已经在接受心理治疗且已将相关微博、网络发言删除，并向赵某某提供了书面道歉。

　　何某某在微博上声称赵某某吸毒，有没有侵犯赵某某的名誉权呢？如果侵害的话，需要承担什么后果呢？

解答

这涉及《民法典》中有关名誉权的规定。《民法典》第1024条规定了名誉权及其客体。名誉权，是指自然人和法人、非法人组织就其自身属性和价值所获得的社会评价，享有的保有和维护名誉利益的具体人格权。名誉权的基本内容就是保有和维护名誉利益的权利。

《民法典》第1024条规定："民事主体享有名誉权。任何组织或者个人不得以侮辱、诽谤等方式侵害他人的名誉权。名誉是对民事主体的品德、声望、才能、信用等的社会评价。"由此，本条第2款规定的"名誉"不是权利人的自我评价，而是由他人所作出的、且能够为他人所感知的客观评价。名誉权保护民事主体的社会评价不受他人的非法行为侵害而降低。

名誉权的义务主体是权利主体之外的其他任何自然人、法人、非法人组织，即"任何组织或者个人"，负有的义务是"不得以侮辱、诽谤等方式侵害他人的名誉权"。侵害名誉权属于一般侵权，其构成要件主要有：（1）违法行为。行为人的行为只有具有贬损他人名誉的性质才能构成侵害名誉权的违法性。侵害名誉权的典型行为是侮辱和诽谤。这两者的主要区别在于诽谤是无中生有，"无事生非"。而侮辱则是将现有的缺陷或有损于人的社会评价的事实扩散、传播出去，以诋毁他人的名誉，让其蒙受耻辱，为"以事生非"。（2）损害事实。名誉权损害是一种无形损害。认定行为人的行为是否造成他人名誉损害，不应以受害人的自我感觉为判断标准，而应以行为人的行为是否造成受害人的社会客观评价降低为判断依据。只要有当事人以外的任何第三人知悉，就足以影响受害人的社会评价。至于人数多少，是否在大庭广众下进行，只能表明行为影响程度和损害程度。（3）因果关系。侵害名誉权的违法行为与损害事实之间的因果关系具有特殊性。很多侵害名誉权的违法行为虽不直接作用于侵害客体，但是大多经过社会或者心理的作用，损害了受害人的名誉利益或者造成了精神痛苦。（4）过错。侵害名誉权的过错包括故意和过失。

在本案中，何某某在微博上声称赵某某"吸毒""乱搞男女关系"等，侵害了赵某某的名誉权。从社会通常评价体系角度来判断，何某某评价赵某某时的遣词用句，构成对赵某某的人格贬损，其在微博上公开发布此等评价，构成对赵某某名誉的公开侵害。不过，对长期接受心理干预的何某某而言，她对自身行为后果的判断力明显不足，在审理中当庭提交了书面道歉，且已将相关微博、网络发言删除，对赵某某名誉权的损害已经停止。此外，赵某某作为从事电影工作的人员，通过网络宣传自己、通过众筹吸收资金，也应当负担比普通公众更大的社会评价尺度，并同样规范自己的言行避免引发误读。

确定侵害名誉权的责任承担，需要与损害事实相协调。具体而言，应当从损害情节的轻重、受害人的谅解程度以及加害人的认错态度三方面来考虑。本案中，何某某的认错态度良好，已经认识到其行为的错误，删除了相关言论并提交了书面道歉。因此，法院在判决中没有支持赵某某的相关诉讼请求。

微博作为现代社会的主要传播媒介之一，具有较大的现实影响力。网络侵权案件易发且损害后果扩散速度快。本案虽然发生在网络环境中，但互联网并非法外之地。网络传播媒介不仅是人们传播信息和交流的场所，更应该是健康有序的活动空间，受到道德底线和法律规范的制约。

64. 小说影射真人进行描写，贬损他人名誉，应当如何维权？
——文学、艺术作品侵害名誉权责任

案例

　　2016 年 5 月，李某某在一次活动上向他人赠送了一本由他自行撰写、印刷的题为《毛体风云》的书籍。该书标注为"纪实小说"，书中多次提及"毛先生"这一角色。2016 年 3 月，湖南某文化公司多次在其微信公众号"某山网"发表题为《冰山一角揭黑山寨协会中国毛体书法家协会画皮》《史上最黑山寨野鸡协会中国毛体书法家协会会长画皮再揭》等文章，上述文章中称"中国毛体书法家协会"系"山寨社团""野鸡协会"。此外，载有一篇作者为李某某的文章《宅女与行者——毛体情缘背后的故事》，主要内容为李某某与毛某某之间的纠纷，摘录前述《毛体风云》一书中第十八章、第四

十一章的部分内容，分别载明了"毛先生"和小美系经网络认识的男女朋友关系、"毛先生"与王女士的恋爱经过等内容，对毛某某进行冷嘲热讽。文章一发表，李某某都会在其博客"毛体书法排行榜的博客"转载上述文章。

李某某创作的小说对毛某某进行含沙射影的描写，并在网络上进行传播，是否侵害了毛某某的名誉权？

解答

这涉及《民法典》中对文学、艺术作品侵害名誉权责任的规定。《民法典》第1027条规定了如何确定文学、艺术作品侵害名誉权的责任。首先，以真人真事或特定人为描述对象的作品，由于其描述对象确定，只要在作品的内容中包含侮辱、诽谤等内容，对被描述的对象名誉权有损害的，就构成侵害名誉权。对此，关键是确定作品描述的是否是真人真事或者特定的人。如果使用的是真实姓名，就很容易确定这就是特定人。如果没有使用真实姓名，判断相对较为复杂，要看基本人物特征、基本生活工作经历是否一致。如果具有一致性，就可以认定为描述的是真人真事。其次，对于不以特定人为描述对象的作品。如果行为人发表的文学、艺术作品不是以特定人为描述对象，仅有部分情节与该特定人的情况相似，主要人物特征或生活工作经历并不一致，就不属于真人真事，不构成名誉权的侵害。

本案中，李某某与湖南某文化公司在公众号及微博发表的文章中，或直接列明了毛某某的名字，或虽未写明真实姓名，但对特定特征进行描写，比如对毛某某的毛家人（毛家远亲）身份进行了描述，对毛某某的工作单位（建设厅）、体态（大光头）、穿着（立领西装）、车辆（湘0开头的黑色奥迪车）、QQ名称（寡人）等进行了描述，均可让人联想到文章描述的对象就是毛某某，且文中含有侮辱以及披露毛某某隐私的文字。李某某与湖南某文化公司主张毛某某违规敛财，生活作风不检点，为人处事不行，声誉不行，李某某的文章属于真实报道，不存在侵权，但又未能提供证据佐证文章所列内容完全属实。因此，李某某及湖南某文化公司侵害了毛某某的名誉权。

受害人有权依法请求侵权行为人承担民事责任。那么侵权责任承担的形式具体有哪些呢？《民法典》第1000条第1款规定，行为人因侵害人格权承担消除影响、恢复名誉、赔礼道歉等民事责任的，应当与行为的具体方式和造成的影响范围相当。本案中，毛某某针对侵犯其人格权的行为，要求李某某在博客上发表一份对毛某某的书面道歉说明，要求湖南某文化公司在微信公众号上发表一份对毛某某的书面道歉说明，符合法律规定，并与侵权造成的不良影响范围相当。

此外，如果侵权行为人拒不承担发表书面道歉等相关民事责任，可以依据《民法典》第1000条第2款，由法院采取在报刊、网络等媒体上发布公告或者公布生效裁判文书等方式执行，产生的费用由侵权行为人承担。

65. 新媒体未经核实就说某产品有问题，应当怎么维权？
——媒体对报道内容失实的更正和删除义务

案例

2019年10月某天，和某咨询公司在和某网发表题为《比毒品利润高，比饲料成本低：毁掉3亿年轻人，只要5毛!》的文章，文章称："辣条自诞生之日起便走在一条野蛮生长的道路上。整个行业缺乏监管与标准，乱象丛生，黑心小作坊很多……一条辣条只有5毛钱，为了降低成本，很多小厂会使用劣质的过期油脂或反复使用过的地沟油，具有强致癌性……辣条美味的秘诀还在于各种食品添加剂：安赛蜜、糖精钠、甜蜜素……医学研究表明：安赛蜜等甜味剂的超标会危害人体的肝脏和神经系统，同时诱发癌症……细菌总数超标也是一大问题，曾有媒体检测过一些品牌辣条的大肠杆菌数量，结论是：吃一包辣条＝吃20g的屎。"还在文章中罗列了大量脏脏的辣条生产场所图片并使用恶毒的语言文字，对包括某龙食品在内的整个辣条行业进行诽谤和攻击，还加入了与某龙食品相关的信息。

> 某龙食品的生产企业某龙商贸公司认为这构成了对其名誉权的严重侵害，要求和某咨询公司立即删除相关文章及信息，并向其公开赔礼道歉、恢复名誉。和某咨询公司辩解其行为不构成侵权，理由是上述文章仅仅是转载其他媒体报道的事实而已。那么，和某咨询公司的抗辩是否成立呢？

解答

这涉及《民法典》中关于媒体对报道内容失实负有更正和删除义务的规定。《民法典》第1028条规定："民事主体有证据证明报刊、网络等媒体报道的内容失实，侵害其名誉权的，有权请求该媒体及时采取更正或者删除等必要措施。"适用该规定的前提是报刊、网络等媒体报道的内容失实。判断是否失实的标准是是否达到新闻真实。根据《民法典》第1025条和第1026条，新闻媒体在报道消息的时候，应当承担合理核实义务。新闻报道如果达到了事实基本真实的程度，应当认为新闻媒体已经尽到了合理核实义务，就不存在侵权问题。

法人享有名誉权，即依法享有获得和维持公众对其名誉的客观公正评价的权利。法人名誉权是社会对法人的信用信誉、外在形象、经营特色、经营道德、产品质量、服务态度等各方面的总的社会评价。某龙商贸公司是"某龙"牌调味面制品（俗称"辣条"）的生产企业，该公司生产的"某龙"牌调味面制品及"某龙"商标经过长期的宣传和使用，在行业内具有相当的影响力和市场知名度。作为企业法人，其名誉权受法律保护。和某咨询公司作为在线信息咨询专业公司，从其经营范围看并不包括在其网站上转载他人文章，其为达到利用热门话题、博人眼球、以宣传自己的目的，以《比毒品利润高，比饲料成本低：毁掉3亿年轻人，只要5毛！》为醒目标题发布侵权文章，使用不当的语言，在没有充分证据证明有权发布部门或者权威部门发布过相关信息的情况下，捏造和散布关于辣条产品质量的虚假事实，对包括某龙商贸公司"某龙"食品在内的整个辣条行业进行无区别的恶意诋毁和攻击，致使社会公众、消费者对某龙商贸公司及其产品、品牌均产生了重大误解，损害社会公众对某龙商贸公司"某龙"品牌及其产品的信赖，导致社会评价降低，侵犯了某龙商贸公司作为企业法人的名誉权。

根据《民法典》第1028条的规定，对于媒体报道失实侵害名誉权的行为，受害人有两个层次的请求权。当受害人发现报刊、网络等媒体报道存在内容失实侵害名誉权的行为时，可以基于名誉权请求权先直接向媒体请求采取更正或者删除等措施，如果媒体直接履行，则其人格权恢复到圆满状态；若其不履行相应措施，则构成侵权责任，受害人可以基于侵权请求权请求法院责令媒体履行相关措施。

本案中，该被转载的文章侵权已经经过法院生效的判决确认，和某咨询公司却仍未删除该文章，应当承担相应的民事责任。法院最终根据和某咨询公司的侵权过错程度、持续时间等情节酌情判定和某咨询公司赔偿某龙商贸公司经济损失20 000元，同时，判定和某咨询公司应在和某网及国家级媒体公开赔礼道歉、恢复某龙公司的名誉。

66. 无端出现不良信用记录，应当怎么办？
——信用权的保护

案例

2011年，张某某因为企业经营需要，以孙某的名义从某银行办理贷款80万元，该银行直接将贷款支付给了张某某。这笔贷款的实际使用人是张某某。后该银行通过重新签订合同等方式于2013年6月25日与孙某签订了借款合同，借款金额为80万元，以邱某某、孙某共有的两处不动产作为抵押物为该笔借款提供担保。2017年7月24日，该银行诉至法院，要求孙某、邱某某、张某某偿还借款80万元及利息。法院生效判决确认孙某、邱某某在本案中不是借款的实际使用人，因此不承担逾期未偿还借款本息的法律责任。2020年4月23日，孙某在中国人民银行征信中心查询得知，因其与某银行之间的借款合同逾期未还清借款，其账户状态为"逾期"，五级分类为"可疑"。孙某现请求人民法院依法判令某银行立即将其借款和抵押担保不良信用记录从中国人民银行征信系统中予以删除。

孙某发现自己的信用评价不当时，是否有权提出异议并请求采取更正、删除等必要措施呢？

解答

这涉及《民法典》中关于征信机构及信用权人的权利的规定。《民法典》第1029条规定："民事主体可以依法查询自己的信用评价；发现信用评价不当的，有权提出异议并请求采取更正、删除等必要措施。信用评价人应当及时核查，经核查属实的，应当及时采取必要措施。"

一个人的信用、信誉属于名誉权的组成部分，信用不良记录会影响社会对个人的价值评判，使一个人在贷款、与金融行业进行经济交往时受到一定的限制，信用出现不良记录必然损害一个人的名誉权。但是，信用和名誉有所不同，信用是民事主体包括自然人、法人、非法人组织对其所具有的经济能力在社会上获得的信赖与评价。信用权是一个独立的具体人格权。信用权的客体是信用，其基本内容是关于经济能力的社会评价；名誉权的客体则是关于主体的人格的综合评价，范围较广，内容较为复杂。信用权还包含对主体的信赖因素，而名誉权只包括对主体的一般社会评价。例如，信用受到侵害，有时并不表现为名誉利益受到侵害，而只表现为公众信赖的降低。如此一来，只损害信用而不损害名誉，其原因就是信用利益包含经济信赖，而名誉利益不包含这种因素。信用利益在具体的经济活动中，能够转化为财产利益。比如，某宝更高的信用积分可以享有付费充电宝免押金使用、共享单车免押金骑行的财产性权益。因此，信用权具有明显的财产性。损害信用利益，也会造成严重的财产利益的损失。名誉权则不具有财产性，只是与财产利益有关联。

信用权的权利主体有权保持自己的信用不降低、不丧失，可以通过增强自己的经济能力，加强诚信履约的努力，而使自己的社会经济评价不断向好发展。同时，信用权主体可以支配、利用其信用利益。当自己的信用受到外来侵害时，民事主体有权维护自己的信用，可以寻求司法保护，要求司法机关对侵害自己信用权的加害行为进行制裁，救济自己的信用权损害。

在我国，诚实守信是中华民族的传统美德。近年来，加强诚信道德教育和诚信秩序建设越来越迫切。征信机构有权征集民事主体的信用信息，进行加工，供他人使用。这是加强诚信建设所必需的。每一个主体在接受征信机构征集信用信息的同时，也享有权利。《民法典》第1029条强调了信用权人对征信系统享有的以下权利：（1）民事主体可以依法查询自己的信用评价，征信机构不得拒绝；（2）发现信用评价错误的，有权提出异议，并要求采取更正、删除等必要措施，以保持对信用权人信用评价资料和评价结论的正确性。

本案中，法院生效判决确认应由张某某对债务承担偿还责任，孙某对某银行主张的贷款不承担还款责任。某银行将孙某上报中国人民银行征信中心，导致孙某出现不良信用记录存在过错，侵犯了孙某的信用权。因此，该银行应当将孙某在中国人民银行个人信用报告中的因上述借款纠纷而产生的不良记录予以删除。

67. 荣誉被恶意剥夺怎么办？

——荣誉权

案例

2016年2月，孙某某发明的某逃生塔被授予发明专利权。2017年5月，孙某某与许昌某学院教师单某某商讨校企合作和以学院名义推介逃生塔、建立逃生塔教学项目；商讨和共同组织参加相关论坛、参展、电视节目等事宜；协商在该学院为孙某某建立大师工作室和建立车间事宜等。2018年9月，上述逃生塔发明获中国发明协会某展览会论坛铜奖，该证书列明的完成单位为许昌某学院，发明者为孙某某、单某某、俎某某、郭某某等6人。2018年，许昌某学院以其名义将孙某某发明专利用于参加2018年河南省某创新创业大赛并荣获一等奖。孙某某认为该学院一直没有兑现为其建立工作室和车间的承诺，反而以其名义多次参赛并获奖，侵犯了他的荣誉权。

那么许昌某学院的行为是否侵犯了孙某某的荣誉权呢？

解答

首先要对荣誉权有完整准确的认识。《民法典》第 1031 条规定："民事主体享有荣誉权。任何组织或者个人不得非法剥夺他人的荣誉称号，不得诋毁、贬损他人的荣誉。获得的荣誉称号应当记载而没有记载的，民事主体可以请求记载；获得的荣誉称号记载错误的，民事主体可以请求更正。"

荣誉是特定民事主体在社会生产、社会活动中有突出表现或突出贡献，政府、单位、团体或其他组织所给予的积极、肯定的正式评价。荣誉权是公民或法人所享有的，因自己的突出贡献或者特殊劳动成果等而获得的光荣称号或其他荣誉的权利，需由特定民事主体基于一定事实、经过专门程序受到特定组织的表彰或奖励后方可取得，即只有实际获得荣誉才能成为荣誉权的主体。荣誉有自己独特的法律特征：（1）荣誉是一种由特定社会组织授予的评价，不是社会公众的评价，更不是个人的评价。（2）荣誉是社会组织给予的积极评价而非消极评价。（3）荣誉必须是社会组织的正式评价，其内容具有专门性，形式定型化，不能随意而为。对荣誉的剥夺应当依照法定程序进行。

本案中，孙某某和许昌某学院的纠纷，主要围绕孙某某与许昌某学院就孙某某逃生塔发明的合作教学和推介问题而发生。在相关组织工作过程中，单某某、俎某某、郭某某作为许昌某学院的工作人员，履行的是职务行为，其相应责任应由许昌某学院承担。

那么许昌某学院以其名义将孙某某的专利参赛获奖，是否侵犯了孙某某的荣誉权呢？侵害荣誉权民事责任的构成要件有：第一，侵害荣誉权的违法行为。这种违法行为的基本方式是作为，但不作为也可能构成对荣誉权的侵害。不作为的侵权行为的主体，必须是颁发、授予奖励、荣誉的机关和组织，且负有给付权利人荣誉物质利益的义务。实践中，常见的侵害荣誉权的行为有：非法剥夺他人荣誉；非法侵占他人荣誉，如强占、冒领他人荣誉等；严重诋毁他人所获得的荣誉、毁损或抢夺权利主体荣誉证书或证物；拒发权利人的物质利益；侵害荣誉物质利益；侵害死者荣誉利益等。第二，造成了侵害荣誉权的损害事实，即违法行为对荣誉权客体造成了损害，这种损害包括精神利益和物质利益。第三，具有因果关系，即侵害荣誉权的损害事实必须是由侵害荣誉权的违法行为所引起的。第四，主观过错：侵害荣誉权的过错可能是故意，也可能是过失。

本案中，该学院在相关工作或活动中使用逃生塔专利得到了孙某某的允许，对于有关单位授予的荣誉，系基于项目合作之基础，经过专门程序受到特定组织的表彰或认可后取得。如孙某某对授予荣誉的署名等事项有异议，应当向颁授荣誉的部门或机构交涉。因此，孙某某所主张的奖金和损失，缺乏相关证据的支持，不能得到法律的支持。

68. 遭受他人网络暴力人肉搜索，应当如何维权？

——隐私权的认定

案例

王某与死者姜某系夫妻关系。2007 年 12 月 29 日，姜某跳楼自杀身亡。姜某生前在网上注册了名为"北飞的某鸟"的个人博客。在自杀前 2 个月，姜某一直在博客中以日记形式记录其心路历程，认为王某与东某有不正当两性关系，并将其合照贴在博客中。上述日记载有王某的真实姓名、工作单位地址等信息。姜某生前的同学张某注册了"北飞的某鸟"网站，在该网站首页介绍其是"祭奠姜某和为姜某讨回公道的地方"。后姜某的博客日记被转发在某涯社区论坛中，一些网民在网站上发起对王某的"人肉搜索"，使王某的姓名、工作单位、家庭住址等详细个人信息逐渐被披露，网民对王某进行谩骂、人身攻击，还有部分网民到王某家庭住址处进行骚扰。某旗网由某云公司注册管理，在姜某死亡事件引起广泛关注后，该网站制作了专题网页，使用了王某、姜某、东某的真实姓名、当事人的照片等。

张某、某云公司、某涯在线都在自己的网络平台上传播了王某的个人信息和相关事件，是否侵犯了王某的隐私权呢？

解答

这涉及《民法典》中对隐私权和隐私概念的规定。《民法典》第1032条规定："自然人享有隐私权。任何组织或者个人不得以刺探、侵扰、泄露、公开等方式侵害他人的隐私权。隐私是自然人的私人生活安宁和不愿为他人知晓的私密空间、私密活动、私密信息。"隐私，一为隐，二为私，"隐"指权利人不愿意将其公开，"私"指纯粹是个人的，与公共利益、群体利益无关。因此，"私密空间"即私人领域，不仅包括具体的私人空间，如个人身体的隐秘部位、个人居所、行李、书包、口袋、信件等，还包括抽象的私人空间，如个人的日记。"私密活动"则是指一切个人的，与公共利益无关的活动，如日常生活、社会交往、夫妻两性生活、婚外恋等。"私密信息"包括所有的个人信息、资料，如个人身高体重、财产状况、病史病历等。

隐私权是自然人享有的人格权，是指自然人享有的对与公共利益无关的私人空间、私人活动、私人信息等私生活安全利益自主进行支配和控制，不受他人侵扰的具体人格权。隐私权的保护范围虽然广，但也要受到公共利益的限制。当隐私权与公共利益发生冲突时，隐私权保护的范围只能是与公共利益无关的个人信息、资料。例如，当涉嫌贪污、受贿等财产犯罪时，个人的财产状况、储蓄情况等必须接受调查。当进行征兵、模特招聘等活动时，应征、应聘者的个人身体资讯、隐私器官等必须接受检查。在上述情况下，个人资讯就与公共利益有关，因此在一定范围内不得列入隐私权绝对保护的范围。

隐私权的主要内容有：第一，隐私隐瞒权（维持权），即隐瞒自己的隐私，不为他人所知的权利。第二，隐私利用权，对自己的隐私享有积极利用，以满足自己的精神、物质等方面需要的权利。第三，隐私支配权，即在不违背公序良俗的前提下，对自己的隐私享有支配权。第四，隐私维护权，指隐私权主体在自己的隐私受到非法侵害时，依据人格权请求权和侵权请求权，可以寻求保护的权利。

公民的个人感情生活包括婚外情均属个人隐私，无论是个人通过互联网披露，还是媒体公开报道，都应当注意对公民个人隐私的保护。本案中，虽然王某的婚外情在道德上具有可指责性，但这并非社会公众干预其个人生活隐私的合法理由。张某披露王某的个人信息行为侵害了王某的隐私权。某云公司在其经营的某旗网上制作的专题网页报道未对当事人姓名等个人信息和照片进行技术处理，侵害了王某的隐私权并导致王某的名誉权遭受损害，应当承担删除专题网页、赔礼道歉和赔偿精神损害等侵权责任。某涯公司经营的某涯社区论坛根据相关法律法规制定了上网规则，对上网文字设定了相应的监控和审查过滤措施，在知道网上违法或侵权言论时删除了与本案有关的网络信息，已经履行了监管义务，不用再承担侵权责任。

69. 骚扰电话、垃圾短信太扰人，可以起诉追究侵权责任吗？

——侵犯隐私权的行为

案例

　　毕业季，孙某某在一些就业求职网站上填写了自己的个人信息。某创公司是主要从事互联网推广服务等业务的公司，通过网络搜索到孙某某的姓名和电话后，自2019年8月23日至9月27日期间用不同的座机，多次向孙某某拨打电话进行业务推广，孙某某每次在接到电话后，均明确告知不需要其推广营销服务，同时也告知某创公司不要继续拨打他的电话。但某创公司不予理会，仍天天换用不同的座机号码拨打孙某某的电话，孜孜不倦地向孙某某进行推广，持续骚扰孙某某，严重影响了他的正常工作和生活。由于孙某某正处于求职的特殊时期，需要和各个求职单位保持联络，不能完全屏蔽所有陌生号码的来电。在接到某创公司的骚扰电话后，屏蔽该号码并不会影响某创公司换用别的电话号码继续骚扰孙某某，这给孙某某造成了很大的困扰。

　　本案中的某创公司每天通过给孙某某打电话来进行商业推广，是否侵犯了孙某某的隐私权呢？

解答

这涉及《民法典》对侵害隐私权行为的列举性规定。《民法典》第1033条规定："除法律另有规定或者权利人明确同意外，任何组织或者个人不得实施下列行为：（一）以电话、短信、即时通讯工具、电子邮件、传单等方式侵扰他人的私人生活安宁；（二）进入、拍摄、窥视他人的住宅、宾馆房间等私密空间；（三）拍摄、窥视、窃听、公开他人的私密活动；（四）拍摄、窥视他人身体的私密部位；（五）处理他人的私密信息；（六）以其他方式侵害他人的隐私权。"该条是对侵害隐私权行为的列举性规定，列举了六种侵害隐私权的行为，排除了两种不构成侵害隐私权的行为：第一，法律另有规定，即法律作出相反的规定的；第二，获得权利人同意的，无论何种隐私，都因隐私权人同意而构成对侵害隐私权的抗辩，不成立侵害隐私权的行为。

本案中，某创公司通过孙某某在相关网站公开的个人信息获取其电话后，多次通过拨打电话的方式对孙某某进行业务推广活动，在他明确表示拒绝后，某创公司仍未停止其推广行为。该行为虽不构成对孙某某隐私权的侵犯，但在一定程度上侵犯了他的生活安宁等相关权益，应依法承担侵权责任。孙某某可以要求某创公司赔礼道歉。

当个人受到骚扰电话的侵扰时，可以选择通过侵权请求权保障自己生活安宁的隐私权益。当前，电话推销因成本低，成为房产销售、金融保险等领域常用的营销方式，针对不特定的手机用户强行推送各类广告，数量多、频度高，干扰了广大人民群众日常的工作和生活，已成为"骚扰电话"。当骚扰电话成为当代人的普遍困扰时，个人对骚扰电话的抵抗往往苍白无力，除非切断与外界的所有联系。因此，整治骚扰电话需要通过法律监督、行政监管多管齐下，实现综合治理。

综上，凡是侵害私人信息、私人活动、私人空间、身体秘密、生活安宁等的行为，都构成对隐私权的侵害。在一些情况下，侵害隐私权可能不仅会触及《民法典》保护的权益，还会触犯刑法保护的权益（如侵犯公民个人信息罪）、行政法保护的公共利益等。

70. 夫妻之间究竟有没有隐私权?

——夫妻关系存续期间的隐私权

案例

张某某(女)和赵某某(男)原系夫妻关系。因夫妻感情问题,张某某于2016年5月起诉至法院,要求与赵某某离婚。在该案审理过程中,张某某主张赵某某有婚外恋,并于2016年6月的庭审中提供了赵某某手机通话记录、短信记录、赵某某的照片复印件4张作为证据。照片中两张为赵某某的个人照,两张为风景照,4张照片背后有赵某某书写的文字。该案经法院审理后作出判决,不准予张某某与赵某某离婚。张某某说,通话记录是赵某某10年前存的,当时只要有手机密码就可以打印出来。她已经记不清4张照片是从哪拿出来的了,当时只拿了1张照片原件,已经还给了赵某某,其他都是拍下来又放回原处了。张某某在离婚案件中提供的证据从未给别人看过。2017年3月14日,双方在民政局协议离婚。

赵某某主张,即便是在夫妻关系存续期间,夫妻双方也应相对存在秘密隐私,张某某非法获得他大量手机通话记录,还将他的私人照片据为己有,侵犯了他的隐私权。

那么在婚姻关系存续期间,张某某的行为是否侵犯了她丈夫的隐私权呢?

解答

婚姻一般是男女两性基于共同生活的积极意愿而缔结的法律关系。婚姻生活中,夫妻双方难免会接触对方最为私密的个人信息、私人活动、私人空间等。随着婚姻生活的变化,可能会出现第三者介入婚姻、夫妻感情破裂等情况,原本亲密无间的两人可能会出于猜忌或报复,对对方的隐私范围从彼此共享到有目的性地追踪再到跟踪偷拍，甚至强迫对方分享其个人行动轨迹等。一方面，法定婚姻关系中的夫妻之间彼此有知情的愿望，另一方面，每一个个体都享有保有自己隐私的权利。当婚姻感情破裂时，夫妻之间的知情权和个人隐私权冲突越发突显。那么，夫妻之间是否有隐私权呢？

隐私权是指自然人享有的人格权，是指自然人享有的对于公共利益无关的私人空间、私人活动、私人信息等私生活安全利益自主进行支配和控制，不受他人侵扰的具体人格权。夫妻之间的隐私权与一般公民的隐私权的法律实质并无不同，都是公民对个人的私生活自由与安宁享有的权利，有权保有自己的私人生活、私人信息、私人空间等不受任何人（包括配偶）的非法干涉和侵害。由于婚姻中的夫妻有着不同于一般社会交往关系的心理、生理等感情联结，在共同生活方面享有共同利益，因此，与一般人隐私权客体的范围相比，夫妻之间的隐私范围相对较小。然而，夫妻之间虽然共享部分信息、活动空间，但除涉及婚姻和家庭利益必须公开和共同决定之外的个人信息、个人活动、个人领域，如个人私有物、个人日记等，仍属于个人隐私的范围。

《民法典》婚姻家庭编规定了夫妻之间的忠实义务和离婚过错赔偿制度。根据民事诉讼法的举证规则，离婚过错赔偿的前提是能够证明对方违背忠实义务。但一方违背忠实义务的行为或活动通常较为隐蔽，这大大提高了无过错方的举证难度。因此，当第三者介入到夫妻之间的婚姻关系时，配偶一方利用针孔摄像机拍摄、雇佣私人侦探调查、偷看手机等方式了解另一方和他人的私人活动，屡见不鲜。当无过错方使用以上述方式获得的证据来证明对方有过错时，对方通常以上述证据非法侵害其隐私权来抗辩，甚至提起侵权之诉。那么上述行为是无过错方在正当行使自己知情权，还是侵害了对方甚至第三者的隐私权呢？这涉及《民法典》第1033条对侵害隐私权行为的列举性规定。

本案中，赵某某主张张某某非法获取其大量手机通信记录，侵犯其通信秘密，侵害其隐私。应结合张某某获取赵某某上述信息的方式和使用信息的范围来综合认定。

首先，赵某某与张某某原系夫妻关系，夫妻双方对对方享有一定的知情权，因此张某某掌握赵某某的手机密码、保险箱密码符合一般夫妻生活常态。

其次，夫妻之间的忠实义务是当事人享有的法定权利，张某某在怀疑赵某某有婚外恋情涉及自己婚姻与家庭利益的情况下，因掌握赵某某的手机密码、保险箱密码等信息而获取赵某某的通话记录、照片等资料，且未采取其他过激行为，是其行使权利的方式。赵某某未提供充分证据证明张某某获取其手机通话记录采取了非法方式，侵害了其个人隐私。再次，张某某并未将其获取的手机通话记录及照片擅自公布、公开宣传，仅在与赵某某的离婚诉讼中向法庭出示。张某某对通过夫妻知情权获取的赵某某的手机通话记录及照片的使用，并未超过合理范围，也未对赵某某的名誉等造成实际损害。因此，赵某某的前述主张，无事实和法律依据，法院不予支持。

综上，在协调夫妻间知情权与隐私权的权利冲突时，法院应当在考虑各种影响因素的基础上，站在公序良俗的立场，认可无过错一方合理取证的合法性，但仅限用于诉讼目的。

71. 疫情防控下的个人信息应当怎样进行保护?

——公共应急事件中的个人信息保护

📚 **案例**

2020年4月，多名网友在青岛胶州政务网咨询"微信群朋友圈流传一份胶州市接触中心医院人员名单，牵涉其中的多人姓名、电话、住址、身份证号都很详细，并接连收到骚扰电话诈骗电话等"的相关问题。胶州市公安局迅速展开调查。经查，叶某在工作中将接收到的随访人员名单信息转发至所在公司微信群，该群内的姜某将名单信息转发至家人群，其家人又继续转发传播。张某将在工作中接收到的随访人员名单信息转发至家人微信群，其家人又继续转发传播。以上3人的行为，造成中心医院出入人员名单在胶州市民的微信群里被迅速转发传播，内容涉及6 000余人的姓名、住址、联系方式、身份证号码等个人身份信息，造成了不良社会影响。

解答

自 2020 年新冠疫情发生以来，实时监测车辆、人口动态信息，或利用大数据开展人员流动监测，出入小区、车站、机场、商场、医院、超市、工作单位等公共场所需要扫健康码登记个人信息，或者出示行程码。这些对个人信息收集、利用的方式对疫情防控的重要性不言而喻。与此同时，多地出现了泄露患者及其密切接触者的个人信息的事件。一方面，大面积泄露个人信息易引发社会恐慌，造成不良社会影响；另一方面，对于被泄露个人信息的当事人来说，其本人及家人可能受到骚扰甚至诈骗，其隐私权等其他合法权益受到侵害。疫情防控常态化下的个人信息应当怎样进行保护，这涉及《民法典》关于个人信息保护的规定。

《民法典》第 1034 条规定："自然人的个人信息受法律保护。个人信息是以电子或者其他方式记录的能够单独或者与其他信息结合识别特定自然人的各种信息，包括自然人的姓名、出生日期、身份证件号码、生物识别信息、住址、电话号码、电子邮箱、健康信息、行踪信息等。个人信息中的私密信息，适用有关隐私权的规定；没有规定的，适用有关个人信息保护的规定。"与《民法典》总则编第 111 条规定相对应，本条首先规定自然人的个人信息受法律保护，之后对个人信息概念的内涵和外延进行界定，并区别于隐私权保护的私人信息。

个人信息包含两层人格利益。首先是精神性人格利益。个人信息具有个人主体的标识性，当个人信息被他人非法利用或者受他人侵害时，将会影响个体的人格尊严、人格独立和人格自由。其次，个人信息包含财产性的人格利益。个人信息由于具有身份指向性，存在被商业利用的市场价值，能够给权利人带来财产利益。一旦个人信息被非法利用，不仅会给非法利用者带来不法收益，还有可能使权利人的个人人身财产安全处于危险的状态。在实践中，侵害个人信息权的主要表现有：非法收集、非法使用、非法加工、非法传输、非法买卖、非法提供、非法公开、非法篡改、非法毁损、丢失他人个人信息以及泄露自然人个人信息后未及时采取补救措施等。

相较于非疫情时期的个人信息保护，疫情期间的个人信息保护问题尤为突出。应关注以下两点：第一，比例原则。通常情况下，按照法律规定，涉及国家秘密、商业秘密和个人隐私（个人信息保护）的，一般不允许公开。但在疫情防控的特别时期，个人隐私保护的法律权益也需要配合疫情防控需要受到一定克减。在疫情仍需要防控的情况下，为了有效遏制人传人的疫情传播，个人信息保护在一定程度上需要让位于公众的知情权。可以通过在较小的合理范围内公开个人信息，以满足知情权的需要。但同时，也应该尊重个人的隐私和人格尊严。第二，明确信息收集主体和贯彻落实相关法律责任。针对疫情期间的个人信息保护问题，相关部门接连发出多份通知：明确除国务院卫生健康部门依法授权的机构外，其他任何单位和个人不得以疫情防控、疾病防治为由，未经被收集者同意收集、使用个人信息；收集的个人信息不得用作他途、未经本人同意，不得公开；掌握信息的单位应对信息安全负责等。对此，一方面需要加强各地的信息处理的监管和督查，另一方面也要加强有权征集部门对已征集信息的规范保护。收集或掌握个人信息的机构要对个人信息的安全保护负责，采取严格的管理和技术防护措施，防止被窃取、被泄露。

本案中，中心医院的出入人员名单本是为疫情防控的目的所收集，根据其收集目的，其用途应限于疫情防控的合法使用范围内。在该名单上登记个人信息的 6 000 余人，在登记其个人信息时只是为了配合疫情防控的工作需要，而不是为了将自己的私人信息公之于众。叶某、姜某、张某未经名单上的权利人同意，擅自将工作中获得的该名单转发至其工作群和家人微信群，造成了公民个人身份信息的大范围泄露，侵犯了公民的个人隐私。

72. App 过度处理个人信息怎么办？
——应用软件处理个人信息的原则

案例

　　腾讯公司是"微信读书"与"微信"应用软件的运营者。"微信读书"与

"微信"两个软件相互独立,微信已经是大家生活中常用的社交软件,而微信读书主要提供电子阅读服务。黄某在生活中,同时会用到"微信"和"微信读书"(3.3.0版)进行日常社交活动、阅读等。不久,他发现存在以下侵权情形:一是"微信"将其好友列表中获取到的好友信息(包括用户昵称、头像等)自动授权给"微信读书"使用,从而使"微信读书"可以直接获取他的微信好友关系,侵害了他的个人信息权益和隐私权;二是"微信读书"在获取上述好友信息后,在软件里为黄某自动关注这些微信好友,且这些好友可看到被默认公开的黄某的读书信息(比如收藏图书、最近正在读的书等),侵害了黄某的个人信息权益和隐私权;三是即使黄某与其微信好友在"微信读书"上并未互相关注,黄某的微信好友仍然可以在"微信读书"软件未经任何授权访问就可以看到黄某的读书信息,侵害了他的个人信息权益和隐私权。[注:微信读书软件(版本号:v3.3.0,以下简称微信读书)系一款手机阅读应用,用户可以在该款软件上阅读书籍、分享书评等。微信软件系一款手机社交应用,用户可以在该款软件上进行添加好友、即时通讯等操作。原告在使用微信读书时发现,由于微信将微信好友关系的数据交予微信读书,在原告并未进行自愿授权的情况下,在微信读书的"关注"栏目下出现了使用该软件的原告微信好友名单。]

本案中,微信读书和微信软件处理用户个人信息的方式引起了用户的反感和抗议,涉嫌过度处理个人信息,那么App在处理用户个人信息时,应当注意哪些问题呢?

解答

这涉及《民法典》关于隐私权和个人信息保护的相关规定。《民法典》第1035条规定:"处理自然人个人信息的,应当遵循合法、正当、必要原则,不得过度处理,并符合下列条件:(一)征得该自然人或者其监护人同意,但是法律、行政法规另有规定的除外;(二)公开处理信息的规则;(三)明示处理信息的目的、方式和范围;(四)不违反法律、行政法规的规定和双方的约定。

个人信息的处理包括个人信息的收集、存储、使用、加工、传输、提供、公开等。"

就本案而言，第一个需要认定的问题就是微信好友关系、读书信息是否属于个人信息和隐私。本案中，腾讯公司获取的信息包括用户的昵称、头像、OPEN_ID 以及共同使用微信读书的微信好友的 OPEN_ID。首先，OPEN_ID 是微信生成的识别用户的识别码，用户使用微信读书必须用微信账号登录，因此，在微信和微信读书软件中，获取 OPEN_ID 即可以识别用户身份；其次，昵称、头像、OPEN_ID 以及多个 OPEN_ID 之间的好友关系链等信息的组合并未匿名，也没有隐去标识性信息，特别是 OPEN_ID 与用户主体身份具有较强的对应关系，在特定场景下结合其他信息仍可还原到对应用户的具体身份信息。因此，微信读书获取的好友列表包含了可以指向信息主体的网络身份标识信息；而微信好友列表体现了用户在微信上的联系人信息，应认定为用户的个人信息。同理，微信读书中的读书信息包含了用户主体、读书时长、最近阅读、书架、推荐书籍、读书想法等，能够反映一个人的阅读习惯、偏好等，均属于个人信息。

第二个问题是 App 处理个人信息应当遵循的原则。网络运营者处理用户的个人信息时，应当遵循合法、正当、必要的原则。处理个人信息必须获得用户的知情同意，该知情同意不仅包括对其个人信息内容被收集和使用的知情同意，也包括对后续处理其个人信息的目的、方式和范围等的知情同意。

针对微信读书收集用户的微信好友列表、向共同使用微信读书的微信好友公开读书信息这一整体行为，问题的关键是腾讯公司是否获得用户有效的知情同意。由于微信读书中的信息与人格利益较为密切，且微信读书自动迁移微信好友关系、默认向未关注的微信好友公开读书信息等行为存在较高的侵害用户隐私的风险，因此，应对用户进行显著的告知，确保用户充分了解、知悉信息处理的方式、范围及风险。

再看"微信读书软件许可及服务协议"中，与好友列表及读书信息处理有关的条文内容不仅没有显著提示，也并未充分告知微信好友列表与读书信息的使用方式，并未以合理的"透明度"告知用户其读书信息被动"公开"的范围，且该被动"公开"没有获得用户的同意。因此，腾讯公司违反了法律关于处理个人信息的规定，具有过错，侵害了用户的个人信息权益。

综上，App 在处理用户的个人信息时，应对其个人信息进行合理的层级划分，结合使用场景，避免非法处理涉及隐私的个人信息。同时，获得用户有效的知情同意，使一般理性用户明确知悉在具体场景下处理特定信息的目的、方式和范围，并作出有效的同意。

73. 户籍警察发现某明星隐婚，可以告诉自己的好友吗？
——国家机关工作人员对个人信息的保密义务

案例

赵某某是户籍警察，他偶然在工作中发现了某偶像派明星隐婚的事实。该偶像派明星拥有众多粉丝，一直对外声称没有女朋友。赵某某的好朋友刘某某是这个明星的忠实粉丝，生活的重心就是追星，一直梦想着能够嫁给这个明星。为了打破自己好朋友追星的盲目幻想，他私下和刘某某说了发现该明星隐婚的事实，并告诉刘某某不要将这件事传播出去，以免造成不好的影响。没想到刘某某受到了强烈刺激，将此事在网络上公开，并引发了轩然大波，对该明星的演艺事业造成了严重打击。

本案中，赵某某利用其公职人员的身份，将获取到的个人信息告诉了自己的朋友，违反了什么义务呢？

解答

这涉及《民法典》对国家机关及其工作人员对自然人隐私和个人信息应当保密的规定。《民法典》第 1039 条规定："国家机关、承担行政职能的法定机构及其工作人员对于履行职责过程中知悉的自然人的隐私和个人信息，应当予以保密，不得泄露或者向他人非法提供。"

　　国家机关工作人员在履行职责的过程中，因其工作内容和工作任务具有公共性和管理性，有多种渠道收集和知悉自然人隐私和个人信息，例如出生登记、查处违章、查询行动轨迹和家庭住址等，能接触、处理众多社会公众的个人信息，甚至涉及个人隐私。因此，国家机关及其工作人员是个人信息保护的特殊义务主体。对此，国家机关及其工作人员必须对个人负有保密义务，不得泄露或者非法向他人提供，没有尽到这种义务，实施了泄露、篡改、毁损以及出售或者非法向他人提供的行为，国家机关及其工作人员即构成侵权。

　　本案中，户籍警察赵某某非法向他人提供自然人个人信息，就是未经权利人本人同意，而将其个人信息提供给他人。非法提供一般是没有获取非法利益，若获取非法利益就是买卖行为，但是前者仍构成侵权行为。无偿提供他人个人信息，虽无对价，但是有获得其他利益者，也可以认定为非法提供行为。

　　很多时候，国家机关工作人员向他人提供个人信息并非出于主观恶意的目的，有时是为了帮助自己的家人、朋友，甚至有时仅仅是出于"八卦"闲聊的心理，但客观上造成了侵害他人个人信息甚至是隐私的严重后果。不妨细想，如果行为人个人都不能控制自己对获取的个人信息保密，又怎么能控制信息泄露给他人后的传播走向呢？最终得不偿失，还要付出惨重的代价。

　　实践中还有这样的案例。段某某和张某原是夫妻关系。2016 年年底，张某察觉丈夫段某某经常以工作忙为借口夜不归宿，但又没有确切的证据，一直无法确认其丈夫夜晚的行踪。2017 年年初，张某向自己在当地公安局工作的好友刘某某倾诉了自己的烦恼，并请求刘某某帮助自己获取丈夫有婚外情的证据。多次请求后，2017 年 5 月中旬、6 月底，刘某某利用职务便利，将查询到的段某某开房记录发送给张某。张某自此掌握了段某某的开房行踪和规律，并最终取得了段某某出轨的证据，成功与段某某离婚。2018 年年底，段某某向刘某某所在公安局支队反映其开房记录等相关信息被泄露的事，刘某某因此被单位处分。

　　值得注意的是，本条仅规定了国家机关及其工作人员对于知悉的个人隐私和个人信息的保密义务，没有规定相应的法律责任。对此，应当适用《民法典》第 995 条规定，受害人有权依照本法和其他法律的规定请求行为人承担民事责任。

第五编
婚姻家庭

74. 夫妻之间签订的忠诚协议是否有效？

——夫妻忠实义务

案例

> 王老二与李小美登记结婚，育有一女。婚后，王老二与异性张小丽存在不正当关系，并致张小丽两次怀孕。李小美知道此事，但为了给女儿一个完整的家庭，未与王老二离婚。不过，李小美与王老二签订了忠诚协议，约定："今后双方互相忠诚，如果因一方过错行为（婚外情等）造成离婚，女儿由无过错方抚养，过错方放弃夫妻名下所有财产，并补偿无过错方人民币20万元。"协议签订后，王老二仍与张小丽保持交往，并与张小丽产下一子。王老二诉至法院要求离婚，李小美同意离婚，请求法院按照忠诚协议，判决女儿抚养权归属以及财产分割问题。
>
> 那么，王老二与李小美签订的忠诚协议是否有效呢？

解答

本案涉及民法典中"忠实义务"的问题。忠实义务也称贞操义务，是指配偶的专一性生活义务，也称不为婚外性生活的义务。《民法典》第1043条对此作出了规定："家庭应当树立优良家风，弘扬家庭美德，重视家庭文明建设。夫妻应当互相忠实，互相尊重，互相关爱；家庭成员应当敬老爱幼，互相帮助，维护平等、和睦、文明的婚姻家庭关系。"

夫妻忠诚协议，是指男女双方在结婚之时或者结婚以后签订协议，约定一旦一方有婚外通奸行为等违反《民法典》第1043条规定的忠实义务时，双方中任何一方如果提出离婚，在离婚之时，遵守忠实义务一方的配偶有权依据双方约定的忠实协议要求违反忠实义务一方支付违约金或精神损害赔偿款的协议。

至于婚姻忠诚协议的效力，一般而言，以财产赔偿和财产分割不利益为条件的忠诚协议，可以认定为有效；以终止婚姻关系为条件或者是涉及子女抚养问题的忠诚协议，应当认定为无效。

本案中，王老二与李小美是合法夫妻，互负忠实义务。该忠实义务不仅约束王老二和李小美，还约束第三人张小丽。但是，王老二违反忠实义务，与张小丽有不正当的男女关系，甚至还生了非婚生子女。为了防止王老二继续违反忠实义务，王老二与李小美签订了忠诚协议，约定："如果因一方过错行为（婚外情等）造成离婚，女儿由无过错方抚养，过错方放弃夫妻名下所有财产，并补偿无过错方人民币 20 万元。"

可见，该协议的内容，既涉及子女抚养问题，又涉及财产赔偿以及财产分割的内容，效力各异。首先，"女儿由无过错方抚养"的内容无效。子女的抚养具有一定的人身属性，因此，不能成为婚姻忠诚协议的约定对象。子女抚养权的归属应当按照子女利益最大化的要求进行确定，以保障子女的合法权益。其次，"过错方补偿无过错方 20 万元"的内容有效。王老二的不忠诚，会给李小美造成精神上的损害，因此，于情于理，应当给李小美赔偿费。需要指出的是，当事人可以自由约定违反忠诚协议的赔偿金额，但是赔偿金在数额上应当具有一定的限制，不能超过合理的限度。最后，"过错方放弃夫妻名下的所有财产"的内容有效。由于王老二与李小美是完全民事行为能力人，双方自愿平等地签订"净身出户"条款，意思表示真实，不存在违反法律法规强制性规定和公序良俗的情况，因此，该"净身出户"条款是有效的。

75. 被男友持裸照胁迫结婚，是否可以请求撤销婚姻？

——受胁迫婚姻的撤销

📚 案例

李小燕和王大军相识、相恋于某知名婚恋网站。在相处过程中，李小燕慢慢发现王大军性格暴躁，有很强的占有欲和控制欲，所以试着结束这段感情，但王大军每次都会以充满威胁语气的话告诉她不能离开自己，甚至还以死相逼。某日，两人在餐厅就餐时，王大军向李小燕求婚，求婚时在手机里翻出来几张李小燕的裸照，扬言李小燕若不跟自己结婚，就把照片散布到网上，还要去李小燕的工作地点搞臭她的形象。李小燕出于恐惧，第二天就随同王大军去民政局登记结婚。婚后，王大军时常因家庭琐事，动手打李小燕，认为这是在教育李小燕。在结婚未满一年之际，李小燕不愿一直生活在水深火热之中，遂诉至法院，请求法院判决撤销双方的婚姻关系。

那么，李小燕和王大军的婚姻关系是否可以撤销呢？

解答

这涉及民法典中"受胁迫婚姻的撤销"的问题。受胁迫婚姻是指行为人以给另一方当事人或者其近亲属以生命、健康、身体、名誉、财产等方面造成损害为要挟，迫使另一方当事人违背自己的真实意愿而结婚的行为。受胁迫的可撤销婚姻是指已经成立的婚姻关系因欠缺婚姻合意，受胁迫的一方当事人可向婚姻登记机关或者人民法院申请撤销的违法两性结合。《民法典》第1052条对此作出了规定："因胁迫结婚的，受胁迫的一方可以向人民法院请求撤销该婚姻。请求撤销婚姻的，应当自胁迫行为终止之日起一年内提出。被非法限制人身自由的当事人请求撤销婚姻的，应当自恢复人身自由之日起一年内提出。"

可撤销婚姻的法理基础，在于尊重当事人的意思基础，确定相对性的无效状况，赋予当事人撤销婚姻关系的权利和维持婚姻关系的权利，让其根据自己的意愿自由选择。况且，婚姻自由是我国宪法赋予公民的基本的人身权利，也是民法典婚姻家庭编的首要原则。因而，赋予受胁迫方撤销婚姻的权利，不仅体现了婚姻自由原则，而且有利于保护婚姻当事人的利益，有利于维护婚姻家庭的稳定，而不至于将更多的违法婚姻推入绝对无效的范围，造成社会的不稳定，损害妇女、儿童的权利。

撤销婚姻的请求权受除斥期间的约束，除斥期间为1年，申请人应当自胁迫行为终止之日起1年内提出撤销婚姻的请求。被非法限制人身自由的当事人请求撤销婚姻的，则应当自恢复人身自由之日起 1 年内提出。超过除斥期间的，撤销权消灭，不得再提出撤销婚姻的请求。

在本案中，李小燕原本就想与王大军分手，不想与其结婚，但王大军扬言李小燕若不与其结婚，就把李小燕的裸照散播在网络上，还要到李小燕的工作单位诋毁其名誉。李小燕迫于胁迫，被求婚的第二天就与王大军办理了结婚登记。显然，李小燕与王大军结婚并非基于双方的合意，而是王大军的胁迫使李小燕陷入恐惧，才登记结婚的。因此，双方的婚姻属于民法上的胁迫婚姻，根据《民法典》第 1052 条的规定，李小燕有权向法院主张撤销双方的婚姻关系。

受胁迫方行使请求撤销婚姻效力的请求权的期限是 1 年，李小燕有权在胁迫终止之日起 1 年内提出撤销双方婚姻的请求，超过 1 年，则无权再主张撤销婚姻。王大军胁迫李小燕的行为发生在双方领取结婚证的前 1 天，领取结婚证后王大军虽实施了家庭暴力，但未限制李小燕的人身自由，因此，李小燕有权在结婚 1 年之内向法院请求撤销婚姻。

值得注意的是，有权撤销婚姻的机关只有人民法院，民政部门无权撤销婚姻，故李小燕向法院请求撤销婚姻是正确的，如果她向民政部门主张该权利的话，民政部门应当告知其到法院请求撤销婚姻。

76. 妻子婚前隐瞒自己患有艾滋病，丈夫怎么办？

——隐瞒重大疾病的婚姻可撤销

案例

王老二和张大妮经朋友介绍相识、相恋。在王老二家人的催促下，俩人恋爱不到一年就准备结婚。婚前，双方到当地的妇幼保健计划生育中心进行婚前检查，各项检查均显示不存在不宜结婚的健康状况。之后，王老二为了娶到张大妮花了不少工夫，不但给女方巨额的彩礼、首饰等等，而且为了表达诚意还花光了所有的积蓄办了一场隆重的婚礼。结婚后不久，张大妮生了孩子，医院告知王老二孩子患有艾滋病，而这个病就是传染自张大妮。在王老二的追问下，张大妮承认自己早已知情，之所以隐瞒病情，是因为担心自己坦白病情后王老二不与其结婚。王老二觉得自己被骗了，如果自己早知道张大妮患有艾滋病，肯定是不会和张大妮结婚的，遂诉至法院请求撤销双方的婚姻。

那么，张大妮婚前隐瞒自己的病情，王老二是否有权请求法院撤销婚姻呢？

解答

这涉及民法典中"隐瞒重大疾病的可撤销婚姻"的问题。对此，《民法典》第1053条规定："一方患有重大疾病的，应当在结婚登记前如实告知另一方；不如实告知的，另一方可以向人民法院请求撤销该婚姻。请求撤销婚姻的，应当自知道或者应当知道撤销事由之日起一年内提出。"

男女结婚，不仅在男女双方之间产生了权利义务关系，如果有子女，还应当承担抚养子女的义务。如果婚前患有重大疾病，尤其是极具传染性的疾病，婚后可能会传染给另一方，甚至传给下一代，不利于保障配偶以及子女的身体健康。因此，为了配偶和子女的身体健康，在缔结婚姻关系时，患有重大疾病的一方对对方当事人负有告知义务。如果在结婚登记前如实告知另一方，对方当事人仍愿意结婚的，当然可以缔结婚姻关系。患病一方当事人如果不尽告知义务，或者不如实告知的，即不告知或者虚假告知，另一方当事人就享有撤销权，可以向婚姻登记机关或者人民法院行使该撤销权，请求撤销该婚姻关系。

因重大疾病未告知而提出撤销婚姻请求的撤销权，受除斥期间的限制，除斥期间为1年，权利人自知道或者应当知道撤销事由之日起1年内提出。所谓"知道"是指有直接和充分的证据证明当事人知道对方患病。"应当知道"是指虽然没有直接和充分的证据证明当事人知道，但是根据生活经验、相关事实和证据，按照一般人的普遍认知能力，运用逻辑推理可以推断当事人知道对方患病。如果未在知道或者应当知道撤销事由之日起1年内提出，就不得再提出撤销婚姻的请求，只能通过协议离婚或者诉讼离婚的程序解除婚姻关系。

在本案中，张大妮明知自己患有具有传染性的艾滋病，但故意隐瞒病情，与王老二登记结婚。婚后将艾滋病传染给王老二，传给孩子，严重损害了王老二和孩子的身体健康。根据《民法典》第 1053 条的规定，由于张大妮在婚前未将自己患有艾滋病的情况如实告知王老二，王老二可以向法院主张撤销双方的婚姻关系。

至于王老二是否在法律规定的时间内主张权利，需要看其是否在"知道或者应当知道撤销事由之日起一年内提出"的诉求。张大妮和王老二虽然做了婚前检查，但未查出任何问题，按照一般人的普遍认知能力，王老二无法知道张大妮患有艾滋病。在孩子出生后，王老二因孩子患有艾滋病才知道张大妮的病情，因此，王老二从被医院告知之日起，有权向法院提出撤销婚姻的诉求，法院应当依法撤销双方的婚姻关系。

此外，根据《民法典》第 1054 条有关"婚姻无效或者被撤销的，无过错方有权请求损害赔偿"的规定，无过错方的王老二有权向张大妮主张赔偿损害赔偿。损害赔偿包括物质损害赔偿和精神损害赔偿，法院应当综合各种因素后确定具体的赔偿数额。

77. 丈夫购买汽车，妻子不同意，可以主张买卖合同无效吗？

——夫妻日常家事代理权

案例

王老大与李小美是合法夫妻。某日，王老大看中了一款高档汽车，他知道李小美肯定不会同意他购买，就偷偷拿着家里的存折到店里签订了购买汽车的合同，并支付了预付款。由于店里缺货，王老大至今未提车。没过几天，李小美发现了王老大私自购买汽车的事情，就到店里主张由于她对王老大购买汽车的事情不知情，王老大与该店签订的购买汽车的合同无效。该店认为，王老大是成年人，他表达了购买汽车的意愿，工作人员向其出售汽车，购买合同中不存在无效的情形，所以该合同仍然有效。双方僵持不下，李小美诉至法院，请求法院判决该合同无效。

那么，王老大与汽车店签订的合同是否有效呢？

解答

本案涉及民法中"夫妻日常事务代理权"的问题。夫妻日常事务代理权，又称家事代理权，是指配偶一方在与第三人就家庭日常事务为一定法律行为时，享有代理对方权利行使的权利。对此，《民法典》第1060条作出了规定："夫妻一方因家庭日常生活需要而实施的民事法律行为，对夫妻双方发生效力，但是夫妻一方与相对人另有约定的除外。夫妻之间对一方可以实施的民事法律行为范围的限制，不得对抗善意相对人。"

家事代理权是配偶权中的一项重要内容，不仅关系到夫妻平等权利问题，而且关系到善意第三人的合法利益问题。家事代理权的行使规则是：（1）代理的事务限于家庭日常事务，诸如一家的食物、光热、衣着等用品的购买，保健、娱乐、医疗、子女的教养，家具及日常用品的购置，保姆、家庭教师的聘用，亲友的馈赠，报纸杂志的订阅，皆包含在内。对于这类事务，夫妻间均有代理权，一方不得以不知情为由推卸共同的责任。（2）紧迫情形处理的代理权推定，该代理权的范围可以适当扩张，推定有代理权。对于夫妻一方在紧迫情形下，如果为婚姻共同生活的利益考虑，某业务不容延缓，并且他方配偶因疾病、缺席或者类似原因，无法表示同意时，推定夫妻一方对超出日常事务代理权范围的其他事务的代理，为有代理权。（3）其他事务的共同决定。对于超出上述范围的婚姻事务，应当由夫妻双方共同决定，不得一方决定。对于超出日常事务代理权范围的事务，如果一方配偶赋予他方特别的授权，则该方为有代理权。（4）第三人无法辨别配偶一方是否有代理权的责任。如果配偶中任何一方实施的行为为个人责任，但该行为无法使第三人辨别是否已经超越日常事务代理权的，他方配偶应当承担连带责任。

在本案中，王老大在未与李小美商量的情况下，擅自购买了高档汽车。高档汽车价格昂贵，有可能直接影响夫妻的正常生活，且高档汽车对于任何一个家庭来说，都不是夫妻日常生活的必需品，因此，王老大对购买车辆一事不享有家事代理权，应当与配偶商量后共同决定。但是，王老大明知李小美会拒绝购买涉案车辆，仍擅自拿家里的共同财产去购买，是不合理的。

王老大与汽车店签订的买卖协议，由于王老大是完全民事行为能力人，有购买汽车的意思表示，不存在违反法律、行政法规的强制性规定、违背公序良俗、恶意串通等合同无效的情形，故该买卖协议有效。

至于汽车店是否有权让李小美共同偿还汽车价款，就要看汽车店是否能够分辨王老大有购买汽车的代理权。有社会常识的工作人员都知道或是应当知道夫妻一方购买价格昂贵的汽车不属于家事代理权的范围。为了避免损害买方配偶的合法权益，工作人员应当尽合理的注意义务，如打电话给李小美确认是否知道王老大购买汽车的事情等。如果王老大提供给工作人员的信息足以让工作人员相信其有家事代理权，工作人员作为善意相对人，有权让李小美共同偿还汽车价款。但是，涉案的工作人员并未确认王老大是否有配偶，其是否有家事代理权购买车辆，就直接与王老大签订买卖协议，因此，工作人员并不是善意相对人，李小美无须承担连带责任。

78. 丈夫举债，一定要妻子共同偿还吗？

——夫妻共同债务

案例

李小明和王小月自由恋爱后结婚，夫妻关系和睦。李小明经营一家公司，王小月是家庭主妇。某日，李小明经营的公司遇到资金困难，李小明认为王小月不懂公司的事情，就未与王小月商量借钱一事，直接找马老二借钱，马老二同意借钱。为此，双方签订了借款协议，约定："李小明向马老二借款100万元，借款期限为一年，月利率为2%。如果李小明未按期还本

163

付息，就承担 10 万元的违约金。"签完协议后，马老二就把 100 万元转账给李小明。之后，还款时间届满，但李小明仍未按约定履行其给付义务，即未向马老二支付本金、利息和违约金。马老二遂诉至法院，请求法院判决李小明与其配偶王小月共同偿还债务。

那么，王小月是否应当共同偿还该债务？

解答

本案涉及民法典中"夫妻共同债务"的问题。夫妻共同债务，是以夫妻共同财产作为一般财产担保，在夫妻共有财产的基础上设定的债务。包括夫妻在婚姻关系存续期间为解决共同生活所需的衣、食、住、行、医、履行法定扶养义务、必要的交往应酬，以及因共同生产经营活动等所负之债，以及为抚育子女、赡养老人，夫妻双方同意而资助亲朋所负债务。对此，《民法典》第 1064 条进行了规定，即："夫妻双方共同签名或者夫妻一方事后追认等共同意思表示所负的债务，以及夫妻一方在婚姻关系存续期间以个人名义为家庭日常生活需要所负的债务，属于夫妻共同债务。夫妻一方在婚姻关系存续期间以个人名义超出家庭日常生活需要所负的债务，不属于夫妻共同债务；但是，债权人能够证明该债务用于夫妻共同生活、共同生产经营或者基于夫妻双方共同意思表示的除外。"

该条规定的确定夫妻共同债务的规则是：夫妻双方共同签名或者夫妻一方事后追认等共同意思表示所负的债务，以及夫妻一方在婚姻关系存续期间以个人名义为家庭日常生活需要所负的债务，属于夫妻共同债务。具体标准是：(1) 夫妻双方共同签名或者夫妻一方事后追认等共同意思表示所负的债务。法律准许夫妻双方对财产的所有关系进行约定，也包括对债务的负担进行约定，双方约定归个人负担的债务，为个人债务。约定个人债务，可以与财产所有的约定一并约定，也可以单独就个人债务进行约定。举债时没有夫妻的共同约定，但是举债之后对方配偶追认是夫妻共同债务的，当然也是夫妻共同债务。(2) 夫妻一方在婚姻关系存续期间以个人名义为家庭日常生活需要所负的债务。包括为保持配偶或其子女的生活发生的债务，为了履行配偶双方或一方的生活保持义务产生的债务，其他由家事仲裁人根据配偶一方或债权人的请求确认为具有此等性质的债务。例如购置家庭生活用品、修缮房屋、支付家庭生活开支、夫妻一方或双方乃至子女治疗疾病、生产经营，以及其他生活必需而负的债务。为抚育子女、赡养老人，夫妻双方同意而资助亲朋所负债务，亦为夫妻共同债务。

本案中，李小明之所以向马老二借钱，是因为公司在经营过程中遇到了资金问题，而不是因为家庭日常生活需要才负的债务。而且，李小明向马老二借钱之前，未与王小月商量，王小月对此不知情，也不可能事后对借款一事表达追认的意思表示，因而，该债务不是基于夫妻共同的意思表示。此外，债权人马老二知道李小明借钱用于解决公司的问题，而不是用于夫妻共同生活，也知道王小月是家庭主妇，不与李小明共同经营公司，但仍为借贷行为，应当认定为马老二知道该债务为李小明个人债务，而非李小明、王小月夫妻共同债务。因此，王小月无须与李小明共同偿还债务。

79. 丈夫将房子转移到"二奶"名下，妻子能否追讨？
——婚内分割夫妻共同财产

案例

李老二和王小美是夫妻。李老二是演员，常年在外拍戏，王小美是家庭主妇，负责照看老人和孩子。由于工作原因，二人聚少离多，交流甚少，感情也逐渐变淡。某日，王小美发现李老二与一位女演员林小玉关系亲密，有不正当的男女关系，王老二甚至把夫妻二人在婚后购买的房子转移到林小玉的名下。王小美十分生气，问李老二转移房产的事情，李老二称房屋是他用拍戏赚的钱购买的，所以他有权处置该房子。双方僵持不下，王小美遂诉至法院，请求法院判决李老二转移房子所有权的行为无效，并分割夫妻共同财产。

那么，王小美能否追讨涉案房子，并分割夫妻共同财产呢？

解答

这涉及民法典中"分割婚内共同财产"的问题。婚姻关系存续期间，夫妻双方一般不得请求分割共同财产，只有在法定情形下，夫妻一方才可以向人民法院请求分割共同财产。对此，《民法典》第1066条规定："婚姻关系存续期间，有下列情形之一的，夫妻一方可以向人民法院请求分割共同财产：（一）一方有隐藏、转移、变卖、毁损、挥霍夫妻共同财产或者伪造夫妻共同债务等严重损害夫妻共同财产利益行为；（二）一方负有法定扶养义务的人患重大疾病需要医治，另一方不同意支付相关医疗费用。"

该条涉及的夫妻共同财产是指夫妻共同所有的财产。对于夫妻共同所有的财产范围，《民法典》第1062条予以了规定："夫妻在婚姻关系存续期间所得的下列财产，为夫妻的共同财产，归夫妻共同所有：（一）工资、奖金和其他劳务报酬；（二）生产、经营、投资的收益；（三）知识产权的收益；（四）继承或者受赠的财产，但是本法第一千零六十三条第三项规定的除外；（五）其他应当归共同所有的财产。"

根据《民法典》第1066条的规定，在婚姻关系存续期间，能够分割上述的夫妻共同财产的情形只有两种。

第一，一方有隐藏、转移、变卖、毁损、挥霍夫妻共同财产或者伪造夫妻共同债务等严重损害夫妻共同财产利益行为。隐藏，是指采用欺骗的手段将一些本应属于夫妻共同所有的财产予以瞒报的情况。转移是指将属于夫妻共同所有的财产转移他处。变卖是指将共同财产予以出卖，所得归个人所有。毁损是指故意毁灭或者损坏共同财产，以降低或消灭财产的价值。挥霍共同财产，是指毫无限度地随意消耗共同财产。

第二，一方负有法定扶养义务的人患重大疾病需要医治，另一方不同意支付相关医疗费用。如果夫妻一方由于负有法定扶养义务的人，比如其父母等患有重大疾病，急需进行救治，而另一方不同意的，那么就会对其履行扶养义务造成严重妨碍，也不利于夫妻感情的维护。因此，在这种情况下，应当允许其向法院主张分割共同财产。

本案中，李老二与王小美结婚时未约定双方实行约定财产制，据此可以推断双方实行的是法定财产制。婚后，李老二通过拍戏所挣的钱属于《民法典》第1062条规定的夫妻共同财产，而不是个人财产，继而用该钱购买的房屋也是夫妻共同财产，即便在房产证上未写明王小美的名字，也不影响该房屋为夫妻共同所有的性质。因此，李老二无权擅自将房屋转移给他人。林小玉明知李老二已婚，按照一般人的普遍认知能力，猜到涉案房子很有可能是夫妻的共同财产，且知道李老二处分该房屋超出了家事代理权的范围，但林小玉仍让李老二转移房屋的所有权给自己。由此可见，林小玉并不是善意的第三人，因此，即便已转移所有权，也不能善意取得该房屋的所有权，应当予以返还。

此外，李老二擅自将房屋转移给林小玉属于《民法典》第1066条规定的转移夫妻共同财产的行为，该行为严重损害了王小美的财产利益，因此，王小美有权请求法院分割婚内夫妻共同财产。

80. 人工授精出生的子女在父母离婚后，能要求男方给付抚养费吗？
——父母对子女的抚养义务

案例

　　李大汉和周小敏是夫妻，二人一直想要孩子，但一直没有成功怀上，最后以人工授精的方式喜得一女，取名李小柯。然而，周小敏的公婆重男轻女，嫌弃周小敏，处处为难她，李小柯也受到不公平的待遇。周小敏忍无可忍，与李大汉离婚，独自抚养李小柯。随着李小柯年龄的增长，抚养她的费用不断增加，周小敏无力独自承担所有的经济费用。李小柯知道该情况，希望其父亲李大汉给付自己的抚养费，减少母亲的经济负担。然而，李大汉拒绝给李小柯抚养费。李小柯遂诉至法院，请求法院判决李大汉支付李小柯的抚养费。

　　那么，李小柯能否要求李大汉给付抚养费呢？

解答

本案涉及"父母抚养义务"的问题。父母对未成年子女的抚养义务是法定义务。抚养，是指父母对未成年子女的健康成长所提供的必要物质条件，包括哺育、喂养、抚育、提供生活、教育和活动的费用等。对此，《民法典》第1067条作出了规定："父母不履行抚养义务的，未成年子女或者不能独立生活的成年子女，有要求父母给付抚养费的权利。成年子女不履行赡养义务的，缺乏劳动能力或者生活困难的父母，有要求成年子女给付赡养费的权利。"

父母对未成年子女负有抚养义务，对于不能独立生活的子女也有抚养义务。如果父母一方或者双方不履行抚养义务，未成年子女和不能独立生活的子女有权请求支付抚养费，这就由抚养义务转变为责任，具有强制性。不过，这里规定的不能独立生活的子女应当进行进一步的界定，例如，无民事行为能力或者限制民事行为能力的成年子女、没有独立经济收入在学校就读的成年子女，是否都是不能独立生活的子女，需要研究，否则会增加父母双方或者一方的抚养义务。已经成年但有残疾而不能独立生活的子女，与已经成年上大学甚至在读研究生、博士生的子女是不一样的，应当有所区别。此外，因离婚等原因而中止亲权的父母一方或双方，对于其未成年子女，应继续负担抚养义务。

未成年子女和不能独立生活的成年子女享有抚养费请求权，可以要求不履行抚养义务的父母一方或双方支付抚养费。抚养费请求权可以通过诉讼的方法行使，也可以不通过诉讼的方法行使。如果未成年子女或者不能独立生活的成年子女向对方主张抚养费请求权，对方不履行的话，可以向人民法院提出诉讼，以诉讼的方法提出。可以是未成年子女和不能独立生活的成年子女自己提出，也可以由其法定代理人提出。如果作为其法定代理人的父母都不履行抚养义务，其他顺序的监护人也可以代为提出诉讼。

本案中，李小柯是李大汉和周小敏通过人工授精而出生的子女。人工授精虽非自然受孕，但精子是由李大汉提供，由周小敏分娩，属于自然血亲的亲子关系。因此，李大汉和周小敏是李小柯的亲生父亲和母亲，二人对李小柯负有抚养义务。离婚后，周小敏一直抚养李小柯，而李大汉未履行抚养义务。根据

《民法典》第 1067 条有关"父母不履行抚养义务的，未成年子女或者不能独立生活的成年子女，有要求父母给付抚养费的权利"的规定，李小柯有权要求李大汉支付抚养费。

李小柯是未成年人，李大汉应当给付抚养费至其成年。不过，如果李小柯成年后，因身体残疾，或是在上学等原因，无法独立生活，李大汉仍应当承担抚养李小柯的义务。由于李小柯随母亲生活，李大汉通过给付抚养费的方式履行其义务即可。

至于抚养费请求权，可以由未成年的李小柯提出，也可以由李小柯的法定代理人周小敏提出。请求方式上，李小柯或是周小敏可以通过诉讼的方法行使，也可以不通过诉讼的方法行使。

81. 成年子女能以赡养为条件阻碍父母再婚吗？

——子女尊重父母婚姻权利及赡养义务

📚 案例

宋老汉和张小英结婚后育有宋老大、宋老二，已抚养成人。在张小英生病去世后，宋老汉与杨小兰登记结婚。3 年之后，杨小兰因意外事件也离世了。之后，宋老汉又想与李小美结婚，与子女一同商量。宋老大和宋老二称如果宋老汉与李小美再婚，他们就拒绝赡养宋老汉。宋老汉因再婚一事与宋老大和宋老二争吵后，仍与李小美领证结婚，至今在外居住。宋老汉和李小美年老体衰，无劳动能力及经济来源，每月只有 300 元的社保及 150 元的高龄补贴。宋老汉认为，他对宋老大和宋老二尽了抚养义务，宋老大和宋老二不能因自己再婚而拒绝赡养自己，遂诉至法院，请求法院判决宋老大和宋老二每人每月给付赡养费 500 元。

那么，宋老大和宋老二是否应当给付赡养费呢？

解答

　　本案涉及民法典中"子女尊重父母婚姻权利及赡养义务"的问题。《民法典》第 1069 条对此进行了规定："子女应当尊重父母的婚姻权利，不得干涉父母离婚、再婚以及婚后的生活。子女对父母的赡养义务，不因父母的婚姻关系变化而终止。"

　　婚姻自由是我国婚姻制度的最基本要求，《民法典》第 1041 条对婚姻自由原则作了明确规定。婚姻自由既包含了年轻人的结婚及离婚自由，也包括老年人的离婚、再婚自由，这一内涵本来就是不言而喻的。但直到现在，老年人的婚姻自由问题还是面临着家庭和社会的双重压力。为了保障老年人婚姻自由的权利，《民法典》第 1069 条特别规定了子女应当尊重父母婚姻权利，不得干涉父母离婚、再婚以及婚后的生活。同时，为了保障离婚、再婚的老年人的生活不受影响，该条还明确规定了子女对父母的赡养义务，不因父母的婚姻关系变化而终止。成年子女对父母的赡养义务，是亲属权的重要内容。赡养是指子女对父母的供养，即在物质上和经济上为父母提供必要的生活条件。有人认为，如果父母没有尽到抚养义务，子女就有权不尽赡养义务。其实，父母对子女的抚养义务和子女对父母的赡养义务是各自独立的，不是一方履行义务以对方尽义务为前提，因此，哪怕亲生父母确实没有抚养过子女，也不能免除子女对父母的赡养义务。赡养义务是法定义务，是成年子女必须履行的义务，特别是对缺乏劳动能力的父母，成年子女必须承担赡养义务。因此，父母选择离婚或者再婚，并不能成为成年子女拒绝履行对父母赡养义务的理由。父母发生离婚甚至再婚，子女对父母的赡养义务不得改变，不因父母的婚姻关系变化而改变，更不能终止赡养义务。

　　如果父母与子女一起生活，子女自然应当承担起赡养父母的义务，如果父母和子女不在一起生活，子女则应当结合当地的物价等因素给父母一定的赡养费，该赡养费不能低于父母所在地的普通生活水平。

　　本案中，宋老汉在张小英去世后与杨小兰结婚，在杨小兰去世后，又与李小美登记结婚。对于宋老汉再婚一事，宋老大和宋老二表示不满，并以赡养为条件，曾阻碍宋老汉再婚，至今未赡养宋老汉。然而，根据《民法典》第1041条的规定，宋老汉有结婚自由，其子女无权干涉。而且，赡养父母是子女的法定义务，不因父母再婚而发生变化，宋老大和宋老二无权拒绝履行其赡养义务。如果宋老大和宋老二拒绝给付赡养费，根据《民法典》第1067条有关"成年子女不履行赡养义务的，缺乏劳动能力或者生活困难的父母，有要求成年子女给付赡养费的权利"的规定，宋老汉有权请求法院强制子女给付赡养费。况且，宋老汉对宋老大和宋老二履行了其作为父亲的抚养义务，现已年老体弱，毫无劳动能力，故宋老大和宋老二于情于理都应当赡养宋老汉。

至于赡养的具体方式，宋老汉与李小美婚后已在外面单独生活，没有要求子女与其共同生活，只是要求子女给付一定的赡养费，故宋老大和宋老二应当结合当地的物价等因素，向宋老汉给付赡养费。

82. 非婚生子女与婚生子女享有一样的权利吗？

——非婚生子女权利

📚 案例

　　张小英与黄老二相识相恋后开始同居生活，同居期间生育一子黄小明。后来，双方因琐事产生矛盾，致使二人分居，黄小明跟随张小英生活。黄小明出生后，张小英就在家带小孩，导致其无法工作挣钱。黄小明现刚过哺乳期，但奶粉、尿片、医疗保健等均属实际生活需要，加上黄小明自出生至今其身体患有轻度地中海贫血，又因体质较差，经常要到医院就医。张小英每月支出不菲。张小英认为黄老二没有履行抚养小孩的法定义务，没有及时给付小孩正常需要的抚养费，双方因此产生纠纷。张小英经多次与黄老二协商未果后诉至法院，请求法院判决黄老二给付黄小明的抚养费。

　　那么，黄小明是否有权获得黄老二给付的抚养费？

解答

这涉及民法典中"非婚生子女权利"的问题。非婚生子女，是指没有婚姻关系的男女所生的子女。《民法典》第1071条对此作出了规定："非婚生子女享有与婚生子女同等的权利，任何组织或者个人不得加以危害和歧视。不直接抚养非婚生子女的生父或者生母，应当负担未成年子女或者不能独立生活的成年子女的抚养费。"

根据《民法典》第1071条第1款的规定，非婚生子女享有与婚生子女同等的权利，任何组织或者个人不得加以危害和歧视。事实上，在奴隶社会和封建社会，非婚生子女法律地位低，往往受到歧视。在当代，非婚生子女与婚生子女享有同等的法律地位。这是现代社会维护儿童合法权益的基本要求。作为子女，无法选择自己的出身和身份，如果因为出身为非婚生子女，而受到歧视，就等于人是生而不平等的，这与现代人权观念完全不相符。当代亲属法研究非婚生子女不是着眼于对非婚生子女权利的限制，而是要根除对非婚生子女的歧视，保障他们享有正常的法律地位，享有同等的人格，其合法权利不受任何侵犯。

非婚生子女享有与婚生子女同等的权利，其中包括非婚生子女接受父母抚养的权利。权利与义务相对应，子女接受父母的抚养是子女的权利，抚养子女则是父母的法定义务，因此，生父和生母抚养非婚生子女也是其法定义务，不能因非婚生子女未与一方共同生活而不尽其义务。根据《民法典》第1071条第2款的规定，不直接抚养非婚生子女的生父或者生母，应当负担未成年子女或者不能独立生活的成年子女的抚养费，以此来间接地履行抚养子女的义务。

如果父母不履行其义务，非婚生子女可以与婚生子女一样，根据《民法典》第1067条有关"父母不履行抚养义务的，未成年子女或者不能独立生活的成年子女，有要求父母给付抚养费的权利"的规定，要求生父或是生母给付抚养费。

在本案中，张小英与黄老二在未婚同居期间生育了黄小明，黄小明是非婚生子女。尽管黄小明是非婚生子女，但是，根据《民法典》第1071条的规定，黄小明与婚生子女享有同样的权利，权利中当然包括接受父母抚养的权利。由于抚养非婚生子女是父母双方的义务，而不是直接抚养子女一方的义务，不直接抚养非婚生子女的一方也应当履行其法定义务，只是履行方式不是直接抚养，而是间接的履行，即给付抚养费，因此黄老二不能因黄小明未与其共同生活而拒绝履行其抚养义务。况且，黄小明年龄很小，刚过哺乳期，体质还较差，经常要到医院就医，需要张小英的悉心照顾，这对黄小明的健康成长更加有利。因此，黄老二作为不直接抚养黄小明的生父，应当负担抚养黄小明的费用。如果黄老二不愿意承担给付抚养费的义务，黄小明有权根据《民法典》第1067条的规定，诉请法院要求黄老二给付抚养费。由于黄小明不到8周岁，是无民事行为能力人，张小英作为其法定代理人有权向法院请求黄老二支付抚养费。

83. 发现孩子不是自己亲生的，怎么办？

——亲子关系否认

案例

　　陈大光与杨小丽相恋后结婚。婚后，陈大光独自到省外务工，半年后回家陪杨小丽生产。当陈小亮出生后，陈大光再次离家工作。由于距离原因，陈大光与杨小丽的交流甚少，感情逐渐变淡，双方协议离婚。双方签订了离婚协议，约定陈小亮由陈大光抚养。之后，陈大光努力挣钱，每月支付1 300元请老师照顾陈小亮的生活，并辅导其学习。某日，陈大光听人议论陈小亮并非其亲生，就带陈小亮做亲子鉴定。结果，陈小亮确实不是陈大光亲生的孩子。陈大光十分愤怒，遂诉至法院，请求法院否认其与陈小亮的亲子关系，并判决杨小丽返还抚养陈小亮的所有费用以及赔偿精神损害费用。

　　那么，陈大光是否有权请求法院否认亲子关系，并获得抚养费用返还以及精神损害赔偿费用？

解答

本案主要涉及民法典中"亲子关系否认"的问题。否认亲子关系，也叫婚生子女否认，是父或者母对推定为婚生子女的婚生性提供否定性证据推翻婚生性推定的证明，否定其为婚生子女的制度。《民法典》第1073条对此作出了规定："对亲子关系有异议且有正当理由的，父或者母可以向人民法院提起诉讼，请求确认或者否认亲子关系。对亲子关系有异议且有正当理由的，成年子女可以向人民法院提起诉讼，请求确认亲子关系。"

否认亲子关系的前提是婚生子女推定，即子女系生母在婚姻关系存续期间受胎或出生，该子女被法律推定为生母和生母之夫的子女。即凡是在婚姻关系存续期间女方分娩的子女，就直接认定为婚生子女。婚生子女推定实际上是在用婚姻关系的存续期间来推定子女的父亲，确定婚生子女身份，而不是靠血缘关系，因此有可能出现错误，可以被客观事实所推翻。法律允许利害关系人提出婚生子女否认之诉，推翻婚生子女推定。父或者母如果确有证据证明婚生子女的非婚生性，即可提出证据，向法院主张否定亲子关系。

婚生子女否认权的构成要件是：第一，婚生子女否认的权利人必须适格。适格的权利人应当包括夫、妻、子女中的任何一方。只要是现存夫妻、子女关系的主体，均为婚生子女否认确认之诉的权利主体，可以提起这种否认身份关系的诉讼。第二，须有婚生子女的推定。在婚姻关系存续期间妻子受胎，如无反证，不会有人否认妻所生之子女的婚生子地位。第三，须有否认婚生子女的客观事实。否认婚生子女的客观事实包括：一是性交不能，如一方出差远离另一方相当的期间，又如夫妻反目分居。二是与受胎无因果关系，如夫无生殖能力等。三是子女外在特征非与种族相同或相似，如皮肤颜色，子女与妻之情人特征相似等。四是亲子鉴定否认为婚生子女。在目前的科技条件下，DNA技术已经能够作出否定或肯定亲子的鉴定。上述四项客观事实，必须有充分的证据确实证明者，才能推翻婚生子女的推定。

本案中，陈大光和杨小丽在婚姻关系存续期间生了陈小亮。陈大光根据受孕时间，推定陈小亮为陈大光的亲生子女。听别人议论后，才怀疑了亲子关系。为了确定陈小亮是否为自己的亲生子女，陈大光就带其做了亲子鉴定。此类鉴定结果是当下最重要、最有说服力的反对推定的证据。由于陈大光在名义上是陈小亮的父亲，并且养育了陈小亮多年，属于适格的权利人。因此，根据《民法典》第 1073 条的规定，对亲子关系有异议，并且有足以证明陈大光与陈小亮之间不存在亲子关系的鉴定结果，陈大光有权向法院主张否认其与陈小亮的亲子关系，不再承担抚养陈小亮的义务。

另外，杨小丽生产非婚生子女一事，足以证明其在与陈大光的婚姻关系存续期间，与他人有不正当性行为。根据《民法典》第 1091 条的规定，陈大光有权向杨小丽主张精神损害赔偿，并且要求杨小丽返还一定的抚养陈小亮的费用。

84. 根据离婚财产分割协议能取得房产的所有权吗？

——登记离婚的财产处分

📚 案例

李小明与李小丽登记结婚，婚后未生育子女。结婚后，因性格不合，二人开始分居生活。某日，双方签订离婚协议书，约定："婚后在市中心购买的房子由李小丽单独所有，公司的所有股权和汽车归李小明所有。"第二天，双方就拿着该离婚协议到民政局办理离婚。因工作繁忙，李小丽和李小明没有立即将之前夫妻共同所有，但在李小明名下的房子转移到李小丽的名下。某日，李小明将该房子出售给不知道实情的小林，并到不动产登记机构进行了转移登记。李小丽发现了此事，她认为离婚协议书写明涉案房屋归李小丽所有，因此，李小明的买卖行为无效，请求法院判决确认其为涉案房产的所有权人。

那么，李小丽能否根据离婚财产协议取得涉案房屋的所有权？

解答

本案涉及民法典中"登记离婚"的问题。登记离婚，是行政程序离婚，也叫两愿离婚、协议离婚、自愿离婚，是指婚姻关系因双方当事人的合意，并经过登记程序而解除。《民法典》第1076条对此作出了规定："男女双方自愿离婚的，应当订立书面离婚协议，并亲自到婚姻登记机关申请离婚登记。离婚协议应当载明双方自愿离婚的意思表示以及对子女抚养、财产及债务处理等事项协商一致的意见。"

登记离婚须满足以下条件：一是登记离婚的男女双方必须具有合法的夫妻身份。二是离婚当事人必须是完全民事行为能力人。三是双方当事人必须达成真实的、表示一致的离婚合意。四是对离婚后子女抚养已经作出适当处理。五是对夫妻共同财产作出适当处理。符合上述条件的，双方还应当订立书面离婚协议，亲自到婚姻登记机关申请离婚登记。

离婚协议是婚姻关系当事人表明离婚意愿和具体内容的文书。协议中，应当载明双方自愿离婚的意思表示，以及对子女抚养、财产及债务处理等事项协商一致的意见。

本案中，李小明与李小丽登记结婚，是合法的夫妻，具有完全民事行为能力。李小明与李小丽因性格不合，常年分居生活，感情破裂，所以，二人有离婚的合意。之后，双方签订了离婚协议，处理了财产分割问题，约定房屋归李小丽所有，公司的股权和汽车归李小明所有。

不过，双方未到房产登记机构转移所有权，在房产证上仍然只有李小明的名字。李小明明知离婚协议的约定，仍将房屋出售给不知情的第三人小林，并到房产登记机构办理了转移登记。尽管李小明无权处分该房屋，但小林不知情，与李小明签订了有效的房屋买卖协议，以市场价格购买，且完成了房产登记，符合《民法典》第311条有关善意取得所有权的构成要件，据此取得了房屋的所有权。

李小丽根据离婚协议主张其为房产的所有权，是不合理的。虽然根据《民法典》第215条的规定，双方签订的协议是有效的。不过，根据《民法典》第

214 条的规定，不动产的转让，不仅需要双方的合意，还需要办理登记，才能发生转移所有权的效力。因此，李小丽和李小明尽管签订了转移房屋所有权的协议，但未办理登记，李小丽不能取得房屋的所有权。然而，李小明擅自将房屋出售给小林，属于违约的行为，故李小丽有权请求法院判决李小明承担违约责任，并返还房屋的价款。

85. 男方家暴，双方登记离婚时还需要"冷静"吗？

——登记离婚冷静期

案例

　　王大鹏和李小燕是夫妻，育有一女。近年来，王大鹏养成酗酒与打牌的不良嗜好，夫妻双方缺乏交流和沟通，常为生活琐事发生争吵。某日，王大鹏到李小燕的服装店跟李小燕要钱打牌，李小燕拒绝后，王大鹏就对其拳打脚踢，最后李小燕从二楼跳下才得以结束那场家庭暴力。从那以后，李小燕决定尽快与王大鹏离婚，但她不知道协议离婚和诉讼离婚中的哪一种方式能够让她更快地解除双方的婚姻关系。

　　那么，如果李小燕与王大鹏选择协议离婚的话，是否还需要适用离婚冷静期？

解答

　　本案涉及民法典的"离婚冷静期"制度。离婚冷静期，又称离婚反省期、离婚熟虑期，是指在离婚自由原则下，婚姻双方当事人申请自愿离婚，在婚姻登记机关收到该申请之日起一定期间内，任何一方都可撤回离婚申请、终结登记离婚程序的冷静思考期间。《民法典》第 1077 条对此进行了规定："自婚姻登记机关收到离婚登记申请之日起三十日内，任何一方不愿意离婚的，可以向婚姻登记机关撤回离婚登记申请。前款规定期间届满后三十日内，双方应当亲自到婚姻登记机关申请发给离婚证;未申请的,视为撤回离婚登记申请。"

离婚冷静期制度是《民法典》新增的制度,其立法原因是我国对登记离婚的限制比较少,比较方便离婚,这种宽松的政策给草率离婚创造了机会,闪婚、闪离的现象比较严重,离婚率偏高,不利于维护家庭稳定、保护好子女利益。

根据《民法典》第 1077 条的规定,登记离婚冷静期的适用条件如下:第一,双方自愿离婚,到婚姻登记机关申请离婚,符合离婚条件的,暂时不发给离婚证,不马上解除婚姻关系。第二,离婚冷静期是 30 天,自婚姻登记机关收到离婚登记申请之日起 30 日内,任何一方不愿意离婚的,都可以向婚姻登记机关撤回离婚登记申请。第三,30 天的冷静期届满后的 30 日内,双方应当亲自到婚姻登记机关申请发给离婚证,婚姻登记机关应当发给离婚证,即解除婚姻关系。第四,冷静期届满后 30 天内,当事人未到婚姻登记机构申请离婚证的,视为撤回离婚登记申请,不发生离婚的后果。

如果婚姻关系存续期间发生家庭暴力,双方想协议离婚,那么,根据《民法典》第 1077 条的规定,双方仍需经过 30 天的离婚冷静期。对此,有人认为,这会延长被家暴人的痛苦,不利于保障受害人的合法权益。然而,对于有家庭暴力等情形的,实践中一般是向法院起诉离婚,而起诉离婚是不适用离婚冷静期制度的,加上法院对因家暴离婚的案件,一般在一审中就会作出离婚判决,因此,当事人通过诉讼来离婚的方式更有利于保障其合法权益。

在本案中,王大鹏对李小燕实施了家庭暴力,让李小燕深陷恐惧之中,很难与王大鹏继续维持婚姻关系,想尽快离婚。如果李小燕选择协议离婚的话,她应当先和王大鹏进行协商,王大鹏同意离婚后,双方到婚姻登记机关申请离婚。根据《民法典》第 1077 条的规定,他们须经过 30 天的冷静期。其实,对于李小燕而言,王大鹏能否顺利经过冷静期是不确定的,他有可能改变想法,撤回离婚登记申请。即便顺利经过离婚冷静期,在离婚冷静期届满后,王大鹏仍有可能不到婚姻登记机关申领离婚证。显然,协议离婚对李小燕而来说充满了不确定性。但是,如果李小燕选择诉讼的方式离婚的话,就无须经过 30 天的离婚冷静期,而且法院对有家暴的离婚案件一般在一审就会作出离婚判决。

因此，李小燕与其选择协议离婚，不如通过诉讼离婚更加有利于保障其合法权益。

86. 未成年子女有权选择父母离婚后跟谁一起生活吗?
——离婚后子女的抚养

案例

陈某与蔡某于 2006 年结婚，2007 年 5 月生育一子陈某乙。2008 年 10 月，陈某与蔡某因性格不合协议离婚，陈某乙跟随母亲蔡某一起生活，陈某每月支付陈某乙抚养费 500 元。蔡某与陈某乙一直居住在泸水市，到了陈某乙适学的年龄，蔡某将陈某乙送往昆明，寄宿在亲戚家上学。因上学花费较多，2016 年 7 月 8 日，蔡某起诉到法院，要求陈某增加抚养费至每月 800 元。法院判决支持了蔡某的诉求。2017 年 8 月，陈某提起诉讼，称蔡某把孩子送往昆明上学，一是花费太多，二是孩子离开父母的看管，对成长不利。并称陈某乙跟自己多次表达，想要跟爸爸回到泸水生活。陈某称自己的收入不错，而且比较轻闲，有更多的时间陪孩子，请求法院判决变更抚养权归属，蔡某每月支付 800 元抚养费。

陈某能够获得陈某乙的抚养权吗?

解答

这涉及离婚后的子女抚养问题。离婚导致夫妻之间婚姻关系的解除，带来的问题是未成年子女无法再继续与父和母共同生活，须解决随哪一方生活的问题。未成年子女随哪一方共同生活，哪一方就是直接抚养人。即使如此，父母双方仍是未成年子女的监护人，对未成年子女仍有抚养、教育和保护的义务，即便离婚的双方当事人协议约定子女抚养权，也不能消除法定的抚养义务。由于年龄不同，认知能力和判断能力不同，法律上因此规定了无民事行为能力人、不完全民事行为能力人、完全民事行为能力人以及他们所实施的法律行为的不同法律后果。未成年子女是否可以选择父母离婚后跟哪方一起生活，取决于未成年子女的年龄，以及父母能提供的生活条件是否有利于未成年子女的成长。

《民法典》第 1084 条规定，离婚后，父母对于子女仍有抚养、教育、保护的权利和义务。离婚后，不满 2 周岁的子女，以由母亲直接抚养为原则。已满 2 周岁的子女，父母双方对抚养问题协议不成的，由人民法院根据双方的具体情况按照最有利于未成年子女的原则判决。子女已满 8 周岁的，应当尊重其真实意愿。

根据这条规定，不满 2 周岁的子女原则上由母亲直接抚养，但是，按照有利于未成年子女的原则，母亲一方不适合抚养子女的，也可由父亲抚养，如：母亲有久治不愈的传染性疾病或者其他严重疾病，子女不宜与母亲共同生活的；母亲有抚养条件但不尽抚养义务，而父亲要求子女随其生活的；因其他原因子女确实无法随母亲生活，父母双方协议随父亲生活，对子女健康成长无不利影响的，也可以由父亲抚养。

已满 2 周岁、未满 8 周岁的子女，认知能力和判断能力不足，因此，在父母离婚时，主要由父母协商确定直接抚养人，协商不成的，由法院根据有利于未成年子女成长的原则进行判决。

8 周岁以上的未成年人是限制民事行为能力人，已经具备了一定的自主意识和认知能力，他们可以根据自己的识别能力作出判断，究竟随父还是随母生活对自己更为有利。原则上，法院应当尊重子女的选择，但是 8 周岁以上的未成年子女的识别能力毕竟有限，如果子女的选择对他们的成长不利，法官也可以作出另外的判决。

本案中，陈某与蔡某离婚时，婚生子陈某乙尚未满 2 周岁，协议由母亲蔡某抚养，更有利于保护陈某乙的利益，并无不当。2017 年陈某起诉时，陈某乙已经 10 岁了，陈某要求变更抚养权，需要征求陈某乙的意见。蔡某把陈某乙送到昆明去读书，对陈某乙来说，能够获得更好的教育，但寄宿在别人家得不到父亲和母亲的照顾；陈某工作轻闲，能够更多地陪伴孩子，收入也能够支持抚养陈某乙，但是不能送孩子在昆明上学，陈某乙只能在泸水上学。从案情来看，陈某与蔡某在能够提供给孩子的生活条件上相差不大，所以，由谁来直接抚养，应当征求孩子的意见。如果陈某乙愿意跟陈某一起生活，为最大可能地保护子女的利益，法院可以考虑变更陈某乙的抚养权，由陈某直接抚养。抚养费的数额，可以由双方协商，协商不成的，法院可以按照当地的生活水平和双方的收入情况来具体确定。

87. 离婚时女方能要求补偿吗？

——离婚时的经济补偿

案例

张某与尹某1987年自愿登记结婚，婚后生育两个孩子张甲（1989年出生）和张乙（1992年出生），现均已成年。双方婚姻关系存续期间有两处房产，无共同债权、债务、现金及存款。张某于2005年2月离家外出，2005年至2007年间偶尔回家几天，2007年在家3个月左右，之后就外出未归。在张某离家的十年时间里，尹某独自照顾两个未成年的孩子，而且，张某几乎没有给家里提供生活费，尹某和两个孩子的生活费全部来自尹某耕种农地所得。2015年，张某起诉离婚，要求分割共同财产。尹某不同意离婚，并称，如果张某坚持要求离婚，则要求分得全部夫妻共同财产，同时要求张某补偿生活费150 000元。

尹某能够获得张某的补偿吗？

解答

离婚时，男女和女方都可以向对方付离婚补偿，但是获得补偿需要满足一定的条件。《民法典》第1088条规定："夫妻一方因抚育子女、照料老年人、协助另一方工作等负担较多义务的，离婚时有权向另一方请求补偿，另一方应

181

当给予补偿。具体办法由双方协议；协议不成的，由人民法院判决。"

一方在家庭生活中付出较多义务，是指在婚姻关系存续期间，夫妻一方比另一方承担的抚育子女、照料老年人、协助另一方工作等义务更多，对家庭的建设贡献更大。家庭本来应当是由夫妻一起经营、建设，夫妻一方抚育子女、照顾老人、协助另一方工作，一方面是替代对方完成了对方应当完成的照顾家庭的义务，另一方面也牺牲了自己在工作上发展的空间。不论为家庭奉献较多的是男方还是女方，法律上都承认家庭劳动的价值，因此，在离婚时，付出较多的一方可以向另一方请求一定的经济补偿。

按照《民法典》第 1088 条规定，经济补偿的请求应当在离婚时提出。负担较多义务的一方享有经济补偿请求权。经济补偿的数额应当由双方协商解决，协商不成的，可以向法院起诉，由人民法院判决。人民法院判决时，应当考虑请求权人负担义务的大小、请求权人因此受到的损失和另一方从中受益的情况来综合确定。实行约定财产制的，由对方当事人从个人财产中给付；财产共有的，由对方当事人从分割后的个人财产中给付。

日常生活中提到的"离婚补偿"，严格来说并非都属于《民法典》第 1088 条规定的"离婚经济补偿"，要注意区别。生活中人们提到的"离婚补偿"，多为以下两种情况：一是因疾病、生活困顿而向对方请求经济帮助。离婚时的经济帮助，是指离婚时，原配偶的一方经济困难，有负担能力的另一方应当给予适当帮助。经济帮助并不是夫妻关系的延伸，而是基于原夫妻关系而产生的道德义务。因此，在一方申请经济帮助时，应当考虑到另一方的经济能力，不能够强制另一方提供经济帮助。二是作为同意离婚的条件。很多案例中，一方以对方给付一定的财产为条件才同意离婚。另一方是否同意给付，需要双方进行协商。以上两种"经济补偿"与《民法典》第 1088 条规定的离婚经济补偿不同，应当予以注意。

本案中，张某多年离家在外，一是没有对家庭的经济提供支持，二是没有能够尽到照顾和抚育子女的责任，尹某独自承担了照顾家庭和抚养子女的义务，因此，在离婚时，共同财产分割完毕之后，张某应当从分割后的财产中对尹某给予补偿，至于补偿的具体数额，法院应当考虑双方在家庭生活中的付出，并根据双方的经济状况酌情确定。需要再次强调的是，离婚时请求经济补偿不是女方的特权，不论男方还是女方，如果在家庭中尽到较多义务，如照顾老人、抚育子女、协助另一方工作等，都可以在离婚时请求对方给予经济补偿。

88. 妻子终止妊娠，丈夫能否向其索赔？

——离婚损害赔偿

案例

陈某与叶某于 2013 年 5 月经人介绍相识并确立恋爱关系，于 2014 年 1 月 20 日登记结婚。婚后，双方常为琐事发生争吵。2014 年 3 月，叶某发现自己怀孕，但由于叶某觉得两人感情欠佳，婚姻不够稳定，还不想那么早生小孩，就瞒着陈某偷偷做了人工流产。2014 年 12 月 30 日，叶某向法院提起离婚诉讼，被法院驳回。之后叶某一直生活在娘家，没有与陈某共同生活，双方也未见面、沟通。后来，陈某偶然间得知叶某曾经怀孕，并做了流产，自己竟然毫不知情，非常气愤，遂于 2015 年 9 月 6 日向法院提出离婚诉讼，请求判令双方离婚，并以叶某擅自终止妊娠侵犯其生育权为由要求赔偿精神损害抚慰金 20 000 元。

陈某能否因叶某擅自终止妊娠获得赔偿呢？

解答

这涉及民法典中"离婚损害赔偿"的问题。离婚损害赔偿，是指夫妻一方因为过错实施法律规定的违法行为，妨害婚姻关系和家庭关系，导致夫妻离婚而应当承担的侵权损害赔偿责任。《民法典》第 1091 条对此作出了规定："有下列情形之一，导致离婚的，无过错方有权请求损害赔偿：（一）重婚；（二）与他人同居；（三）实施家庭暴力；（四）虐待、遗弃家庭成员；（五）有其他重大过错。"

根据《民法典》第 1091 条的规定，当夫妻一方因过错导致离婚的，无过错方可以请求损害赔偿。过错的情形主要有：一是重婚。重婚是指有配偶者与他人结婚的行为，包括有配偶者与他人进行结婚登记，以及有配偶者与他人以夫妻名义共同生活的事实重婚。二是与他人同居。与他人同居是指有配偶者与婚外他人持续、稳定地共同居住。一般来说，认定与他人同居，要求共同居住的时间达到 3 个月以上。三是实施家庭暴力。家庭暴力是指行为人以殴打、捆绑、残害、强行限制人身自由以及其他手段，给对方配偶以及其他家庭成员的身体、精神等方面造成损害后果的行为。家庭暴力不仅包括单纯身体上的暴力，还包括心理上和情感上的妨害和困扰，如纠缠不休、打骚扰电话和恐吓等。四是虐待、遗弃家庭成员。虐待是指经常以打骂、冻饿、禁闭、有病不予治疗、强迫过度劳动、限制人身自由、凌辱人格等方法，对共同生活的家庭成员进行肉体上、精神上的摧残和折磨的行为。遗弃是指负有扶养义务的家庭成员拒不履行扶养义务的行为。五是有其他重大过错。法律没有具体规定其他重大过错的内容，一般认为，应当是严重违反婚姻、家庭义务和家庭伦理的行为，如与婚外他人通奸生子、有赌博吸毒等恶习屡教不改、对家庭其他成员进行性骚扰等等。

如果夫妻一方有上述行为，导致了婚姻破裂，另一方配偶有权申请离婚损害赔偿，赔偿的范围包括物质损害赔偿和精神损害赔偿。

本案中，陈某主张叶某擅自终止妊娠的行为侵害了自己的生育权，因此请求损害赔偿。叶某终止妊娠的行为明显不属于《民法典》第 1091 条规定的前四项重大过错行为，那么，是否属于第五项"其他重大过错行为"呢？这就需要回答两个问题：第一，叶某有没有侵害陈某的生育权？夫妻双方均享有生育权，双方都有生育的自由，也有不生育的自由。妻子为妊娠、分娩比丈夫承担了更多的生理风险及心理压力，女方为抚育子女成长也会付出更多。因此，生育对女性来说，获得利益的同时更是一种风险、压力与责任，基于此，法律才将生育权内涵扩张至不生育的自由。《妇女权益保障法》第 47 条规定："妇女有按照国家有关规定生育子女的权利，也有不生育的自由。"与生育自由相比，不生育自由更应具有绝对性，夫妻任何一方都可以不经对方同意而行使不生育权，不论是自主避孕，还是终止妊娠，都不构成对丈夫的侵权。因此，叶某是有权利不经陈某同意终止妊娠的，没有侵害陈某的生育权。第二，擅自终止妊娠是否属于重大过错行为？我们认为，终止妊娠可以作为导致感情破裂的条件，但不能作为损害赔偿的事由。现实生活中，女方擅自终止妊娠确实可能影响夫妻感情，甚至影响婚姻的存续。当夫妻双方的生育愿望不一致，导致感情破裂的，可以通过离婚来寻求生育的途径。但是，女性是有决定不生育的权利的，因此，终止妊娠不应认定为严重影响婚姻家庭义务和家庭伦理的重大过错。生育与不生育都是夫妻双方的自由，不能因为一方无法满足另一方生育的需求，就将其作为离婚损害赔偿的理由。当夫妻一方因生育问题而提起诉讼，主张对于擅自终止妊娠的妻子提起损害赔偿之诉，无论是基于违约还是侵权，法院均不应支持。

所以，如果陈某与叶某经过法院调解仍然无法和好，法院可以认定双方感情破裂，准予离婚。但是，即使叶某擅自终止妊娠是导致感情破裂、婚姻结束的重要原因，叶某也没有侵害陈某的生育权，叶某的行为也不构成重大过错，陈某不能因此获得赔偿。

89. 离婚后，丈夫能否要求妻子赔偿因其通奸所生子女的抚养费？

——离婚损害赔偿

案例

孙某（男）与李某（女）于 1995 年结婚。1997 年 5 月，李某生下一子孙甲。孙某自认为相貌丑陋，可是孙甲相貌端正，孙某开始怀疑孙甲是否自己亲生。2000 年 4 月，孙某瞒着李某去做了"亲子鉴定"，证实了孙某与孙甲无血缘关系。在亲子鉴定面前，李某承认孙甲是其婚后与单位同事周某通奸所生，而且周某也知晓孙甲的存在。孙某自觉受到极大伤害，于 2001 年 5 月向法院起诉离婚，要求离婚损害赔偿，并请求法院判决李某赔偿三年来养育孙甲的抚养费。

> 孙某可否请求离婚损害赔偿？孙某是否可向李某请求赔偿抚育孙甲所支出的费用？

解答

孙某主张离婚损害赔偿，涉及过错离婚损害赔偿的条件。过错离婚损害赔偿是因一方配偶的重大过错行为侵害了对方配偶的权利，导致了离婚的后果，所以在离婚时无过错方可以向有过错方请求损害赔偿。《民法典》第1091条规定："有下列情形之一，导致离婚的，无过错方有权请求损害赔偿：（一）重婚；（二）与他人同居；（三）实施家庭暴力；（四）虐待、遗弃家庭成员；（五）有其他重大过错。"根据这条规定，有以上重大过错行为导致离婚的，无过错一方可以请求离婚损害赔偿。

本案中，李某与他人通奸生育孙甲，即"与婚外第三人通奸私生子女"，不构成第1091条规定的前四项重大过错，但是，是否属于第1091条中的"其他重大过错"，法律没有进一步规定，目前也没有司法解释。但是《民法典》第1091条规定的"有其他重大过错"作为兜底条款，为司法实践中的利益衡量提供了更大的空间。一般认为，严重影响婚姻关系、家庭义务和家庭伦理的行为可以考虑属于重大过错。但这种标准并非绝对，法院可以根据具体的案情决定是否认定为重大过错，如无过错一方的损失大小、夫妻双方的感情状况、夫妻双方承担家庭义务的状况、夫妻双方处理此事的态度，等等。如婚姻中一方长期与他人通奸并私生子女，无过错方受到极大的心灵创伤的，可以考虑认定为重大过错行为，无过错方可以请求离婚损害赔偿。

孙某是否可以请求李某赔偿孙甲的抚养费，涉及侵权的问题。婚内与他人私生子女的行为，不论是否属于《民法典》第1091条规定的离婚损害赔偿事由，李某都应当承担侵权赔偿责任。一般侵权责任的构成主要有不法行为、损害、行为人的过错、行为人的不法行为与损害之间有因果关系这四个要件。本案中，李某和周某的行为是否侵权了孙某的权利，要看二人的行为是否满足侵权责任的构成要件。李某与周某通奸的行为违反了《民法典》第1043条规定的夫妻忠实义务，使孙某的配偶权和名誉受到损害，孙某一直将孙甲当成自己的亲生儿子进行抚养，为此付出了感情、时间、精力和金钱，造成了财产和精神上的损害；李某和周某通奸并生育孙甲，对孙某进行了故意欺瞒，二人均有过错；正是由于李某和周某的行为导致孙某支付了三年抚养费的财产损害，也导致了作为丈夫和父亲的情感被伤害，造成了精神损害，所以李某和周某的行为与孙某的损害之间具有因果关系。因此，李某和周某的行为构成了对孙某的侵权，应当进行赔偿。李某和周某需要赔偿孙某支付的抚养费，此外，还应当对孙某进行精神损害赔偿。李某和周某对孙某承担连带责任。

生活中类似的案件很多，案情却不完全相同。如果案件中的条件发生变化，结果也会不同。假设李某与周某先为夫妻，离婚后嫁给孙某，李某再婚后发现自己怀了周某的孩子，但是害怕影响感情，没有告知周某和孙某。这时，周某就没有过错，而李某有过错，李某的行为构成对孙某的侵权。可以按如下方式进行赔偿，即：周某与李某按照不当得利向孙某返还抚养费，李某独自承担侵权的损害赔偿责任。还可能有另一种情况：李某与周某先为夫妻，后离婚再嫁孙某，婚后发现怀孕，但其本人也不知道这个孩子是周某的，一直当做与孙某的孩子在抚养，直到孙某做了亲子鉴定，才知道孩子是周某的。这种情况下，李某和周某都没有过错，不构成对孙某的侵权，但孙某为孩子支付的抚养费是客观存在的损失，而李某和周某因为孙某的付出获得了利益，可以按照不当得利由李某和周某向孙某返还孩子的抚养费。

第六编

继　承

90. 子女能继承父母生前经营的淘宝店吗？

——网络虚拟财产的继承

案例

　　刘军在一次车祸中身亡，留下了王梅、刘天这一对孤儿寡母。为了方便照顾孩子的衣食起居，同时还能贴补家用，王梅注册了一个淘宝店铺，专门卖潮流女装。经过王梅的精心打理，网店生意很好，每个月都有万元收入。而且，该店好评无数，前不久刚成为四星级皇冠网店。没想到，王梅因劳累过度，突发脑出血身亡。刘天在处理母亲王梅的身后事时，想起来家里还有母亲为了经营网店而购进的女装，打算将这些女装继续出售。但是，当刘天登录母亲经营的淘宝店铺账号时，发现因母亲银行账户注销，网店已经无法进行钱款往来。刘天遂向淘宝网的客服咨询，能否通过继承的方式，将母亲名下的淘宝店铺过户到自己名下，然后继续经营。

　　那么，刘天能否继承母亲王梅生前经营的淘宝店呢？

解答

　　这涉及民法典中网络虚拟财产继承的问题。网络虚拟财产，是虚拟的网络本身以及存在于网络上的具有财产性的电磁记录，是一种能够用现有的度量标准度量其价值的数字化的新型财产。不论是淘宝店铺，还是游戏账号、微信账号等，都属于网络虚拟财产。《民法典》第 127 条规定了网络虚拟财产受到法律的保护，即："法律对数据、网络虚拟财产的保护有规定的，依照其规定。"至于网络虚拟财产能否继承，《民法典》未对此作出直接的规定。不过《民法典》第 1122 条对遗产的范围作出了规定："遗产是自然人死亡时遗留的个人合法财产。依照法律规定或者根据其性质不得继承的遗产，不得继承。"据此，应当判断的是，作为网络虚拟财产的淘宝店铺是否属于遗产的范围。

根据《民法典》第1122条的规定，能够继承的遗产需要具备积极条件与消极条件。积极条件是：第一，性质上，遗产必须是财产，具有财产利益；第二，时间上，遗产必须是自然人死亡时遗留下的财产，不是自然人死亡时遗留下的财产不为遗产；第三，主体上，遗产是自然人的个人财产，不属于个人的财产不能为遗产；第四，合法性上，遗产须是自然人的合法财产，不是自然人合法取得和合法享有的财产，不能为遗产。消极条件是：第一，不属于依照法律的规定不得继承的遗产，比如《民法典》第369条规定的居住权不得继承；第二，不属于依照财产的性质不得继承的财产，比如抚恤金不得继承。

在本案中，王梅所经营的淘宝店铺属于依法可以继承的遗产。从积极条件来看，第一，该淘宝店铺具有财产利益，属于财产。王梅通过网页，将店铺内的商品进行展览，出售给买家，从而获得收益。因此，淘宝店铺虽处在虚拟的网络环境之中，但是从本质上与实体店别无二致，都是由王梅占有、使用、收益，属于财产的范畴。第二，该淘宝店铺属于母亲王梅死亡时遗留下的财产。第三，该淘宝店铺登记在母亲王梅个人名下，自己经营，属于王梅的个人财产。第四，该淘宝店铺是王梅生前与淘宝网签订注册协议后所取得的，具有合法性，属于个人的合法财产。从消极条件来看，第一，法律未规定淘宝店铺不得继承，因此，淘宝店铺不属于依法不得继承的范围；第二，淘宝店铺不具有人身专属性，不属于依照其财产性质不得继承的范围。在这样的基础上，根据《民法典》第1127条的规定，刘天作为母亲王梅的法定继承人，有权通过继承的方式，将该淘宝店铺过户到自己的名下，继续经营。

可见，淘宝店铺虽然存在于虚拟的网络环境之中，但这并不影响其作为无形财产由继承人继承。需要注意的是，前面已经提及除了淘宝店铺之外，微信账号、游戏账号等，也都属于网络虚拟财产，都应当受到法律保护。结合《民法典》第1122条的规定，这些都属于遗产的范围，继承人可以请求继承该财产。

91. 有遗嘱又有遗赠扶养协议，谁能取得遗产？

——继承方式的法律效力

案例

　　方大爷一家三口，原本生活得很幸福。可是，方大爷退休后，老伴就去世了，只能和自己的儿子相依为命。2005年，儿子不幸猝死。方大爷失去了至亲，成为一名独居老人。方大爷独自生活期间，无人照顾。某天，他不小心在家摔倒，昏迷过去。楼下水果摊主小田发现方大爷今天没出门，去看了一眼，及时将方大爷送到医院。方大爷非常感谢小田一直以来对自己的照顾，出院后就与小田签订了遗赠扶养协议，约定由小田负责照料他，等到他去世后，房子归小田所有。几年后，方大爷因病再次住院，经抢救无效死亡。小田在处理方大爷的丧事时，方大爷的哥哥出现了，还持有一份方大爷生前所立的遗嘱。遗嘱上写着：方大爷死亡后，由哥哥继承自己所有的财产。

　　那么，方大爷的房产究竟该何去何从呢？

解答

　　这涉及继承方式的法律效力问题。《民法典》继承编规定了四种继承方式，分别是法定继承、遗嘱继承、遗赠以及遗赠扶养协议。法定继承是依照法律规定的继承人范围、顺序、份额等将死者遗产转归继承人的一种继承方式。遗嘱继承是指于继承开始后，继承人按照被继承人合法有效的遗嘱，继承被继承人遗产的继承方式。遗赠是指自然人在生前订立遗嘱，将其个人财产赠与国家、集体或者法定继承人以外的自然人，而于其死亡后才发生法律效力的单方民事法律行为。遗赠扶养协议是指遗赠人和扶养人为明确相互间遗赠和扶养的权利义务关系所订立的协议。关于四种继承方式的适用顺序，《民法典》第1123条作出了规定："继承开始后，按照法定继承办理；有遗嘱的，按照遗嘱继承或者遗赠办理；有遗赠扶养协议的，按照协议办理。"

根据《民法典》第 1123 条的规定，在法律适用上，遗赠扶养协议具有最高效力，即在继承开始后，如果存在合法有效的遗赠扶养协议，则遗赠扶养协议排除遗赠、遗嘱继承以及法定继承的适用。原因是遗赠扶养协议是遗赠人与扶养人订立的协议，是遗赠人的真实意思表示，也是遗赠人对自己遗产的处分，应当予以尊重。而且遗赠扶养协议是双务有偿协议，同遗赠、遗嘱继承等单务无偿行为相比应当具有更高的效力。在执行完遗赠扶养协议后，再适用遗嘱继承或者遗赠处理。只有在没有遗赠扶养协议，也没有遗嘱继承或遗赠的情况下，才应当按照法定继承处理。

回到本案中，方大爷与小田出于双方的真实意思表示，签订了遗赠扶养协议。该约定的内容不违反法律行政法规的强制性规定，不违背公序良俗，应当认定遗赠扶养协议合法有效。在该遗赠扶养协议中，小田是扶养人，方大爷是受扶养人。小田应当按照遗赠扶养协议的约定，履行照顾方大爷、处理方大爷身后事的义务。在履行该义务之后，小田有权取得房产。目前，该房产同时属于遗嘱中所涉及的财产，这就涉及谁优先继承的问题。根据《民法典》第 1123 条的规定，遗赠扶养协议具有优先适用的效力。因此，尽管方大爷的哥哥手持方大爷生前所立的遗嘱，但是该房产由小田来优先继承，方大爷的哥哥无权请求自己作为遗嘱继承人来继承该套房屋。不过，方大爷的哥哥仍然有权按照遗嘱的分配，继承方大爷的其他遗产，比如银行存款、车辆等。

92. 儿子虐待父亲，后获得原谅，还可以继承父亲财产吗？
——被继承人的宽宥权

案例

　　1984 年，老王和妻子结婚，婚后生子王大禾、王小琴。2014 年，妻子车祸死亡，留下老王一人。老王生活不能自理，便决定跟随着儿子王大禾一起生活。没承想，父子二人生活了几个月，便经常发生口角之争。后来情况愈演愈烈，王大禾多次对父亲拳脚相加。直到王小琴来看父亲，才发现自己的老父亲腿脚、胳膊都有淤青。多番询问，王小琴才知道王大禾虐待父亲，便带父亲去医院做了检查，还进行了住院治疗。出院后，王小琴将父亲接回家自己照顾。后来王大禾洗心革面，多次去王小琴家看望父亲，并提出将父亲接回来照顾。父亲心软，表示原谅。没过多久，父亲心脏病突发死亡。在处理父亲名下房产的过户问题时，王大禾与王小琴产生了争执。王小琴认为，王大禾生前虐待父亲，已经丧失了继承权，不能再继承这套房子。王大禾认为，自己已经获得了父亲的原谅，这套房子也应该有自己的一半。

那么，王大禾有权继承父亲的这套房子吗？

解答

这涉及被继承人宽宥的法律效力问题。在继承领域，以法定继承权的丧失为前提，宽宥特指被继承人在情感上对继承人的故意或过失行为的谅解和宽恕，表达被继承人对继承人继承身份或资格的再次认可、肯定与承认，恢复其已丧失的继承权。在继承人丧失继承权后，只要被继承人对继承人予以宽宥，就应当恢复继承人已丧失的继承权。《民法典》第1125条就对此作出了规定："继承人有下列行为之一的，丧失继承权：（一）故意杀害被继承人；（二）为争夺遗产而杀害其他继承人；（三）遗弃被继承人的，或者虐待被继承人情节严重；（四）伪造、篡改、隐匿或者销毁遗嘱，情节严重；（五）以欺诈、胁迫手段迫使或者妨碍被继承人设立、变更或者撤回遗嘱，情节严重。继承人有前款第三项至第五项行为，确有悔改表现，被继承人表示宽恕或者事后在遗嘱中将其列为继承人的，该继承人不丧失继承权。受遗赠人有本条第一款规定行为的，丧失受遗赠权。"

根据《民法典》第1125条的规定，继承权丧失后，如果得到被继承人的宽宥，继承权是可以恢复的。恢复的条件有三个：第一，仅限于继承权相对丧失的情形。一是遗弃被继承人的，或者虐待被继承人情节严重的；二是伪造、篡改、隐匿或者销毁遗嘱，情节严重的；三是以欺诈、胁迫手段迫使或者妨碍被继承人设立、变更或者撤回遗嘱，情节严重的。第二，继承人必须确有悔改表现。第三，被继承人作出了宽宥的意思表示。不论是表示宽恕或者事后在遗嘱中将其列为继承人的，都是宽宥。宽宥作为被继承人的单方意思表示，不需要相对方即继承人作出任何意思表示便产生法律效力，即该继承人恢复继承权。

回到本案可以看到，王大禾存在虐待父亲的事实，即在父亲老王生活不能自理的情况下，长期对父亲进行打骂，对父亲进行身体上的摧残。对于该行为，不论王大禾是否构成犯罪，是否被追究刑事责任，从继承法的角度来讲，他已经丧失了继承权，不再享有继承父亲遗产的资格。不过，王大禾在意识到自己的错误之后，开始洗心革面，不仅多次向父亲表示歉意，去妹妹家看望父亲，还请求把父亲接回来自己照顾，以弥补之前的错误。这些行为都是悔改的表现。父亲老王表示原谅，应当认定王大禾的继承权得到了恢复。在父亲老王没有以遗嘱的方式明确房屋由王小琴一人继承的情况下，王大禾可以依照法定继承的方式继承老王的遗产。也就是说，王大禾与王小琴各自取得房屋二分之一的所有权。

需要注意的是，被继承人的宽宥能够发生恢复继承权的法律效力，必须限定在严格的情形。如果王大禾故意杀害父亲老王，或者为了争夺遗产故意杀害王小琴，即使王大禾宽恕或者在事后的遗嘱中将其列为继承人，王大禾仍然无法恢复继承权。

93. 侄子女、外甥子女能继承伯叔姑舅姨的遗产吗？

——代位继承

案例

陈明的爷爷、奶奶养育了三个儿子，其中陈明的爸爸排行老二。某次旅游途中，陈明的爷爷、奶奶、爸爸都不幸身亡，陈明大伯不幸残疾。由于大伯无儿无女，陈明开始对大伯进行扶养照顾。2016年，大伯因病去世，未留下遗嘱，但其名下还有两套房产、60万元存款需要处理。陈明与叔叔因大伯遗产继承发生了争执。陈明的叔叔表示，陈明不是法定继承人，无权继承这些遗产。陈明则表示，自己是侄子，也享有代位继承的权利，而且自己对大伯尽了较多的赡养义务，应当多分。双方争执不下，只能对簿公堂。

那么，陈明能继承大伯的遗产吗？

解答

这涉及代位继承的问题。代位继承，是指被继承人的子女或者兄弟姐妹先于被继承人死亡时，由被继承人的子女的晚辈直系血亲或者被继承人的兄弟姐妹的子女代替先亡的被继承人的子女或者兄弟姐妹继承被继承人遗产的法定继承制度。在代位继承中，被继承人的子女或者兄弟姐妹为被代位继承人，承继应继份的被继承人子女的直系血亲卑亲属或者兄弟姐妹的子女为代位继承人。应继份，是指各继承人对遗产上一切权利义务可以继承的成数或比例。《民法典》第1128条就对此作出了规定："被继承人的子女先于被继承人死亡的，由被继承人的子女的直系晚辈血亲代位继承。被继承人的兄弟姐妹先于被继承人死亡的，由被继承人的兄弟姐妹的子女代位继承。代位继承人一般只能继承被代位继承人有权继承的遗产份额。"

根据《民法典》第1128条的规定，我国承认两种代位继承，一是第1128条第1款规定的被继承人的子女的直系晚辈血亲的代位继承，二是第1128条第2款规定的被继承人的兄弟姐妹的子女的代位继承。依本条规定，代位继承需要具备三个要件：第一，须被继承人的子女或者兄弟姐妹在继承开始前已经死亡；第二，被代位人是被继承人的子女或者兄弟姐妹；第三，代位继承人必须是被代位人的直系晚辈血亲（被继承人与被代位人为兄弟姐妹的，限于被代位人的子女）。符合代位继承的条件时，代位继承发生法律效力，即代位继承人有权继承遗产份额。

回到本案中，陈明大伯的继承人包括其父母、陈明爸爸以及陈明叔叔。在陈明大伯去世之前，陈明的爷爷、奶奶、爸爸已经去世。所以本案显然符合

"被继承人的兄弟姐妹在继承开始前已经死亡"的条件。此时，陈明的父亲作为陈明大伯的弟弟，是法律所认可的被代位人；陈明作为其父亲的唯一儿子，是合法的代位继承人。可见，本案符合代位继承的条件，代位继承发生法律效力，即陈明有权作为继承人，继承大伯的遗产。其继承的份额，是他父亲有权继承的遗产份额。与此同时，根据《民法典》第1130条关于"对被继承人尽了主要扶养义务或者与被继承人共同生活的继承人，分配遗产时，可以多分"的规定，陈明对大伯尽到了较多的扶养照顾义务，可以多分遗产。

可见，代位继承的范围，不仅仅局限于孙子女、外孙子女代位继承爷爷奶奶、外公外婆的遗产。侄子女、外甥子女也能通过代位继承的方式，继承伯叔姑舅姨的遗产。

94. 遗嘱人遗嘱确定后位继承有效吗？

——后位继承的性质及效力

案例

宋伟和刘英结婚后，生育了女儿宋文。2013年，宋伟和刘英离婚。离婚后，宋伟和当时已经有了一个儿子的王倩再婚。婚后双方未生育子女。后来，宋伟身体每况愈下，立下了一份遗嘱，对自己名下的房产进行了处分。遗嘱的内容是，该房产归妻子王倩所有。如果王倩去世，则该房屋归女儿宋文所有。宋伟不幸离世后，王倩认为该遗嘱分配限制了自己的处分权，对该遗嘱分配不满意，试图把房子所有权移转至自己儿子名下。结果，宋文发现，及时向法院提出了诉讼请求，请求法院保护自己作为后位继承人的权利。

那么，法院是否应该支持宋文的请求呢？

解答

这涉及后位继承的问题。后位继承也叫次位继承或替代继承，是指因遗嘱中所规定的某种条件的成就或期限的到来，由某遗嘱继承人所继承的财产又移转给其他继承人承受。在后位继承法律关系中，首先承受遗嘱人遗产的继承人是前位继承人；从前位继承人那里取得遗产的继承人是后位继承人，或叫次位继承人。后位继承人只有在遗嘱中所规定的某种条件成就或期限届至时，才能从前位继承人那里取得财产。在此之前，后位继承人只能根据遗嘱的内容享有期待权。《民法典》继承编虽然未对后位继承作出直接的规定，但是第1133条第2款规定："自然人可以立遗嘱将个人财产指定由法定继承人中的一人或者数人继承。"可见，自然人具有订立遗嘱给一人或者多人继承的自由，也具有订立遗嘱继承顺序的自由。后位继承应当得到法律的保护。

依照学理上的讨论，后位继承的基本规则是：第一，遗嘱人可以在遗嘱中规定，在某种条件成就或期限到来时，由遗嘱继承人将其继承的财产移转给后位继承人承受。前位继承人放弃继承权或存在丧失继承权的事由，只能在遗产分割之前进行。第二，后位继承人在前位继承人死亡后，直接取得遗产；遗嘱指定后位继承发生的条件与前位继承人无关或为特定的期限的，不发生后位继承，遗产由被继承人的法定继承人继承。如果该项遗产依法定继承由后位继承人取得，则不再发生后位继承。第三，后位继承人发现前位继承人滥用权利，实施损害自己期待权的行为的，有权请求人民法院予以制止，保护继承权。

在本案中，宋伟指定了案涉房屋全部由王倩继承，王倩就属于前位继承人；同时，宋伟还指定了王倩去世后，房子归宋文所有，那么宋文就属于后位继承人。这样，王倩先继承宋伟房屋的全部产权份额，待王倩去世后，宋文则取得该房子的所有权。因此，可以说，该房屋将发生两次转移，第一次转移是在宋伟去世后，前位继承人王倩取得遗产所有权；第二次是在王倩去世后，后位继承人宋文取得所有权。不论是王倩，还是宋文，都对案涉房屋具有合法的继承权，都应该受到法律的保护。现王倩试图将房屋转移至自己儿子名下，会侵害到宋文对房屋的合法继承权，法院应当支持宋文的诉讼请求，以保护宋文的合法权益。

可见，尽管《民法典》未直接对后位继承的性质及效力作出规定，但是出于尊重被继承人的遗嘱自由的理念，通过《民法典》第1133条可以解释出后位继承应当受到法律的保护。

95. 打印遗嘱有效吗?

——遗嘱的形式及条件

案例

　　李某某独自抚养一双儿女李某甲、李某乙长大。因长年奔波,李某某身体状况较差。为了能够有人照料自己的生活,也为了给子女一个保障,2013年8月20日,李某某自己写下遗嘱,遗嘱的内容是:"我的女儿李某乙承担我晚年的生活照料,故我百年去世后,我的房屋由李某乙一人继承。"遗嘱订立后,李某某随李某乙生活。

　　后因李某乙丈夫生病,李某某随李某甲生活。2020年2月21日,李某某再次立下遗嘱,其主要内容为:"……李某甲因放弃生意照顾我失去了主要经济来源,我决定将我的房子给他。"该遗嘱系李某甲以轮椅推父亲李某某到打印店找打印员打印完成。打印时,杨某某、段某两位律师在场见证。打印完成后,李某某亲自对该遗嘱签字确认。杨某某、段某也在该份遗嘱上签字确认。结束之后,李某某还向律师支付了800元的见证费。

　　现李某某去世,李某甲与李某乙因房产争执不休。双方各持一份遗嘱,闹上法庭,请求法院判令房子归自己所有。在法庭上,李某甲认为,2013年父亲所立的遗嘱确实为父亲自己亲自所写,但是2020年父亲重新作出了打印遗嘱,应当以打印遗嘱为准。李某乙则认为,打印遗嘱并非有效的遗嘱形式,不能认定该遗嘱有效。

　　那么,究竟这份打印遗嘱是否有效呢?

解答

　　这涉及遗嘱的形式及条件的问题。遗嘱是指自然人在生前按照法律的规定对自己的财产处分作出意思表示，安排与此有关的事务，并于死后发生法律效力的单方民事法律行为。《民法典》第1134条至第1139条规定了六种遗嘱的形式，分别是自书遗嘱（第1134条）、代书遗嘱（第1135条）、打印遗嘱（第1136条）、录音录像遗嘱（第1137条）、口头遗嘱（第1138条）、公证遗嘱（第1139条）。本案所主要涉及的是打印遗嘱。打印遗嘱指的是遗嘱人通过电脑制作，用打印机打印出来的遗嘱。《民法典》第1136条详细规定了打印遗嘱的形式要求，即"打印遗嘱应当有两个以上见证人在场见证。遗嘱人和见证人应当在遗嘱每一页签名，注明年、月、日"。

根据《民法典》第1136条的规定，打印遗嘱有效的要件是：第一，遗嘱为电脑制作、打印机打印出来的文本形式。打印遗嘱是新增加的法定遗嘱形式，实为新技术发展及电脑普及运用的产物。其突破了遗嘱主要以手写形态出现的局限，允许遗嘱人以电脑制作并以文本形式打印出来。第二，打印遗嘱应当有两个以上见证人在场见证，并在打印遗嘱文本的每一页都签名。基于打印遗嘱实为电子打印制作出来的书面文本，因其缺乏特性而较易复制改动，故其是否为遗嘱人本人制作并反映其真实遗愿，相较自书遗嘱而言，实难证明。因此，当遗嘱人以打印形式设立遗嘱时，要求其应当有两个以上的见证人在场见证，并在打印遗嘱文本上逐页签名，以证明该遗嘱为遗嘱人的真实遗愿，而非他人随意伪造。第三，遗嘱人在遗嘱文本的每一页都签名。为保证打印遗嘱的真实性，除需有两名见证人依法见证签名外，还需保证打印遗嘱的每一页都有遗嘱人的签名，以防止打印遗嘱伪造的可能。第四，最后注明年、月、日。在打印遗嘱的末页，应以签字的形式注明遗嘱设立的年、月、日。当具备这些要件时，打印遗嘱发生遗嘱效力。

回到本案可以看到，2020年2月21日李某某订立该打印遗嘱时，是由打印店的打印员所打印。打印时，除了李某甲在场外，还有杨某某、段某两位律师在场。根据《民法典》第1140条的规定，两位律师具有见证能力，不是继承人、受遗赠人，更不是与继承人、受遗赠人有利害关系的人，属于法律所认可的遗嘱见证人。两位律师见证了该遗嘱的形成制作过程，能够证明该份遗嘱系李某某的真实意思表示。李某某、杨某某、段某在遗嘱上均签字，注明年、月、日，完全符合打印遗嘱的形式要求。因此，李某某 2020 年 2 月 21 日制作的遗嘱，因符合打印遗嘱的法定必备要件，属于有效的遗嘱。案涉的房产应当归儿子李某甲所有。

可见，打印遗嘱也是合法的遗嘱形式。只要打印遗嘱符合遗嘱见证人、签名、时间等要求，就可以发挥遗嘱的法律效力，由遗嘱确定的遗嘱继承人或者受遗赠人取得财产。需要注意的是，除了打印遗嘱之外，录像遗嘱也是合法的遗嘱形式。在打印不便的情况下，自然人可以通过手机录像的方式拟定遗嘱。不过，该录像遗嘱同样需要有两个以上见证人见证，并且在录像中记录见证人的姓名和肖像，注明年、月、日。

96. 设立公证遗嘱后又立新遗嘱，哪个有效？

——遗嘱的变更

案例

万强丧偶后，儿子万龙聘请了保姆刘珍照顾父亲的日常生活。过了几年，万强和刘珍有了感情，决定要和刘珍再婚。为此，万强和万龙父子决裂。与此同时，为了感谢刘珍，万强还去作了公证遗嘱，声明自己去世后房子归老伴刘珍所有。没想到，自从万强立了这份公证遗嘱后，刘珍态度发生了极大的转变，不仅日常相处十分敷衍，还对万强吆五喝六。即使万强瘫痪在床期间，也是如此。万龙知道后，便决心将父亲接来自己照顾。万强感动之际，自己亲笔写下一份遗嘱，声明将财产要全部留给儿子。可惜，好景不长，万龙和万强关系缓和没多久，万强就去世了。万龙持自书遗嘱办理房产之际，刘珍持着公证遗嘱出现了。双方对房子的继承权争执不下，只能闹上法庭。

那么，法院究竟应当以哪份遗嘱为准呢？

解答

这涉及的是遗嘱的变更问题。遗嘱变更，是指遗嘱人在遗嘱订立后对遗嘱内容的修改。《民法典》第 1142 条对此作出了规定，即："遗嘱人可以撤回、变更自己所立的遗嘱。立遗嘱后，遗嘱人实施与遗嘱内容相反的民事法律行为的，视为对遗嘱相关内容的撤回。立有数份遗嘱，内容相抵触的，以最后的遗嘱为准。"

根据《民法典》第 1142 条的规定，遗嘱人可在遗嘱设立后的任一时间、以任一理由变更遗嘱，但变更遗嘱也须具备一定条件，才能发生遗嘱变更的效力。遗嘱人变更遗嘱的要件是：第一，遗嘱人须有遗嘱能力。只有具有遗嘱能力的人才能订立遗嘱，而遗嘱的变更等于重新订立遗嘱，因此，遗嘱人只有在具有遗嘱能力的情形下才可以变更遗嘱。第二，须为遗嘱人的真实意思表示。订立遗嘱须为遗嘱人的真实意思表示，遗嘱变更须为遗嘱人的真实意思表示。伪造遗嘱的变更，不为遗嘱人的意思表示，不能发生遗嘱变更的效力。第三，须由遗嘱人亲自依法定的方式和程序为之。遗嘱的订立须遗嘱人亲身进行，作为对原遗嘱的变更，也须由遗嘱人亲自依法定的方式和程序为之。遗嘱变更的，自变更生效时起，以变更后的遗嘱内容为遗嘱人的真实意思表示。立有数份遗嘱，内容相抵触的，应当视为以在后设立的遗嘱取代或者变更了在先设立的遗嘱，因此，遗嘱人设立数份内容相抵触遗嘱的，应当以最后设立的遗嘱为准，即"遗嘱设立在后效力优先"。

回到本案中，公证遗嘱是万强对自己名下的房产所作的预先安排。其明确表示，自己去世后，房子归老伴刘珍所有。在刘珍的态度和行为转变之后，万强对刘珍已经有所不满，不愿再让自己的遗产由刘珍继承。后来万强变更自己的意愿，亲笔写下财产全部归儿子所有的遗嘱，并签名、注明年、月、日。该份遗书完全符合自书遗嘱的形式要求。因此，应当认为，该份自书遗嘱，有效地变更了之前的公证遗嘱。根据《民法典》第 1142 条第 3 款的规定，公证遗嘱和自书遗嘱的内容相抵触，应当以后设立的自书遗嘱的内容为准。现在万强已经去世，法院应当尊重其临终前的意愿，以自书遗嘱为准，认定财产由万龙继承。

可见，即使先前设立的遗嘱是公证遗嘱，也并不是必须通过公证遗嘱的形式来变更先前设立的遗嘱。只要自然人具有变更遗嘱的意思表示，都可以通过自书遗嘱、代书遗嘱、打印遗嘱等方式进行变更。

97. 公公订下儿媳永不再嫁才能继承房产的遗嘱有效吗？
——附义务遗嘱的效力

案例

　　王老二与张大娣婚后育有一子一女。王老二病故后，张大娣带着孩子与公公、婆婆一起居住。2015年，公公病重。病重期间写下遗书："我去世后，东面三间楼房使用权归我妻子，西面三间平房为张大娣安身之处。如果张大娣今后改嫁别处，三间平房归我妻子所有。"2017年，张大娣与陈老三登记结婚，并对三间平房进行了装修。2019年，双方育有一女，并在该平房内为女儿举办"百日酒"。婆婆十分愤怒，认为张大娣未按照遗嘱的内容履行义务，坚决要求张大娣归还房屋，但被张大娣拒绝。双方僵持不下，婆婆遂诉至法院，请求法院判决该三间平房由自己所有。

　　那么，张大娣是否应该返还该三间平房呢？

解答

这涉及民法典中"附义务遗嘱"的问题。附义务的遗嘱，是指遗嘱人在遗嘱中向遗嘱继承人或受遗赠人附加提出的必须履行的某项义务的要求。《民法典》第1144条对此作出了规定："遗嘱继承或者遗赠附有义务的，继承人或者受遗赠人应当履行义务。没有正当理由不履行义务的，经利害关系人或者有关组织请求，人民法院可以取消其接受附义务部分遗产的权利。"

根据《民法典》第1144条的规定，公民可以设立遗嘱处分个人财产，并可就遗嘱向继承人或者受遗赠人附加义务。不过，一般认为，所附义务的内容具有一定的限制。一方面，所附义务必须合乎法律规定、不违背公序良俗。如果公民遗嘱中附加的义务违反宪法和法律规定的基本精神，或者违背了公序良俗，比如必须迁出祖坟，应认定无效。另一方面，所附义务必须是能够履行的。比如，照顾儿女、管理财产等都可以作为义务的内容，甚至消极的不作为也可以作为义务的内容，如不得将房屋出租、出售。在所附义务有效的情况下，继承人或者受遗赠人应当履行义务；没有正当理由不履行义务的，经有关人员请求，法院可以取消继承人或者受遗赠人取得附义务部分遗产的权利。

在本案中，张大娣作为丧偶的儿媳，与公公婆婆一起居住，尽到了主要的赡养义务，属于第一顺序继承人。公公立下遗嘱，张大娣获得三间平房的继承权，所附的义务是不得改嫁，属于附义务的遗嘱继承。核心问题是，公公遗嘱中所附加的"张大娣不再改嫁"这一义务是否有效？《宪法》第49条规定，禁止破坏婚姻自由。《民法典》第110条规定了自然人享有婚姻自主权，即自然人有权自主自愿决定本人的婚姻，不受任何人的强迫与干涉。《民法典》第1042条规定了禁止干涉婚姻自由的行为。可见，婚姻自由既是公民的一项基本权利，也是民法上的人格权之一。王老二已经病故，张大娣有权自主决定自己是否再婚，不受任何人的干涉。公公立下遗嘱，要求其不再改嫁才能取得继承权，限制了张大娣的婚姻自由，违反了《宪法》第49条、《民法典》第110条和第1042条的规定。因此，公公所立遗嘱中"不得改嫁"的内容应属无效。现张大娣与他人再婚，仍然有权按照遗嘱的内容，继续居住、使用该三间平房，婆婆无权要求张大娣返还。

可见，尽管自然人可以在遗嘱中为他人取得继承权设立义务，但该义务必须是合法且能够履行的，这样才能实现对继承人或者受遗赠人的约束。具体到本案中，如果公公留下的遗嘱并不是要求张大娣不再改嫁，而是要求必须照顾婆婆与孙子、孙女，如果不尽到对婆婆、孙子女的照顾义务，则平房归婆婆所有；那么这类型的附义务遗嘱不仅是合法的，也是可以履行的，应当认定有效。此时如张大娣不履行照顾婆婆以及孩子的义务，婆婆和孩子作为附义务遗嘱中的受益人，属于利害关系人，有权向法院请求张大娣返还三间平房。法院应当尊重公公遗嘱中所表达的意愿，取消张大娣对三间平房的继承权。

98. 继承人都放弃继承，被继承人的债权人怎么办？
——遗产管理人的确立及职责

案例

　　五年前，吴刚为了开超市，和田军借了 25 万元，约定借款两年。到期后，田军多次催款，吴刚都以自己没钱为由，拒绝还款。没过多久，吴刚不幸车祸去世。田军只能去找吴刚的儿女，要求其偿还债务。吴刚的儿女都表示，自己放弃继承吴刚的遗产。既然放弃了，就不需要承担吴刚生前所欠的债务。田军这下就懵了，不知道该如何是好。

　　那么，田军该怎么办才好呢？难道钱真的要不回来了吗？

解答

　　这涉及被继承人的债权人的救济问题。我们认为，这里的债权人可以向遗产管理人寻求帮助。遗产管理人是在继承开始后，遗产分割前，负责处理涉及遗产有关事务的人。《民法典》第 1147 条规定了遗产管理人的职责："遗产管理人应当履行下列职责：（一）清理遗产并制作遗产清单；（二）向继承人报告遗产情况；（三）采取必要措施防止遗产毁损、灭失；（四）处理被继承人的债权债务；（五）按照遗嘱或者依照法律规定分割遗产；（六）实施与管理遗产有关的其他必要行为。"可见，被继承人的债权人可以请求遗产管理人分配遗产，从而获得债务的清偿。那么，遗产管理人又该如何确定呢？《民法典》第 1145 条规定了遗产管理人的产生方式："继承开始后，遗嘱执行人为遗产管理人；没有遗嘱执行人的，继承人应当及时推选遗产管理人；继承人未推选的，由继承人共同担任遗产管理人；没有继承人或者继承人均放弃继承的，由被继承人生前住所地的民政部门或者村民委员会担任遗产管理人。"

　　根据《民法典》第 1145 条的规定，遗产管理人的产生方式有四种：第一，继承开始后，遗嘱执行人为遗产管理人。被继承人在遗嘱中指定遗嘱执行人，但未另行指定遗产管理人，应当由遗嘱执行人行使遗产管理人的职责。第二，没有遗嘱执行人的，继承人应当及时推选遗产管理人。在继承开始后，由于我国采取当然继承主义，遗产的权利应当归属于各继承人。继承人为一人的，则遗产直接转化为该继承人的个人财产，其进行的管理就是所有权人的管理。继承人为多人的，各继承人皆可为遗产管理人，但为了遗产管理更好地进行，全体继承人可以推选一人或数人作为遗产管理人，由其进行遗产的管理活动。第三，在继承人未推选遗产管理人的情况下，应由全体继承人共同担任遗产管理人，行使遗产管理人的职责。第四，没有继承人或者继承人均放弃继承的，由被继承人生前住所地的民政部门或者村民委员会担任遗产管理人。

回到本案中，吴刚未订立遗嘱确定遗嘱管理人，吴刚的儿女也都未推选遗产管理人，反而是全都放弃继承吴刚的遗产。此时，吴刚没有其他继承人，属于《民法典》第1145条规定的"没有继承人或者继承人均放弃继承"的情形，应当由吴刚生前居住地的民政部门担任遗产管理人，用吴刚生前遗留下的财产来清偿田军的债务。如果吴刚生前居住地的民政部门怠于履行遗产管理人的职责，导致田军的债权无法得到实现，则田军有权根据《民法典》第1148条的规定，请求民政部门承担赔偿责任。

可见，即使被继承人的继承人全都放弃继承，被继承人的债权人依旧能够寻求遗产管理人的帮助，以实现自己的债权。

99. 无人继承又无人受遗赠，遗产到底归谁呢？
——无人继承又无人受遗赠的遗产的处理

案例

林辉系小岗村村民，一直过着单身汉的生活，也没有兄弟姐妹。父母、祖父母、外祖父母则早早地去世了。某天晚上，村里老王家的小儿子驾驶摩托车，不小心撞到了林辉，赶忙将其送往医院，但因伤势过重，抢救无效死亡。在处理林辉后事的过程中，村组织发现，林辉名下有一套房屋，还有8万元的存款。该房屋产权证和银行存款的存单，均由林辉叔叔的儿子林翔保管。村组织要求林翔返还。林翔以自己是林辉的堂兄弟为由，认定自己享有代位继承权，拒绝返还。双方争执不下，村组织便向法院提起诉讼，请求确认林辉遗留的房屋和存款属于无主财产，收归村组织所有。

那么，林辉留下来的这份遗产是否属于无人继承又无人受遗赠的财产呢？如果是，那这笔财产又该如何处理呢？

解答

这涉及无人继承又无人受遗赠的遗产处理问题。无人继承又无人受遗赠，也叫继承人旷缺，是指在被继承人死亡后，在法定期限内没有人接受继承又没有人受领遗赠。形成无人继承又无人受遗赠的遗产的原因包括：没有法定继承人、遗嘱继承人和受遗赠人；法定继承人、遗嘱继承人放弃继承，受遗赠人放弃受遗赠；法定继承人、遗嘱继承人丧失继承权，受遗赠人丧失受遗赠权。由于无人继承又无人受遗赠所遗留的遗产，就是无人继承又无人受遗赠的遗产。《民法典》第1160条规定了无人继承又无人受遗赠的遗产的处理，即"无人继承又无人受遗赠的遗产，归国家所有，用于公益事业；死者生前是集体所有制组织成员的，归所在集体所有制组织所有"。

根据《民法典》第1160条的规定，无人继承又无人受遗赠，被继承人所遗留的财产无人承受，应当归国家所有，国家必须将其用于公益事业；如果死者生前是集体所有制组织成员的，则归所在集体所有制组织所有。

回到本案中，首先要确定的是，林辉的遗产是否属于无人继承又无人受遗赠的情形。林辉本人生前未婚，无妻儿、兄弟姐妹，父母、祖父母、外祖父母已先于其死亡。唯一与其有血缘关系的是林翔，而林翔与林辉是同源祖父的堂兄弟关系，并不属于林辉的法定继承人。这些事实充分说明，林辉死亡后，并没有法定的继承人。与此同时，林辉生前并未设立遗嘱，也未订立遗赠扶养协议，这说明林辉死亡后没有遗嘱继承人，也没有受遗赠人。因此，对于林辉所遗留的财产，应当认定属于无人继承又无人受遗赠的遗产。这笔遗产应当归其生前所在的集体所有制组织，即村组织所有。

需要注意的是，如果林辉并不是农村居民，而是城市居民，那么其遗产应当归国家所有，也就是收归国库。不过，这笔遗产应当用于教育、环保等各方面的公益事业，而不能用于行政办公经费支出。

100. 父债一定子还吗?

——遗产债务的偿还

案例

> 冯永生前一直经营着一家私人煤矿。2018年，冯永做了手术后，身体每况愈下。为了感谢女朋友林芳多年来的陪伴，冯永写下一份遗赠书，指定自己死亡后，将名下的房产赠与林芳。2019年，煤矿发生事故，多人伤亡。冯永听到这一消息后，气急攻心，病情加重。后来，因伤亡人员家属不断追讨，冯永不堪忍受，自杀。在冯永去世后的一个月内，伤亡人员的家属都来向冯永的儿子冯帆索债，要求冯帆赔偿。
>
> 那么，冯帆是否应当偿还该债务呢？

解答

这涉及遗产债务偿还的顺序问题。在一个被继承人的遗产上，既发生了法定继承，又发生了遗嘱继承、遗赠的，究竟先由哪一部分继承的遗产承担遗产债务，既涉及对不同的继承和遗赠的效力认识问题，也涉及对被继承人的债权人的债权保护问题。《民法典》第1163条对此作出了规定："既有法定继承又有遗嘱继承、遗赠的，由法定继承人清偿被继承人依法应当缴纳的税款和债务；超过法定继承遗产实际价值部分，由遗嘱继承人和受遗赠人按比例以所得遗产清偿。"

根据《民法典》第 1163 条的规定，遗产债务偿还的规则是：第一，首先由法定继承人清偿被继承人依法应当缴纳的税款和债务。这是因为，遗嘱继承和遗赠的效力优先于法定继承，在清偿遗产债务时，当然应当先用法定继承人继承的遗产部分，清偿被继承人依法应当缴纳的税款和债务。第二，被继承人依法应当缴纳的税款和债务的数额超过法定继承遗产实际价值的部分，由法定继承人继承的遗产部分清偿税款和债务仍有不足的，再由遗嘱继承人和受遗赠人按比例以所得遗产予以清偿。所谓按比例，就是遗嘱继承人和受遗赠人接受遗产的效力相同，不存在先后顺序问题，因而应当按比例以所得遗产清偿债务。这个比例，是遗嘱继承人和受遗赠人各自所得遗产的比例。需要注意的是，无论是法定继承还是遗嘱继承、遗赠，超过其所得遗产部分，不承担清偿责任。

回到本案中，冯永生前作为煤矿的老板，对外经营所负的债务，属于个人债务。在其死后，应当以其遗产清偿个人债务。可以看到的是，其遗产分为两部分。一部分是遗嘱中所涉及的房产。对于该房产，我们认为，冯永生前所立的遗嘱有效，应当按照遗嘱进行分配，即由其女朋友林芳继承他名下的一套房产。另外一部分是遗嘱中未涉及的遗产，依法应当按照法定继承来分配。目前，只有冯帆是冯永的法定继承人，应当由其继承冯永生前所经营的煤矿。那么，根据《民法典》第 1163 条的规定，冯帆作为法定继承人，首先应当清偿冯永生前的个人债务。不过，冯帆所承担的债务范围，以煤矿价值为限。如果需要赔偿的债务，超过了煤矿的价值，则应当由受遗赠人林芳以所得的房产进行清偿。

可见，父债并不一定子还。关键还是需要看自然人生前如何对遗产进行分配。而且，即使是由儿子偿还父亲的债务，也并不是全部偿还，而是以自己所继承的遗产价值为限，进行偿还。需要注意的是，《民法典》第 1124 条规定："受遗赠人应当在知道受遗赠后六十日内，作出接受或者放弃受遗赠的表示；到期没有表示的，视为放弃受遗赠。"据此，林芳作为受遗赠的一方，应当在知道冯永生前所订立的遗嘱后的 60 日内，作出是否接受遗赠的表示。如果林芳拒绝接受冯永的这笔房产，或者未及时作出接受的意思表示，应当认定林芳放弃接受该笔房产。此时，遗嘱中所涉及的这套房产应当按照法定继承来分配，即由冯帆继承。冯帆同样需要以该套房产，清偿冯永生前的个人债务。

第七编

侵权责任

101. 交通事故中受害人被前车轧伤、被后车轧死，应当怎样赔偿？
——典型分别侵权行为及责任承担

案例

> 某日 17 时左右，邵某在 324 国道从北向南骑自行车时，被朱某驾驶的一辆小型轿车撞倒在地，朱某驾车逃逸。由于当时路上车辆和行人稀少，无人发现邵某受伤倒地，因此邵某没有获得及时救助。随后，刘某驾驶一辆轻型货车由南往北行驶至事故路段，误以为前方路面上的一团黑影是丢弃物，临到跟前才发现是一个人躺在地上，刹车不及，导致车辆碾轧过邵某后才停住，邵某当场死亡。交警大队做出的"事故责任认定书"认定：肇事逃逸者朱某负第一起事故的全部责任；刘某临危措施不当，负第二起事故的全部责任；在两起事故中，邵某均不负事故责任。后因赔偿问题，死者家属起诉到法院。
>
> 本起交通事故该怎样赔偿呢？

解答

本案的责任承担比较复杂，涉及数人侵权责任承担的问题。在侵权法上，数人侵权的情形除了共同侵权之外，还存在典型分别侵权行为和叠加分别侵权行为等形态。

典型的分别侵权行为，是指两个以上行为人分别实施的侵权行为造成了同一个损害结果。《民法典》第 1172 条规定："二人以上分别实施侵权行为造成同一损害，能够确定责任大小的，各自承担相应的责任；难以确定责任大小的，平均承担责任。"根据该条规定，典型分别侵权行为人承担的是按份责任。那么如何确定侵权行为人承担责任的份额大小呢？有两个规则：一是能够确定责任大小的，各自承担相应的责任。能够确定责任大小，就是能够按照每一个人的过错程度和行为的原因力，确定应当承担的份额。例如，A户村民因用灯泡照明为鸡笼取暖，导致鸡笼失火，火势蔓延至邻居B家，恰巧邻居B家里存放了一桶汽油，导致火势更旺，难以扑救。这场火灾造成的损害责任承担的份额，可根据数个行为人对同一损害的原因力进行判断：A家照明方式不当引起鸡笼起火，负主要责任；B家存放的汽油也加重了火势，对火灾的损害亦有过错，因此可以考虑A承担70％的责任，B承担30％的责任。二是数个侵权行为人之间难以确定责任大小的，平均承担责任。如A、B两家同时起火，火势蔓延，汇同一处，导致其他邻居受损，这种情况则难以确定A、B各自承担的份额，因此应当平均承担赔偿责任。

具体到本案中，朱某将邵某撞伤，而刘某驾车碾轧导致邵某死亡，即朱某和刘某分别实施了侵权行为，两个行为相加导致了邵某死亡的后果。在这两起事故中，交警部门确定朱某和刘某分别对两起事故负全责。但是，如何确定朱某和刘某的责任份额呢？究竟是将邵某撞倒的朱某责任更大，还是将其碾轧至死的刘某责任更大呢？朱某将邵某撞倒的行为和刘某碾轧的行为，很难说谁的行为对损害结果的原因力更大，难以确定份额，所以应当平均承担责任。

如果案件条件发生变化，责任承担的结果也会不同。假设第一场事故中，朱某已经将邵某撞死，而刘某又碾轧了一次，该如何承担责任呢？是不是属于"叠加侵权"行为呢？《民法典》第1171条规定了叠加的侵权行为："二人以上分别实施侵权行为造成同一损害，每个人的侵权行为都足以造成全部损害的，行为人承担连带责任。"这里的"每个人的侵权行为都足以造成全部损害"是指每个侵权行为均构成全部损害的充足原因，即每个侵权行为都与全部损害具有相当因果关系且原因力是相同的，每一个行为都是造成损害的全部原因，每一个行为的原因力都为100％，因此形成了"100％＋100％＝100％"的情形。典型的叠加侵权的情形如：A、B二人分别向C的鱼塘里投放了足以导致鱼全部死亡的毒药，C鱼塘里的鱼全部死亡。A、B所投放的毒药对鱼的死亡都有100％的原因力，这时，A、B应当承担连带责任。具体到本案中，如果朱某已经将邵某撞死，刘某又碾轧了一次，朱某的行为造成了邵某死亡的损害结果，对损害有 100% 的原因力；而邵某已经先于刘某的碾轧死亡，刘某的行为对邵某死亡的后果没有原因力，因此不构成"叠加侵权"。此时应当由朱某对邵某的死亡负全部责任。

102. 参加足球比赛时骨折，可以请求对方球员赔偿吗？

——自甘风险

📖 案例

> 2015 年 4 月，L 市体育局按照上级相关部门的安排，确定举办该市第五届全民健身运动会，并以"L 体字【2015】1 号"文件的形式向市直各部门下发通知（即《关于举办 L 市第五届全民健身运动会的通知》），并于同年 6 月 16 日再次以"L 体字【2015】15 号"文件形式下发通知（即《关于举办中国体育彩票 L 市第五届全民健身运动会足球比赛的通知》），同时 L 市体育局制定了相应的足球比赛规程、规则和竞赛日程。2015 年 7 月 26 日，A 队和 B 队进行了比赛，A、B 两队均系民间自发组织的球队。比赛过程中，A 队队员陈某发生腓骨骨折，住院手术。陈某认为是 B 队队员郎某故意导致自己受伤。三位足球裁判认为郎某犯规，但不属恶意犯规，更不是有意伤人。陈某不认可裁判结果，请求调出场地录像。但是 L 市体育局已经删除了录像，称监控无法拍摄到比赛场地，没有提供比赛录像。2015 年 9 月陈某将郎某和 L 市体育局起诉到法院，要求赔偿。
>
> 陈某能否得到郎某和 L 市体育局的赔偿呢？

💻 解答

这涉及侵权法中的"自甘风险"原则的理解与适用。《民法典》第 1176 条规定："自愿参加具有一定风险的文体活动，因其他参加者的行为受到损害的，受害人不得请求其他参加者承担侵权责任；但是，其他参加者对损害的发生有故意或者重大过失的除外。"很多文体活动比如跳舞、打篮球、打羽毛球等，都有一定的风险，受害人能够认识到运动存在的风险，但为了荣誉、获得满足感、挑战自我等，自愿参加此类活动，就意味着受害人甘愿承担此种风险，不得追究其他参加者的侵权责任。但是，如果受害人的损害是由于其他参加者的故意或者重大过失所造成的，如足球比赛中曾经出现的"夺命飞脚"等行为，就属于故意，该参加者应当承担侵权责任。

　　足球运动因具有高强度的对抗性而具有较高的危险性，在此类剧烈运动的活动中，运动员应当具有高度的注意义务，不但应了解比赛规则，进行相应的防护，而且在比赛过程中，随时防范各方的危险。陈某作为成年人，在参加此项足球比赛时对其所存在的风险应当有所预计。本案关键在于：郎某的行为是否属于故意或重大过失？案中三位裁判初步认定郎某的犯规并非恶意犯规，陈某对此结果不认可，那么唯一可能还原比赛现场的就是照片或录像资料了。比赛场地是有录像设备的，但体育局删除了录像，无法还原现场，因此也就无法证明郎某存在故意或重大过失，因此，郎某不应当承担侵权责任。

　　那么体育局是否应当承担责任呢？在参加文体活动导致的损害中，组织者如果有故意或重大过失，构成违反安全保障义务的侵权责任，或者学校组织未成年学生参加文体活动造成未成年学生人身伤害的，应当承担赔偿责任。我国《民法典》第1198条规定了文体活动组织者的责任。根据第1198条的规定，组织者因故意或者过失，未尽到安全保障义务造成受害人损害的，应当承担赔偿责任；组织者违反安全保障义务致使第三人造成受害人损害的，承担相应的补充责任，承担责任后可以向第三人追偿。具体到本案中，作为比赛的组织方和主办方，虽然其制定了比赛规程，但还需要事先对参赛方进行提醒，比赛期间应当进行监督，以及事故发生后及时采取救护措施、查明事故发生原因，即先前提醒、事中监督、事后处理。本案中L市体育局在事件发生后没有及时查明情况，也没有通过书面或视频形式记录下来，反而删除了录像资料，存在一定的过失，对陈某的损害应当承担相应的赔偿责任。

　　对于体育竞赛中的自甘风险，已经成为一种社会共识。但是，参加者如果存在故意或重大过失的情形，还是要承担责任。具体到本案中，如果郎某故意踢踏陈某的腿部，就超出了自甘风险的范围，需要承担侵权责任。另外，活动的组织者如果是由于安保工作没有做好，导致非比赛人员 C 进入场地，C 的不当行为造成陈某骨折，则由 C 承担侵权责任，L 市体育局承担补充责任。当然，承担责任后，L 市体育局可以向 C 追偿。

103. 被吃霸王餐，店家可以扣人扣物吗？

—— 自助行为

案例

　　王某在哈尔滨市经营一家饭店。2017 年 7 月 26 日，吴某一行三人来到王某饭店用餐，点了四头南非干鲍、雪花牛肉、龙虾汤烩翅、燕窝等四样菜品，价值 1 800 元。吃饱喝足后，吴某等想要偷偷溜走，服务员发现后告知王某，王某进行了阻拦。吴某等三人称没有带钱，无法结账，等下次再来的时候一起结账。王某称与吴某三人素不相识，无法相信其能够实现承诺，因此不同意吴某的方案。吴某称，今天我必须要走，如果不允许我走，我就砸了你的店。王某指示店员报了警，同时将吴某三人带至一个房间，请吴某联系家人或朋友来送钱，吴某拒绝。20 分钟后，警察来到现场，将吴某三人带走询问，查明吴某等三人有在山东、福建吃霸王餐的经历，就在 7 月 26 日当日在另一家饭店吃饭也没有付钱。最后，吴某等三人因诈骗被警方行政拘留 10 日。2017 年 9 月 10 日，吴某等三人将王某起诉到法院，称王某非法侵害了吴某等三人的人身自由，请求赔偿。

　　王某是否应当赔偿呢？

解答

　　这涉及自助行为的问题。在权利被侵害的时候，对权利的保护方法，不外乎国家保护与自我保护两种。前者又称公力救济，即权利受到侵害时，权利人通过法定程序请求国家（经常性的、大量的是公安机关和法院）以公力予以保护；后者又称私力救济，即权利受到侵害时，权利人自己采取必要的措施以保护其权利。而权利的自我保护方法又有自卫行为与自助行为两种。自助行为即指权利人为保护自己的权利，对他人的人身自由予以拘束或对他人的财产予以扣押或毁损的行为。我国《民法典》第 1177 条规定："合法权益受到侵害，情况紧迫且不能及时获得国家机关保护，不立即采取措施将使其合法权益受到难以弥补的损害的，受害人可以在保护自己合法权益的必要范围内采取扣留侵权人的财物等合理措施；但是，应当立即请求有关国家机关处理。"

根据《民法典》第 1177 条规定，为了保护自己的合法权益，在情事紧迫而又不能获得国家机关及时救助的情况下，在保护自己合法权益的必要范围内对他人采取扣押、拘束人身自由或者扣押财物等相应措施，是为法律和社会公德所认可的行为。不过，自助行为制度虽以保障私权为己任，但同时也是私权利行使的边界，逾此边界，即进入公权力的领域。自助行为作为与正当防卫、紧急避险并称的私力救济方式，其行使条件较正当防卫、紧急避险有更严格的限制。实施自助行为需要满足一定的条件：一是行为人的合法权益受到侵害；二是情况紧迫不能及时获得国家机关救助；三是如果不立即采取措施，行为人的权益将受到难以弥补的损害；四是须采取恰当的方式，不得逾超保全请求所必要之程度。

本案中，吴某等三人想要逃单，被发现后拒不结账，谎称下次一起支付，但王某与吴某等三人素不相识，对其无法产生信任，如果任其走脱，可能无法将餐费追回。王某因时间紧迫只能拘束吴某等人的人身自由，等待警察来处理，以保留其接续实现民事权利的可能性。在拘束吴某等人的人身自由期间，王某没有实施其他超过必要限度的行为，符合自助行为的条件，因此，王某不需要对吴某等三人承担侵权责任。如果王某当时没有扣留吴某等三人，而是收押了他们身上的财物，也构成自助行为，不负侵权责任。

可见，自助行为是在公力救济不能发挥作用时才能采用的保全措施，如果条件不具备，或者自助过当，行为人则需要承担侵权责任。假设吴某与王某或店员相识，并且愿意出具欠据作为饭店日后讨债的凭证，王某仍然扣留他们，就不具备自助行为的条件。另外，实施自助行为的限度应当以造成最小的损害达到目的，不要自助过当。如新闻报道某超市怀疑一个未成年少女盗窃超市商品，将其捆绑在超市门前进行辱骂，就是明显不恰当的方式，超出了自助行为必要的限度，行为人需要承担侵权责任。本案中如果王某在扣留吴某等三人过程中对其大打出手，也会构成自助过当，需要承担侵权责任。

104. 城市居民和农村居民同一事故中身亡，死亡赔偿金标准不同吗？

——同一侵权行为造成多人死亡的死亡赔偿金

案例

> 2014年某日，韩某驾驶货车与迎面驶来的宋某驾驶的小型轿车相撞，两辆车均损坏，韩某轻伤，宋某及其车上的乘坐人王某死亡。该事故经交警部门认定，韩某负全部责任，宋某、王某没有责任。事故发生在保险期内。宋某是城市户口，在某市一家企业工作，王某是农村户口，务农。樊某是受害人王某的配偶，孙某是受害人宋某的配偶，均请求韩某承担侵权责任，要求赔偿宋某、王某同样数额的丧葬费、死亡赔偿金和精神抚慰金等损失。
>
> 王某和宋某的死亡赔偿金该如何计算呢？

解答

本案涉及同一侵权行为造成多人死亡时确定死亡赔偿金的问题。生命是无价的，死亡赔偿金的本质并不是赔偿生命的价值，而是在无法复活生命的情况下，对死者生前为扶养、抚养、赡养的人提供的生活质量的一种补偿和维持的保证。对于死亡赔偿金的计算，在《民法典》颁布实施之前，我国司法实践中一直区别受害人是城市户口还是农村户口，采取农村居民赔偿标准与城镇居民赔偿标准的差异化赔偿法。2003年《最高人民法院关于审理人身损害赔偿案件适用法律若干问题的解释》第 29 条将这个政策条文化，即死亡赔偿金按照受诉法院所在地上一年度城镇居民人均可支配收入或者农村居民人均纯收入标准，按 20 年计算。这条规定被视为"同命不同价"赔偿的根源。但是，随着案例的增加，社会对这一问题的讨论也越来越多，如 2006 年在重庆市发生一起车祸，3 名搭乘同一辆三轮车的少女不幸丧生，两个城市女孩各得到了 20 多万元赔偿，而另一位农村户口的女孩所获赔偿只有 9 万元，不及前者的一半，因而引起公众不满。

为了适当缓解死亡赔偿金的计算采取"同命不同价"标准引起的不公平，《侵权责任法》第 17 条规定在同一事故中死亡赔偿金采取统一的标准。编纂民法典过程中，《中共中央、国务院关于建立健全城乡融合发展体制机制和政策体系的意见》提出，要建立健全有利于城乡基本公共服务普惠共享的体制机制，改革人身损害赔偿制度，统一城乡居民赔偿标准。立法机关考虑到以相同数额确定死亡赔偿金可以避免原告的举证困难，使其能够及时有效地获得赔偿，节省司法资源，维护社会稳定，遂在《民法典》中保留了这一规定。《民法典》第 1180 条规定："因同一侵权行为造成多人死亡的，可以以相同数额确定死亡赔偿金。"按照这一规定，当同一侵权行为造成多人死亡时，可以依照相同的数额确定死亡赔偿金。

根据《民法典》第 1180 条规定，本案中，王某和宋某是因同一起机动车交通事故而死亡，可以统一确定死亡赔偿金。对宋某采用城镇标准来确定死亡赔偿金，按照"就高不就低"的原则，王某虽是农村户口，也可以按照城镇标准来计算其死亡赔偿金。应当说明的是，对于同一侵权行为造成多人死亡的情形，适用统一的标准来计算死亡赔偿金本身就表达了对城镇居民与农村居民生命价值的同等尊重，具有良好的社会效果。尽管立法用语是"可以"，而非"应当"，但是在具体适用过程中，仍然应当在符合条件的情形下统一计算，以充分保障农村居民的生存权益。

105. 盗用明星肖像推广产品，赔偿时按照损失还是获利来计算？
——侵害人身权益造成财产损失的计算

案例

　　黄某系著名影视演员。深圳市 G 公司系以家私的产销、国内贸易、普通货运为经营范围的有限责任公司。2015 年 10 月 22 日，G 公司在其微信公众号发表一篇题为《Wuli 老腊肉黄某逆袭记》的文章。文章中写道："在我们的印象中，黄某的正确打开方式是这样的"，文章使用著名影视演员黄某的九张照片，照片后载有文字内容："不仅人能成功逆袭，家具也能……"后附多张家具图片，文章尾部载有宣传图片，文章阅读数为 905，点赞数为 5。2015 年 12 月，黄某向法院起诉，请求判决 G 公司公开赔礼道歉并赔偿损失。G 公司认为，其使用的图片来源于网络，不属于侵犯黄某之肖像权，图片的使用也未导致黄某名誉受损，而且，文章阅读数很少，没有因此而获利，不同意赔偿。

　　那么，黄某的损失应当如何来计算呢？

解答

　　本案涉及侵害人身权益造成财产损害的计算方式。

　　人身权益包括身份权益和人格权益。身份权益，如配偶权、亲权、亲属权等，以及物质性人格权益，如身体权、健康权、生命权等，不具有商业化的利用价值，侵犯该类人格权益时，侵权人难以从侵权行为中获利。而姓名权、肖像权、名誉权等精神性人格权益，则具有商业化的利用价值，侵犯该类人格权益时，侵权人往往能够从中获得经济利益。《民法典》第 993 条规定了人格利益的许可使用，即民事主体可以许可他人使用姓名、名称、肖像等，但是依照法律规定或者根据其性质不得许可的除外。人的精神性人格利益，应用在商品社会，可以产生财产利益，而这些利益应当归属于权利人本人。他人未经权利人同意而使用权利人的姓名、名称、肖像、声音、个人信息等，就侵害了权利人的人格权，使权利人本人的人格利益包括财产利益受到损害，行为人应当承担赔偿责任。

关于人格权益被侵害之后如何计算，《民法典》第1182条作了规定："侵害他人人身权益造成财产损失的，按照被侵权人因此受到的损失或者侵权人因此获得的利益赔偿；被侵权人因此受到的损失以及侵权人因此获得的利益难以确定，被侵权人和侵权人就赔偿数额协商不一致，向人民法院提起诉讼的，由人民法院根据实际情况确定赔偿数额。"未经权利人允许，使用他人姓名、肖像等信息，造成财产利益损失的赔偿方法是：第一，被侵权人因此受到实际财产损失的，侵权人按照被侵权人实际受到的损失或者侵权人因此获得的利益，承担赔偿责任，选择权在被侵权人。第二，被侵权人因此受到的损失以及侵权人因此获得的利益难以确定的，被侵权人和侵权人可就赔偿数额进行协商，按照协商一致的方法确定赔偿责任。第三，被侵权人和侵权人就赔偿数额协商不一致，向人民法院提起诉讼的，由人民法院根据实际情况确定赔偿数额。

本案中，黄某是著名的影视演员，其姓名、肖像等人格权具有商业化的利用价值。G公司使用黄某的照片进行宣传推广的行为侵害了黄某的肖像权，应当赔礼道歉、赔偿损失。关于财产损失赔偿额的确定方法，黄某有两种赔偿方案可以选择：一是请求G公司赔偿自己的损失；二是按照G公司使用黄某姓名、肖像进行经营所获得的利益来赔偿。本案中G公司使用黄某姓名、肖像的公众号推文阅读量较小，意味着影响较小，因此而获得的利益也较小。所以，从被侵权人的立场来看，黄某可以按照自己姓名、肖像中所包含的经济价值来判断自己的损失，比如以黄某正常代言产品的费用，来计算经济上的损失，请求G公司赔偿自己的损失。相反，如果G公司使用黄某姓名、肖像获得了巨大利益，黄某则可以选择按照G公司获得的利益进行赔偿。

尽管黄某的肖像有着较高的商业价值，一般情况下应当经过黄某许可才可以使用其肖像，但是，如果是《民法典》第1020条规定的合理使用的情形，如为个人学习、艺术欣赏、课堂教学或者科学研究，在必要的范围内就可以使用其肖像，使用人不需要承担赔偿责任；再如，为新闻报道使用、国家机关履行职责使用、为展示特定公共环境，以及为维护公共利益或黄某本人的合法权益等制作和使用肖像的，也不需要承担侵权责任。

106. 母亲亲眼看见儿子被撞身亡，能要求赔偿精神损害吗？

——精神损害赔偿

案例

2019 年 4 月的一天，郭某带着 5 岁的孩子吴某去书店买书回来，在一个十字路口绿灯时，两人走人行通道过街，丁某驾驶一辆小型轿车闯红灯超速通过，直接将 5 岁的吴某撞倒，当场身亡，走在孩子后面的郭某亲眼看见了孩子被撞死亡的全过程。交警的交通事故责任认定报告认定书显示，丁某对这起交通事故负全部责任。郭某因为亲眼看见孩子被撞死的全过程，精神上受到极大的打击，医院出具诊断证明，写明郭某因精神重创而罹患重度抑郁。2019 年 10 月，郭某提起刑事附带民事诉讼，要求丁某赔偿死亡赔偿金和精神抚慰金之外，另外要求就因受到惊吓、伤心过度而造成的精神损失进行赔偿。

除死亡赔偿金和精神抚慰金外，郭某能否获得因受惊吓导致的精神损害赔偿？

解答

本案是关于震惊侵权精神损害赔偿的问题。震惊损害，又称休克损害、惊吓损害、情绪悲痛等。一般认为，震惊损害指的是损害事故发生当时或者发生后，被害者以外的第三人，因当时目睹或因嗣后耳闻损害事故发生的事实，受到刺激而导致心神崩溃或致休克等情形所遭受的损害。我国没有独立的法律条文规定震惊侵权精神损害赔偿的问题，但是在《民法典》第 1183 条作了关于精神损害赔偿的规定："侵害自然人人身权益造成严重精神损害的，被侵权人有权请求精神损害赔偿。因故意或者重大过失侵害自然人具有人身意义的特定物造成严重精神损害的，被侵权人有权请求精神损害赔偿。"其中第 1 款汲取了以往民事法律和司法实践的有益经验，规定侵害人身权益以及特定财产权益时自然人的精神损害赔偿请求权，在没有单独规定震惊损害赔偿的情况下，可以对此条款进行解释，以涵盖震惊精神损害赔偿的问题。

　　因目睹近亲属重大伤亡而导致的震惊损害，是独立的一个侵权责任类型。震惊损害赔偿责任的构成要件有：第一，行为人须实施严重侵害他人人身权益的违法行为。震惊损害一般来源于极端的、恶劣的事件；其实施对象是直接受害人，而非受震惊损害人，如行为人故意杀害母亲，儿子目睹了这一过程，儿子就是震惊受害人。故震惊损害案件中，行为人的违法行为针对的是直接受害人，而非间接受害人，震惊损害是间接损害，而非直接损害。第二，行为人须造成震惊受害人严重精神损害。为了保证精神损害的真实性，受震惊损害人应当出具医学上的证明。第三，严重侵害他人人身权益与第三人遭受严重精神损害之间具有因果关系，即受惊吓产生的损害源于受害人遭受伤害这一事实。第四，行为人有故意或重大过失。这里的故意或重大过失是指行为人对于震惊受害人遭受震惊损害的故意或重大过失。故意的标准应当较高，要求行为人实施违法行为时知悉他人在场，并且知悉在场他人的身份。重大过失要求行为人应当知悉他人在场及他人身份，但是极端疏忽或轻信，导致震惊发生。第五，受惊吓者需实时实地感知人身伤害事故且是人身伤害受害者的近亲属。受惊吓人须为人身伤亡事故受害者的近亲属，如目睹工友发生车祸而导致精神失常的案例，当事人就没有获得震惊精神损害赔偿的权利。实时实地不应做扩大解释，如在母亲车祸受伤住院、不治而亡后，儿子提起震惊损害赔偿请求，就不应认定为实时实地。"感知"不限于目睹，也包括亲耳听到。

　　具体到本案中，丁某驾车闯红灯将吴某撞死，属于极端恶劣的事件，丁某的行为侵害了吴某的生命权，吴某是直接受害人。郭某因目睹了吴某被撞死的全过程，精神上遭受重创，郭某出具的其精神和心理受到重创的医学证明，就可以证明郭某受到了严重精神损害。按照相当因果关系理论，目睹亲生子女意外死亡，足以导致母亲产生极大的精神痛苦，法律上就具备了因果关系。本案的最大争议在于，丁某对郭某所遭受目睹儿子死亡的震惊损害是否具有故意或重大过失。作为司机，应当看到在人行道上行走的行人，当一个成年人带领一个未成年人的时候，也应当能预见到这个成年人与未成年人是至亲的关系，丁某对此极端疏忽，因此可以认为具有重大过失。总之，丁某将吴某撞死，导致郭某的心理和精神遭受重创，符合震惊损害赔偿的构成要件，丁某应当进行赔偿。

本案的重要问题在于，依据《民法典》第1181条和司法解释，郭某可以获得精神抚慰金，在抚慰金之外，郭某可以再获得一份震惊损害赔偿吗？我们持肯定意见。因为，抚慰金是对失去亲人的近亲属的一种精神损害赔偿，而震惊是除失去亲人之外遭受的额外损害，并非所有的近亲属都会获得震惊损害赔偿，只有实时实地感知到亲人的人身权益受到严重损害的近亲属，才有震惊损害赔偿请求权。震惊损害是一种独立于失去亲人的精神损害的、较失去亲人又增加的一份损害，应当另行予以赔偿。

当然，如果郭某对吴某监护不力，致使孩子走脱，独自跑到人行通道上，被丁某撞伤而亡，其自身存在过错，则应当消减部分震惊损害赔偿金。

107. 电梯劝阻吸烟，被劝老人猝死，劝阻人要赔偿吗？
——公平分担损失规则

案例

何某是一位医生，家住河南郑州的某小区。一天，何某乘坐小区电梯，在轿箱里遇到一位正在吸烟的老人，何某觉得电梯是一个封闭的环境，在电梯里吸烟一方面不文明，另一方面对别人和老人自己的健康都不利，于是何某开始劝说老人不要在电梯吸烟。何医生好言相劝，用语文明，并没有过激的言论，但是老人觉得何某没有权力管他，情绪变得很激动，对着何某大吵，突然心脏病发作，当场死亡。老人家属将何某起诉到法院，要求赔偿40万元。

何某是否应该对老人的去世承担责任呢？

解答

　　本案是关于公平分担损失问题。公平分担损失规则，也叫公平责任、衡平责任，是指加害人和行为人都没有过错，在损害已经发生的情况下，以公平作为标准，根据实际情况和可能，由双方当事人公平地分担损失的侵权责任形态。《民法典》第1186条规定："受害人和行为人对损害的发生都没有过错的，依照法律的规定由双方分担损失。"公平责任是符合社会利益和广大人民群众的意志和愿望的，它既能有效地保护当事人的合法利益，又能及时地解决侵权损害赔偿纠纷，防止事态扩大和矛盾激化，促进安定团结。但是，公平分担损失是有条件限制的，它是基于人与人之间的共同生活规则的需要，在适用过错责任与无过错责任原则之外，由法官根据公平的要求，按照法律规定，斟酌双方的财产状况和其他情况，确定合情合理的责任分担。

　　根据《民法典》第1186条规定，行为人造成了受害人的损害，但是行为人和受害人都没有过错的情况下，还必须按照法律的特别规定，才可以适用公平分担损失规则。如《民法典》第1188条第1款规定的监护人责任、第1190条第1款规定的暂时丧失意识能力损害责任和第1254条规定的高空抛物责任，都是法律明文规定可以公平分担损失的规范。

　　主观过错、侵权行为、损害结果、侵权行为与损害结果具有因果关系，是构成侵权的四个要件。本案中老人是因为心脏病突发而猝死的，老人的家属称老人之所以情绪如此激动，是因为何医生不尊重他，觉得受到了侮辱。何医生对老人的死亡是否存在过错，何医生的劝阻行为与老人的死亡是否具有因果关系，是本案争议的焦点问题。本案中何医生不知道老人患有心脏病，而且《郑州市公共场所禁止吸烟条例》第10条规定："公民有权制止在禁止吸烟的公共场所的吸烟者吸烟"，而且，何医生没有过激的语言和行为，没有超过劝阻的限度，因此，何医生的劝阻对老人的死亡没有过错。至于因果关系，何医生对老人的劝阻，不足以导致老人死亡，老人猝死的结果是何医生难以预料且更加不期望发生的，因此不成立法律上的因果关系。在这种情形下，何医生的行为不构成侵权，不应当承担赔偿责任。

老人的家属痛失亲人的心情可以理解，但是从法律评价的角度，何医生和老人都没有过错。在《民法典》实施以前，双方没有过错的类似案例，法院会根据实际情况依照"公平分担损失规则"让双方分担损失。《民法典》实施后，"公平分担损失"这一规则改为"依照法律的规定由双方分担损失"，即须有明确法律规定才能适用公平分担损失规则。这意味着立法认为公平分担损失规则不能滥用，原则上行为人因为对损害有过错才承担侵权责任，滥用公平分担损失原则一方面会混淆是非观念，另一方面容易形成道德绑架。本案的情况不属于法律规定的"公平分担损失"情形，因此，何医生不需要再为老人的损害分担损失。

108. 朋友帮忙带孩子，孩子伤人谁来赔？

——委托监护的责任承担

📖 案例

　　孙某与齐某为相识多年的朋友。2018 年 8 月 1 日，齐某因事外出七天，家中无人照顾孩子，于是将 6 岁的儿子齐甲委托给孙某照看。齐甲喜欢与小朋友一起玩，比较好动。8 月 3 日，孙某带着齐甲到社区健身器材区玩耍，正好遇到邻居家同龄小朋友肖某和肖某的爸爸也在。在齐甲与肖某在健身器材区玩耍的过程中，孙某与肖某的爸爸在相距 100 米的篮球场打篮球。两个小朋友在玩耍中发生了争执，齐甲用树枝将肖某的眼睛刺伤。肖某的爸爸找孙某赔偿，孙某认为，孩子是齐某的，要赔也应该是齐某来赔。而齐某认为，已将孩子委托给孙某，孙某就有了照管的义务，应该由孙某赔偿。三人没有达成协议，肖某将孙某和齐某起诉到法院，要求他们二人承担连带责任。

　　那么，究竟谁应该赔偿肖某的损伤呢？

💻 解答

　　本案涉及委托监护责任的问题。委托监护责任，是指无民事行为能力人或者限制民事行为能力人造成他人损害，监护人将监护职责委托他人的，监护权人与受托人分担责任的特殊侵权责任。《民法典》第 1189 条规定："无民事行为能力人、限制民事行为能力人造成他人损害，监护人将监护职责委托给他人的，监护人应当承担侵权责任；受托人有过错的，承担相应的责任。"根据这条规定，委托监护责任的主体有两个：一是监护人，二是受托人，监护人并未因其将委托监护职责委托给受托人而免除自己的责任，仍然是侵权责任人。两个责任主体承担的责任是单向连带责任，即混合责任，监护人承担的是对全部损害的连带责任，只要被侵权人主张其承担全部责任，监护人就须承担全部赔偿责任。能够证明受托人存在未尽监护职责的过失的，受托人应当在其过失造成损失的范围内承担相应的按份责任，不承担连带责任，被侵权人不能向其主张承担全部赔偿责任。

具体到本案中，齐某将 6 岁的孩子齐甲委托给朋友孙某照顾，将监护职责委托给了孙某，但是齐某的监护责任并不因此而转移或减轻，仍然应对肖某的损害承担侵权责任。而孙某作为受托人，对齐甲负有教育、管理和保护的义务，但是当孙某带孩子在社区玩耍的时候，孙某与肖某的爸爸没有在旁边看护两个孩子，孙某和肖某的监护人都存在一定的过错。总之，在这个案件中，由于肖某的监护人也存在一定过错，需要承担相应的责任，剩余部分的赔偿，孙某和齐某作为责任主体，承担单向连带责任，即混合责任，齐某承担对全部损害的连带责任，只要肖某主张其承担剩余全部责任，齐某就必须承担；委托监护的受托人孙某仅承担相应的按份责任，而不对全部损害承担赔偿责任。换言之，委托监护的受托人孙某并不与监护人齐某承担连带责任，肖某不能向其主张承担剩余的全部赔偿责任。

生活中常常有在学校等教育机构中发生伤人事件的新闻，很多家长会认为既然孩子交给了学校，在学校期间发生的一切问题就都应当由学校负责任。这种理解是不正确的。本案中，假如齐某将齐甲送到私立的寄宿学校，发生打伤人的事件，学校应不应当承担责任呢？齐某与学校之间并不是《民法典》第1189 条规定的委托监护的关系，学校也不是受托人，学校一方面基于教育服务合同而产生了履行教育职责的责任，另一方面有为学生提供安全保障的责任。

按照学生民事行为能力的不同，《民法典》第1199条和第1200条规定了教育机构的不同责任，第1199条规定：无民事行为能力人在教育机构受到人身损害的，教育机构承担侵权责任，能证明尽到教育、管理职责的，不承担侵权责任；第1200条规定：限制民事行为能力人在教育机构受到人身损害，在教育机构未尽到教育、管理职责的情况下，承担侵权责任。具体到本案中，齐甲6岁，属于无民事行为能力人，如果在学校期间将他人打伤，监护人和学校都应当承担责任，如果能够证明学校已经尽到教育职责，而孙某不听从管教的，学校不承担责任。

可见，监护人不论是将未成年人委托他人或托管机构代为照管，还是将孩子送到学校，其监护责任并未减轻，仍然要承担相应的风险。因此，一方面监护人为被监护人选择托管人或托管机构时，应注意对托管人的品格、能力、责任心进行考察，对托管机构的经营条件、人员配备、管理经验等予以合理而适当的审查，平时也要尽可能地加强对未成年人的教育、沟通和照顾，而不能将监护、照管、保护未成年人职责完全转嫁他人。

109. 外卖小哥送餐时撞伤他人，外卖平台公司是否承担责任？

——用人单位责任

案例

王某刚驾驶货车行驶至孟家村路口时，与尹某林驾驶的小摩托相刮，货车与江边护栏相撞冲入江中，造成货车车体损坏。王某刚、尹某林承担本起道路交通事故同等责任。事故发生于午间送餐时间，尹某林为某外卖平台的外卖小哥，正驾驶着自己的小摩托，装载着某餐厅的食品给客户送餐。对于外卖小哥尹某林应承担的道路交通侵权责任，外卖平台认为不应由自己承担责任，认为其与外卖小哥之间不存在劳动关系，所以不应承担责任。王某刚与尹某林就责任承担问题诉至法院，外卖小哥尹某林要求追加外卖平台承担责任。

外卖平台是否应对尹某林的道路交通事故承担责任呢？

解答

要回答这一问题，应首先确认外卖小哥尹某林与外卖平台之间是否存在劳动关系，如果存在劳动关系，外卖平台应承担用人单位责任。用人单位责任，是指用人单位因单位工作人员基于执行工作任务而造成他人损失的，由用人单位承担责任。用人单位承担的是替代责任，替代责任是一种适用无过错责任归责原则的侵权责任形态，因此在无法律明确规定的前提下，不应适用替代责任，更不宜对替代责任承担的条件及范围作扩大解释。根据《民法典》第1191条的规定，用人单位承担替代责任的前提是工作人员因执行工作任务而造成他人损害。本案中，外卖小哥在送餐途中与他人发生道路交通安全事故，并承担一定的责任，外卖平台是否应为外卖小哥的过错承担责任，取决于外卖平台与外卖小哥之间是何种法律关系。

判断外卖小哥与外卖平台是何种法律关系，首先应根据《关于确立劳动关系有关事项的通知》(劳社部发〔2005〕12号)来判断二者之间是否是劳动关系，用人单位招用劳动者未订立书面劳动合同，但同时具备下列情形的，劳动关系成立：(1)用人单位和劳动者符合法律、法规规定的主体资格；(2)用人单位依法制定的各项劳动规章制度适用于劳动者，劳动者受用人单位的劳动管理，从事用人单位安排的有报酬的劳动；(3)劳动者提供的劳动是用人单位业务的组成部分。互联网时代出现了新型的劳动方式，即非传统性的劳动关系。出现"网络平台＋个人＋客户的劳务需求"这种新型模式。网络平台收集信息和提供信息，有时也提供生产工具。劳动者利用网络平台这个服务性软件得到平台发布的信息，之后运用自己的劳动力和自己的工具(或平台提供的工具)为客户服务，之后产生相应的收入。网络平台与个人之间是紧密相连的，网络平台的主要业务是这样的：收集信息、发布信息、个人得到信息、个人为客户服务、收取收入、与个人结算收入、用户评价、反馈给个人、奖罚个人。在这个系统中：平台处于主导地位，发挥着管理的作用：一是对个人有着指挥的作用：比如向个人发布信息、限定在某个时间内完成服务。限定某个时间内反馈相关信息；二是对个人有考核的要求，如要求按平台的服务标准来操作、对完成不合格的个人要进行处罚、做得好的个人得到奖励等；三是管理方面的要求，如要接受平台的培训课程、穿上平台提供的工作服、工作帽、工作时要佩戴工作证。根据《关于确立劳动关系有关事项的通知》的三条标准来衡量：双方主体资格合法、接受用人单位的管理、工作是用人单位业务中的一部分。新型的用工关系还是符合劳动关系的基本特征的。外卖小哥的送餐行为属于执行外卖平台工作任务的职务行为，职务行为造成他人损害的，应由外卖平台而非外卖小哥承担赔偿责任。当然，如果外卖小哥对于损害的发生存在故意或者重大过失，外卖平台承担责任后可以向外卖小哥追偿。

需要说明的是，如果外卖小哥与外卖平台之间不存在从属关系，外卖小哥为多个外卖平台提供送餐劳务，这种情况下，认定二者之间是否存在劳动关系，应当根据具体情况审慎认定。

110. 保姆被车撞了，雇主要承担赔偿责任吗？

——雇主责任

📖 案例

苏某雄、苏某明分别系高某秀的子女，张某新系叶某香的子女。2019年9月10日8时10分许，案外人黄某驾驶无牌电动三轮车在途经某号门前路段时，碰撞道路右侧行人高某秀，造成高某秀死亡的道路交通事故。2019年9月30日，某市公安局交警大队作出道路交通事故认定书，认定黄某承担本次事故的全部责任。事故发生后，张某新出具证明一份，载明："高某秀2019年7月22日至2019年9月10日在张某新家任职保姆，月工资2000元整"。事故发生后，张某新通过其微信以转账的方式向苏某明支付了高某秀的工资3200元。2019年7月6日至23日，叶某香曾在某市中西医结合医院住院治疗，其出院记录记载：叶某香年龄78岁，中医诊断眩晕—肝阳上亢证，西医诊断高血压病3级（极高危），帕金森综合征，脑梗塞，脑动脉硬化，颈椎病。高某秀在叶某香住院期间及叶某香家中从事保姆工作，主要工作内容为做饭、照顾叶某香。因此，苏某雄等人要求张某新赔偿苏某雄等人死亡赔偿金、丧葬费、处理事故人员误工费、交通费等各项经济损失合计 633 308 元。张某新则认为高某秀并非在提供劳务时受害，其不应为高某秀的死亡承担责任。

张某新是否应为高某秀的死亡承担责任？本案有关提供劳务一方受害，雇主是否应承担责任？

解答

民法上涉及劳务之提供与接受的合同类型有很多，依其内容可大致分为三类：一是单纯劳务提供型合同，如雇佣合同；二是事务处理型合同，如委托合同、居间合同、行纪合同、仓储合同等；三是完成工作型合同，如承揽合同、旅游合同、运输合同、出版合同等。只有单纯劳务提供型合同形成的法律关系才是《民法典》第 1192 条第 1 款第 1 句规定的"个人之间形成劳务关系"。劳务关系表现在双方当事人之间是否存在身份上的支配与从属关系，支配关系表现在劳动内容、劳动时间、劳动地点、劳动方式等的确定上，从属关系表现在提供劳务的一方要受接受劳务一方的管理。

本案中，在交通事故发生后，张某新曾向苏某雄等人出具证明，明确写明高某秀系在其家中任职保姆，而张某新亦以微信转账方式向苏某明支付了高某秀的保姆工资 3 200 元。本案中系张某新与高某秀形成劳务关系具有高度可能性，苏某雄等人主张高某秀是在从事雇主指派的劳务活动期间受到第三人侵害而死亡，故要求接受劳务一方的张某新承担赔偿责任。但从本案查明的事实体现，高某秀从事的劳务活动系为叶某香做饭，并照顾她，基于此其从事劳务活动范围应在叶某香的居所，或以照顾叶某香为活动前提，而本案所涉交通事故发生地并不在叶某香居所，发生交通事故时叶某香亦未在现场。同时，无证据证明高某秀出现在交通事故现场系受叶某香、张某新指派从事劳务活动，或其行为表现为履行职务或与履行职务有内在联系。《民法典》第 1192 条规定，个人之间形成劳务关系，提供劳务一方因劳务造成他人损害的，由接受劳务一方承担侵权责任。接受劳务一方承担侵权责任后，可以向有故意或者重大过失的提供劳务一方追偿。提供劳务一方因劳务受到损害的，根据双方各自的过错承担相应的责任。提供劳务期间，因第三人的行为造成提供劳务一方损害的，提供劳务一方有权请求第三人承担侵权责任，也有权请求接受劳务一方给予补偿。接受劳务一方补偿后，可以向第三人追偿。高某秀发生交通事故时并不能认定其系在提供劳务期间，接受劳务一方的张某新不应为高某秀承担交通事故赔偿责任。

111. 维修产品时修理人受伤，谁担责？

——定作人责任

📚 案例

王某俊主营电动门安装维修。在为肯瑞公司修理电动门的过程中，由于未系安全绳，王某俊在进入检修口时不慎跌下致左腿骨折。王某俊认为，根据双方以往先修理后付费的交易习惯，认定双方之间属承揽关系，肯瑞公司未选择有资质的单位，而选择个人修理，且在检修口侧天花板存在质量问题的情况下，未向王某俊作出告知提醒，仍让其进入修理，应承担指示、选任过失责任。肯瑞公司认为，王某俊作为长期从事维修工作的相对专业的人员，在高空作业中对于可能存在的安全隐患未尽充分的检查和注意义务，也未积极采取措施确保人身安全，应对损害后果承担相应的责任。

肯瑞公司应否对王某俊的损害承担责任呢？

💻 解答

本案的争议焦点之一即为原、被告双方当事人之间究竟是义务帮工关系还是加工承揽关系。义务帮工与加工、承揽的区别主要在于：前者是无偿的，是助人为乐行为；后者是有偿的，是一方按照另一方的要求完成一定的工作并交付成果，另一方接受该成果并给付报酬的合同，是一种商业行为。本案中，王某俊系专职从事电动门修理工作的人员，以通过为他人修理电动门而收取修理费为目的，双方系典型的承揽关系。根据一般交易习惯，认定原、被告之间构成加工承揽关系，即认定原告的行为蕴含经济目的，而且其修理行为是应当提供修理成果的。因此，本案确定为承揽关系更符合当事人之间的实际情况。根据《民法典》第1193条的规定，承揽人在完成工作过程中对第三人造成损害或者造成自身损害的，定作人不承担侵权责任。但是，定作人对定作、指示或者选任有过错的，应当承担相应的责任。

由于承揽人在接受定作之后独立进行定作、加工，尽管是按照定作人的指示进行，但是应当独立负责。承揽人在完成承揽任务过程中，造成第三人损害或者自己损害的，定作人不承担赔偿责任，由承揽人承担责任，或者负担自己的损失。这是一般性规则。如果定作人对于定作、指示有过失，或者对承揽人的选任有过失，则定作人承担相应的赔偿责任。

定作过失，是定作人确定的定作任务本身就存在过失，这种定作有可能造成他人损害或者定作人的损害时未告知其注意事项。指示过失，是定作人下达的定作任务没有问题，但指示承揽人的定作方法存在过失，例如不应该采用危险方法进行加工，却作出这样的错误指示。这两种过失，都构成定作人定作、指示过失责任中所要求的过失。选任过失，则是指定作人选任承揽人有过失，例如承揽人没有承担特种加工活动的资质而予以选任。

本案中，肯瑞公司在检修口存在质量问题的情况下，将电动门交由王某俊修理，未向王某俊作出告知提醒，存在定作、指示过失，应承担相应的侵权责任。但王某俊作为专业修理人员，应当知道高空作业的危险性而未注意修理安全，这是发生损害事故的直接原因，较肯瑞公司的定作、指示过失更为严重，故确定由肯瑞公司承担次要责任、由王某俊承担主要责任是合理的。

112. 在微博上被他人恶意诽谤，可以要求平台删除相关信息吗？

——网络服务提供者责任

案例

　　某浪博客某博主发表涉及王某不实信息的文章，王某先后向某浪公司和某度公司发出律师函要求采取必要措施，某浪公司没有及时采取删除等必要措施，某度公司在某度网站首页、"某度知道"首页、"某度百科"首页公示了权利人的投诉渠道和投诉步骤，设置了投诉链接及权利声明，明确提示网络用户的注意义务，并对涉及不实信息的文章采取了断开链接、删除等措施。王某还要求两公司提供涉嫌侵权博主的个人信息。

　　某浪微博平台是否有义务删除针对王某的不实信息？

解答

　　这涉及王某是否通知以及通知的合法性。

　　《民法典》第 1195 条规定，网络用户利用网络服务实施侵权行为的，权利人有权通知网络服务提供者采取删除、屏蔽、断开链接等必要措施。通知应当包括构成侵权的初步证据及权利人的真实身份信息。网络服务提供者接到通知后，应当及时将该通知转送相关网络用户，并根据构成侵权的初步证据和服务类型采取必要措施；未及时采取必要措施的，对损害的扩大部分与该网络用户承担连带责任。权利人因错误通知造成网络用户或者网络服务提供者损害的，应当承担侵权责任。法律另有规定的，依照其规定。

　　网络服务提供者接到通知后，即有删除不实信息的义务，由此也能免除自身的责任，犹如遇到风浪的船舶驶入安全港，《民法典》第 1195 条第 2 款 "通知与移除规则" 即是安全港规则的适用。网络侵权责任避风港规则中的通知规则的具体内容如下。

第一，权利人的通知权：网络用户利用他人的网络服务实施侵权行为的，原则上网络服务提供者不承担责任，因为其无法承担海量信息的审查义务。解决这种侵权纠纷的方法是"通知—取下"规则，即避风港原则中的通知规则：认为自己权益受到损害的权利人，有权通知网络服务提供者，对网络用户在该网站上发布的信息采取删除、屏蔽、断开链接等必要措施，消除侵权信息及其影响。这就是权利人的通知权。

第二，通知的主要内容：行使通知权时通知应当包括构成侵权的初步证据及权利人的真实身份信息。没有这些必要内容的，通知无效。

第三，网络服务提供者的义务：网络服务提供者接到权利人的通知后，应当实施两种行为：一是及时将该通知转送相关网络用户；二是对侵权信息根据构成侵权的初步证据和服务类型等实际情况需要，及时采取删除、屏蔽或者断开链接等必要措施。网络服务提供者履行了上述两项义务的，就进入"避风港"，不承担侵权责任。

第四，网络服务提供者违反义务的责任：网络服务提供者未及时采取必要措施的，构成侵权，要对损害的扩大部分与该网络用户承担部分连带责任，即网络服务提供者只对扩大的损害部分承担连带责任。

第五，对错误行使通知权的所谓权利人进行惩罚的措施：因权利人错误行使通知权进行通知，依照该通知采取的必要措施造成了网络用户或者网络服务提供者损害的，错误通知的权利人应当对网络用户和网络服务提供者的损害承担侵权赔偿责任。

通知与移除规则的建立有利于维护网络服务提供者的合理自由。只有在被侵权人通知网络服务提供者，要求其采取删除、屏蔽、断开链接等必要措施，而网络服务提供者接到该通知后置若罔闻，未及时采取必要措施的，才需要就被侵权人损害扩大的部分与从事侵权行为的网络用户承担连带责任。

在本案中，王某在微博上被他人恶意诽谤，可以要求某浪微博平台删除，某浪公司未能举证证明接到王某通知后采取了必要措施，应承担侵权责任。

某度公司则在接到王某通知后及时采取了断开链接、删除等措施，已尽到了法定的事前提示和提供有效投诉渠道的事后监督义务，不承担侵权责任。王某要求某浪公司提供博主的 IP 地址和全部注册信息，包括但不限于姓名、地址、联系方式等资料，由于涉案博客的内容涉及了王某的人格权益，王某有权知晓该网络用户的个人信息以便主张权利，某浪公司应当在网络技术力所能及的范围内，向王某披露上述博主的网络用户信息，以维护王某保护自身合法权益的信息知情权。

113. 车辆被厂家召回，检测费、运输费谁出？

——产品召回制度

案例

> 伤者李某在新泰公司处购买轿车一辆，车辆登记在李某的配偶王某名下。李某饮酒后驾驶该小型轿车沿某县人民路由北向南行驶至沣京路十字路口处时，操作不当，车辆与广告牌发生碰撞，安全气囊未打开，李某受伤。经鉴定，在本次事故中该车正面气囊具备了打开的条件，然而该车正面气囊没有打开，说明系统工作不正常，但无法确定是否存在缺陷。汽车公司未能举证证明其已通知王某召回车辆。李某现除要求汽车公司承担部分的赔偿责任外，还要求其承担召回汽车的全部费用。
>
> 李某可否要求汽车公司承担召回汽车而产生的全部费用呢？

解答

《民法典》第 1206 条规定了生产者、销售者针对投入流通后发现存在缺陷的产品的停止销售、警示、召回等补救义务。产品责任中的缺陷，包括设计缺陷、制造缺陷、警示说明缺陷和跟踪观察缺陷。本条对跟踪观察缺陷的产品责任作出了规定。

构成跟踪观察缺陷产品责任的要件是：第一，产品在流通前，根据现有科学技术无法发现其是否有缺陷，符合发展风险的要求，可以投入流通。第二，产品投入流通后发现其存在缺陷，生产者、销售者负有停止销售、警示、召回等补救义务。第三，生产者、销售者未及时采取补救措施，或者补救措施不力。第四，该产品由于生产者、销售者未采取补救措施或者采取的补救措施不力，而造成了被侵权人损害的扩大。

关于跟踪观察缺陷产品责任的赔偿规则为：第一，增加停止销售的补救方式。产品投入流通后发现产品存在缺陷的，对生产者、销售者的要求，原来规定的只是警示和召回，没有规定其他补救措施。本条增加规定了停止销售是补救措施之一，并且放在警示、召回之前，更强调了停止销售的重要性。第二，明确赔偿责任的范围。未及时采取补救措施或者补救措施不力造成损害扩大的，对扩大的损害也应当承担侵权责任。本条规定实际上是将发展风险抗辩与跟踪观察缺陷产品责任作了适当区分。发展风险规则是产品责任的免责事由，即《产品质量法》第41条第2款第3项关于"将产品投入流通时的科学技术水平尚不能发现缺陷的存在"的规定。符合这种要求的投入流通的产品发现缺陷已经造成了损害的，可以免责；在发现了缺陷后，生产者、销售者就负有停止销售、警示、召回义务，避免继续造成损害。未尽停止销售、警示、召回义务，从又造成损害这个意义上说，就是扩大的损害。根据本条规定，跟踪观察缺陷出现之前造成的损害是免责的，在缺陷发现后未尽警示、召回义务造成损害的，是本条规定的跟踪观察缺陷产品责任。第三，本条明确了召回时由生产者、销售者来承担必要费用。其中，必要费用主要指的是燃油费、过路费等。这减少了消费者的经济负担与心理负担，将激励消费者在生产者、销售者采取召回措施时积极配合。

本案中，车辆投入流通后发现存在缺陷，汽车公司应当及时采取停止销售、警示、召回等补救措施。召回，是指通过采取撤回、退货、更换、修理、销毁等方式，以预防、控制和消除产品的缺陷，避免因该缺陷给他人造成损害。也就是说，产品召回制度通过召回本身防止损害的发生与扩大，并不以现实损害为前提。以2004年10月1日《缺陷汽车产品召回管理规定》正式实施为标志，至今我国的召回制度已经实施十多年。根据《民法典》第1206条第1款的规定，生产者、销售者在产品投入流通后，发现了产品的缺陷，如果拒不采取补救措施或者采取补救措施不及时或者采取补救措施不力，造成损害的，应当承担侵权责任。李某驾驶存在产品缺陷的涉案汽车，在发生严重的交通事故后，因安全气囊未打开，造成驾驶人李某受伤的损害后果。车辆生产者或销售者在发现车辆安全气囊存在产品缺陷时，应当向消费者及时采取积极有效的补救措施，以防止损害发生。汽车公司作为缺陷产品的生产者，负有对涉案车辆采取及时、有效的补救措施的积极作为义务，未尽该义务则应承担侵权责任。伤者李某饮酒驾车、操作不当是造成其受伤的主要因素，事故车辆在撞击时正面气囊具备打开条件但并未打开，是造成李某受伤的次要因素，根据双方的过错程度，应认定李某应自行承担主要责任，车辆的生产者或销售者应对李某的受伤承担次要赔偿责任，且应承担召回车辆的检测费、运输费等必要费用。

114. 车被朋友私开，撞伤他人，谁来赔？

——擅自驾驶他人机动车的责任

案例

2018年9月13日晚，刘某与朋友一起乘坐周某莉驾驶的车辆到蹦床馆玩。酒后，周某莉拿走李某放在蹦床馆收银台上的李某的轿车钥匙，将该车开出停车场后，被刘阳强行将周某莉从驾驶室拉下。周某莉在引擎盖上拍打玻璃，又将刘阳从驾驶室拉下推到车后座上，并驾驶该车辆与王某发生事故。交警部门认定，周某莉肇事逃逸，负该事故的全部责任。王某现要求驾驶员周某莉与车主李某共同承担责任，李某拒绝承担责任。

李某作为车主拒绝承担责任是否合理？

解答

本案涉及的是未经允许擅自驾驶他人机动车发生道路交通事故时责任主体的确定。《民法典》第1212条对擅自驾驶他人机动车交通事故责任进行了规定。

擅自驾驶他人机动车交通事故责任的构成要件是：第一，未经允许驾驶他人机动车。这有两种情形：完全背着机动车所有人或者管理人，秘密将他人的机动车开走；或行为人向机动车所有人、管理人借车未得到同意，擅自将他人的机动车开走。无论哪种情形，都构成擅自驾驶他人机动车。第二，行为人在驾驶他人机动车过程中发生交通事故，造成他人人身损害或者财产损害。第三，交通事故责任属于该机动车一方的责任。

擅自驾驶他人机动车交通事故责任的承担方式是：第一，与《民法典》第1209条规定的责任形态相同，即单向连带责任；第二，机动车使用人承担全部责任，即使承担部分责任时也须连带负责；第三，机动车所有人或者管理人对损害的发生有过错的，承担相应的责任即按份责任，不与使用人一道承担连带责任；第四，《民法典》侵权责任编机动车交通事故责任一章另有规定的，依照该章的特别规定承担责任。"另有规定的"有优先适用的效力。例如，盗窃机动车发生交通事故，也属于未经允许驾驶他人机动车，应当适用特别规定确定侵权责任。

本案中周某莉酒后私自驾驶他人车辆发生交通事故，周某莉自愿饮酒，酒后私自驾驶他人车辆，他人已对其进行劝阻，但其仍执意强行驾驶车辆，周某莉具有全部过错，应承担全部责任。问题在于车主李某是否具有过错。结合本案所查明的事实可知，周某莉未经李某允许擅自驾驶其机动车，该行为背离了机动车所有人李某的意志，《民法典》第1212条规定，机动车所有人、管理人对损害的发生有过错的，承担相应的赔偿责任。李某对此完全不知情，主观上无过错，故李某对受害人王某无须承担责任。

115. 搭载朋友的顺风车出车祸，能要求朋友赔偿吗?

——好意同乘的责任

案例

王某萍等人免费搭乘茅某驾驶的小型普通客车与李某军所驾车辆相撞，造成两车及道路设施损坏、王某萍死亡、其他人受伤。李某军负事故主要责任，茅某负事故次要责任。李某军在某保险公司投保了机动车交通事故责任强制保险和商业第三者责任险。茅某所驾车辆车主系金纪公司。茅某系金纪公司的法定代表人，车辆由茅某实际使用。王某萍的丈夫、儿子向法院起诉，请求被告李某军、保险公司、茅某、金纪公司连带赔偿两原告丧葬费、死亡赔偿金等损失。

本案中，免费提供搭载的茅某也要承担赔偿责任吗?

解答

本案涉及的是好意同乘时机动车交通事故责任的认定问题。根据《民法典》第 1217 条的规定，非营运机动车发生交通事故造成无偿搭乘人损害的，除机动车使用人有故意或者重大过失外，应当减轻机动车使用人一方的赔偿责任。本条是对机动车交通事故好意同乘规则的规定。

好意同乘，是指无偿搭乘他人的机动车，在运行中发生交通事故，造成无偿搭乘人的损害，属于该机动车一方责任的，减轻机动车一方赔偿责任的规则。好意同乘的特点：一是无偿性，好意人无营利目的，索要和收取对价的同乘都不是无偿，以主动负担一部分油费或过路费等搭乘车辆，虽然支付了一定费用，但通常出于情谊维系，非支付对价的意思，属于"无偿"范围。二是合意性，同乘需经过车辆保有人的同意，包括邀请和允许，未经同意而强行搭乘，不构成好意同乘。三是顺路性，即"搭便车"，只是双方目的地相近或相同，好意人并非特意而为，同乘人为便利而搭车。

适用好意同乘的规则是：第一，须为无偿搭乘他人机动车，而非有偿搭乘；被搭乘的是他人的非营运机动车，而不是营运的机动车。第二，发生交通事故造成搭乘人的损害，须构成机动车一方的责任，即被搭乘人的责任。第三，减轻责任。好意同乘是善意的为他人提供方便的行为，是利他行为，即使造成无偿搭乘人的损害，被搭乘人也不应当承担全部赔偿责任，按照《民法典》的规定，即使属于该机动车一方的责任，也应减轻其赔偿责任。第四，全部责任。如果造成交通事故致害无偿搭乘人，是机动车使用人故意或者重大过失所致，则机动车一方应当承担全部赔偿责任。

好意同乘规则还包括支付部分汽油费或者过路费的赔偿规则。如果搭乘人支付了部分汽油费或者过路费，则属于一定程度的有偿搭乘，被搭乘人承担的赔偿责任范围应当更大一些。例如，无偿搭乘发生交通事故致害无偿搭乘人，机动车一方应当承担50％的赔偿责任，则支付了部分汽油费或者过路费而达不到买票乘车的数额的，机动车一方应当承担70％左右的赔偿责任；如果支付的汽油费或者过路费的数额与买票乘车的费用基本相同或者相近，则属于机动车一方非法运营，机动车一方应当承担更多的甚至全部的赔偿责任。这样的规则法律中没有规定，在司法实践中可以适当参酌。

在本案中，王某萍等人无偿搭乘茅某所驾驶的车辆而发生交通事故，应适当减轻茅某的赔偿责任。"道路交通事故认定书"认定李某军负事故主要责任，茅某负事故次要责任。可见，茅某在机动车交通事故中不存在故意或者重大过失。因而，茅某承担对王某萍近亲属的赔偿责任时，应当适当减轻其赔偿数额。这样不仅能够继续弘扬我国乐于助人的良好社会道德风尚，还将督促机动车使用人对搭乘人尽到合理的安全注意义务。

116. 医院就诊后的次日便有药贩子上门推销，谁的责任？
——医疗机构及其医务人员对患者个人信息的保密义务

案例

孙某称其 2015 年 7 月间在妇幼保健院进行孕前检查，妇幼保健院工作人员将其孕前检查内容告知药贩子唐某。孙某于是向妇幼保健院投诉，妇幼保健院向孙某作出《关于医疗检查信息泄露及诊疗过错存在疑问的回复》，回复主要内容为："关于您发给我院的投诉资料（包括文字资料、录音资料），我院负责人员已经过仔细的阅读和听取，现将我院对该事件的调查处理及问题解答如下：一、我院属于政府公立医院，有严格的制度规定，医务人员严禁私自泄露患者个人信息；通过我科调查询问负责保健的医务人员及检验科医务人员，此两科相关医务人员均不认识您说的一个叫唐某的人，更不存在向其泄露您的检查信息的情况发生，听取您提供的电话录音，也没有依据显示关于您说的信息泄露和我院有关系。二、关于诊疗过程中的疑问……以上是我院对您关于医疗检查信息泄露及在我院诊疗过程存在疑问的回复，如果您对以上的回复不满意或不认可，建议您走第三方途径（广州市医调委）或走法律程序予以调查鉴定，若鉴定结果判定医院存在责任，医院绝不推卸，一定会承担应该承担的责任。"后孙某提交其与唐某的电话录音，孙某称在 2017 年期间，孙某致电唐某，孙某在电话中问唐某是否知道其孕前检查的内容，唐某在电话中承认其孕前检查报告内容是妇幼保健院工作人员告知她的。

妇幼保健院作为医疗机构，是对患者个人信息是否有保密义务？

解答

《民法典》第 1226 条规定了医疗机构及其医务人员对患者个人信息的保密

义务。患者对医务人员无隐私。在诊疗过程中，为使医务人员准确诊断病情，患者会将自己的隐私和个人信息告知医务人员，记录患者诊疗过程形成的病历资料本身就是患者的隐私和个人信息。医疗机构和医务人员负有保密义务，对患者的隐私、个人信息和病历资料不得泄露和公开。泄露患者隐私、个人信息或者擅自公开患者病历资料的行为，都是侵害患者隐私权、个人信息权的行为，行为人应当承担赔偿责任。

医疗机构侵害患者隐私权和个人信息权应当承担的侵权责任，与《民法典》规定的人格权请求权发生竞合。《民法典》第995条规定："人格权受到侵害的，受害人有权依照本法和其他法律的规定请求行为人承担民事责任。受害人的停止侵害、排除妨碍、消除危险、消除影响、恢复名誉、赔礼道歉请求权，不适用诉讼时效的规定。"患者可以依照《民法典》第1226条规定请求损害赔偿，也可以依照第995条规定请求医疗机构承担其他民事责任。本条规定属于特别法，受害患者依照第1226条规定请求医疗机构承担侵权责任更为妥当。

本条强调医疗机构及其医务人员对患者个人信息的保护，是有特别针对性的。首先，《民法典》特别重视对自然人个人信息的保护，在总则编专门规定条文，加强对个人信息的保护，在人格权编又专门规定了对自然人个人信息保护的规则。在医疗领域，患者的个人信息具有特别加以保护的必要。其次，患者在医疗机构就医，需要登记各种个人身份信息，有些医疗机构的医务人员将患者的个人信息予以泄露甚至非法出卖，使患者的个人信息受到侵害。因此，本条在原来规定对患者隐私保护的基础上，增加对患者个人信息的保护，是十分必要的。

本案涉及的是医疗机构及其医务人员的保密义务。基于诊疗活动，医疗机构及其医务人员会了解到患者的基本信息，也会掌握患者的病史、病患情况等重要的隐私与个人信息。本案中，妇幼保健院于孙某就诊期间知晓其过往病史以及病患情况，应当尽到高度的保密义务，既包括积极的保密义务，即妥善保管其病历资料；也包括消极的保密义务，即不得泄露或者未经患者同意就公开其相关的隐私。然而，妇幼保健院未经孙某同意，就向药贩子唐某泄露了患者孙某的个人信息，如家庭住址、联系方式等，违反了保密义务，应当承担侵权责任，对此造成的损害，同样需要承担赔偿责任。

117. 老人被狗绳绊倒死亡，谁该负责？

——动物侵权责任

案例

　　日前，广东佛山顺德区罗水市场前，一位老人被一只狗身上的牵引绳绊倒重摔在地，后不幸去世。据当地通报，罗水村村民罗某某（12 岁的小女孩）把另一村民罗某拴养在家门口的狗牵出来玩，途经罗水市场时狗挣脱约束绳，在奔跑过程中狗绳意外将村民麦某绊倒，导致麦某受伤，经送医院救治无效死亡。

　　麦某的死亡应由谁来承担责任呢？

解答

　　近年来，随着居民生活水平的提高，闲暇之余养猫、养狗已经成为一种时尚。这些宠物丰富了人们的日常生活，给人们带来精神上的慰藉，宠物经济因此日益红火。与此同时，由养宠物引发的相关问题逐渐多发。以养犬为例，恶犬伤人、遛狗不拴绳、随地排泄、街头狂叫等问题招致很多人的不满，由此引发的矛盾纠纷频频引发关注。本案涉及的就是饲养动物损害责任。饲养动物损害责任适用无过错责任归责原则：当动物的加害行为造成损害事实发生时，动物的饲养人或者管理人应当承担侵权责任。《民法典》第 1245 条规定，饲养的动物造成他人损害的，动物饲养人或者管理人应当承担侵权责任；但是，能够证明损害是因被侵权人故意或者重大过失造成的，可以不承担或者减轻责任。本条属于饲养动物损害责任的一般条款，具体适用规则为：第一，概括本条之下规定的饲养动物损害责任的类型，受到本条规定的约束，但第 1248 条规定的动物园饲养的动物损害责任除外；第二，对于本章没有规定的具体饲养动物损害责任，应当依照本条规定的一般条款确定责任构成和承担。

　　饲养动物损害责任的构成要件是：第一，民事主体饲养了动物；第二，被侵权人受到了人身损害或者财产损害；第三，造成被侵权人人身损害或者财产损害的原因是该民事主体饲养的动物，二者之间有因果关系。

　　饲养动物损害责任中如果是被侵权人的故意或者重大过失导致损害，则动物饲养人或管理人不承担责任或者减轻责任。对于本条关于"能够证明损害是因被侵权人故意或者重大过失造成的，可以不承担或者减轻责任"的规定，很多人认为免责或者减责的界限不清晰。对此应当解读为，无论被侵权人是故意造成损害还是重大过失造成损害，应当依被侵权人的过错行为对损害发生具有的原因力确定：故意或者重大过失是损害发生的全部原因的，应当免除责任；故意或者重大过失是损害发生的部分原因，即不具有百分之百原因力的，应当减轻责任。本案中，正站在路上的老人毫无防备，此时一只拴着狗绳的狗突然跑来，巨大的冲击力让狗绳绊倒了老人。可见，老人对事故的发生不存在任何过错，责任应该完全由这只狗的饲养人或管理人来承担。从案情可知，这只狗的饲养人为村民罗某。但是，当时这只狗并不在罗某的控制之下，而是由12岁的小女孩罗某某牵出来玩。此时，女孩应该有足够的措施保证狗的安全，不至于造成他人损害。而女孩没有尽到管理义务，当然应当承担责任。但是女孩只有12岁，作为限制民事行为能力人，不能独立承担民事责任。依据《民法典》规定，无民事行为能力人、限制民事行为能力人造成他人损害的，由监护人承担侵权责任。有财产的无民事行为能力人、限制民事行为能力人造成他人损害的，从本人财产中支付赔偿费用；不足部分，由监护人赔偿。这意味着在女孩和宠物狗主人的责任划分完毕后，若女孩有独立财产，应从其本人财产中支付赔偿金，若女孩财产不足以赔偿损失的，不足部分由其监护人赔偿。

118. 故意逗狗被咬伤，还能向主人追责吗？

——动物饲养人或管理人的免责情形

案例

　　王某与张某系同村村民，王某饲养一只宠物狗。一天，张某去王某家串门，由于该宠物狗刚做过节育手术、情绪不稳定，王某特地用链条拴住，并特地关照张某不要去招惹该狗，张某不以为意，不顾王某再三劝阻仍然用食物去挑逗该狗，在一次给狗喂食的过程中，因距离较近，张某右手被狗咬伤，张某前往医院治疗，花费医药费若干。张某要求王某赔偿。王某认为，其已经多次告知、阻止张某不要去挑逗狗，但张某一意孤行最后被咬伤，完全是咎由自取，不应承担责任。

　　张某有权要求王某赔偿医药费吗？

解答

　　本案涉及的是因受害人故意而发生损害，动物饲养人或管理人应否承担责任的问题。

　　未对动物采取安全措施造成他人损害的饲养动物致害责任，适用无过错责任确定侵权责任。动物饲养人或者管理人违反管理规定未对动物采取安全措施，造成他人损害的，无须考察动物饲养人或者管理人的过错，直接按照无过错责任原则确定侵权责任。无过错责任意在保护受害人，动物饲养人或管理人即使没有过失也要对损害负责，因此，受害人有过失时，对其过失的评价应当比动物饲养人或管理人负过失责任的情形为轻，只有这样才能最大限度地督促动物饲养人或管理人对宠物妥善管理，避免对他人的伤害。

　　未对饲养动物采取安全措施致害责任的构成要件是：第一，动物饲养人在饲养动物时违反国家法律、法规和规章规定的管理规定；第二，对于应当按照规定采取安全措施的饲养动物，没有采取安全措施；第三，饲养的动物造成了被侵权人的人身损害或者财产损害。例如，在城市饲养大型犬，没有按照规定采取安全措施进行饲养，造成他人损害的，动物饲养人或管理人应当承担赔偿责任。

《民法典》第1246条规定："违反管理规定，未对动物采取安全措施造成他人损害的，动物饲养人或者管理人应当承担侵权责任；但是，能够证明损害是因被侵权人故意造成的，可以减轻责任。"本条增加了减轻责任的规则，动物饲养人或者管理人能够证明损害是由被侵权人故意造成的，不是免除责任，而是减轻责任。被侵权人有重大过失或者过失导致损害的，不减轻动物饲养人或管理人的责任。

本案中，王某用链条拴住饲养的宠物狗，意味着采取了安全措施，王某特地关照张某不要去招惹该狗，说明王某为防范宠物狗伤人尽到了注意义务，而张某明知犬类有一定的攻击性，在王某多次提醒、劝阻的情况下，仍然给狗喂食，最终被咬受伤。张某虽然并非主动追求被狗咬伤的损害后果，但其对自己挑逗宠物狗的行为后果的发生持一种放任或者侥幸的态度，结合事先王某的多次提醒与劝阻，可以认定张某存在间接故意的情形，可以适用《民法典》第1246条但书的规定，张某的损害因张某自身故意造成的，可以减轻动物饲养人王某的责任。该种情形下，作为动物饲养人的王某仅仅是减轻责任，而非免责，受害人故意并不改变动物侵权的无过错责任原则的适用。

119. 动物园的动物伤人，怎么维权？

——动物园动物侵权责任

案例

　　谢某与其父母至某动物园游玩时穿过笼舍外设置的防护栏，给猴子喂食，被咬伤。事发时，某动物园无工作人员在场。谢某的父亲向动物园相关部门投诉后，因情况紧急，自行带谢某至医院医治并报警。谢某起诉某动物园，要求赔偿损失。某动物园认为谢某的法定代理人未看护好无民事行为能力的谢某导致谢某擅自穿越防护栏，喂食猴子，是谢某受伤的原因，应当承担全部责任。谢某的父母认为动物园存在管理不到位的情形，应为谢某的损害承担全部承担。

动物园对于谢某的损害是否应承担责任呢？

解答

本案涉及的是动物园的动物致害责任。动物园饲养动物，是经过国家批准、符合国家管理规定的经营活动，因而动物园均有专业的资质，符合饲养某些动物的特别要求。动物园应比一般的动物饲养人负有更高的注意和管理义务，具体包括设置、配备安全的设施，建立管理人员巡视制度，尽到告知提醒义务等。动物园尽到上述管理职责，才能最大限度杜绝损害后果发生，保障游客的人身、财产安全。动物园饲养野生动物，必须按照法律、法规的规定进行管理，以善良管理人的标准尽管理职责。

动物园的动物致害责任不适用无过错责任原则，而适用过错推定原则。动物园的动物造成他人损害的，首先推定动物园具有过错，动物园主张自己无过错的，实行举证责任倒置，必须证明自己已经尽到管理职责。能够证明已经尽到管理职责的，为无过错，免除侵权责任；不能证明者，为有过错，应当承担侵权责任。

动物园的动物致害责任的构成要件是：第一，动物园符合设置的资质要求，经过国家主管部门的批准；第二，动物园饲养的动物造成了受害人的人身损害或者财产损害；第三，动物园饲养动物的行为与损害后果之间具有因果关系；第四，动物园具有未尽管理职责的过失。符合上述要件的，动物园应当承担侵权责任。动物园的动物造成他人损害，动物园已尽管理职责的，动物园不承担侵权责任。

本案中，动物园所配备的防护栏设施隔离了成年人与动物之间有直接的接触，却无法杜绝幼童钻入。不完善的公共管理设施致使谢某被猴子咬伤手指，动物园存在管理上的失责。动物园饲养动物损害责任适用过错推定责任。现有证据证明动物园未尽到管理职责，存在过错，造成损害发生，应当承担侵权责任。同时，谢某的法定代理人未尽到警示教育和看护义务，导致谢某穿过防护栏受伤，存在监管上的过失，应当追究动物园的民事责任。因而，谢某的法定代理人应承担主要责任、动物园应承担次要责任。

120. 高空抛物受损，如何寻求救济？
　　　　　　　　　　　　　——高空抛物致人损害责任

案例

　　管某松的车辆紧靠居民住宅楼随意停放，车辆在停放期间被高空掉下的花盆砸坏。报警后，公安机关出警，但无法查明侵权人。管某松遂要求刘某霞等该楼的住户对其车辆维修费予以全额补偿，刘某霞主张，其长期生病，爱人董某义案发时尚在单位，皆无法实施侵害行为，不应承担责任。

　　管某松的车辆的损失应向谁主张呢？

解答

　　本案是一起典型的高空抛掷物品致人损害加害人不明的案件。抛掷物、坠落物致人损害，应当由侵权人承担侵权责任，自不待言。当无法查清加害人时，如何救济受害人成了一道难题。

　　《民法典》第1254条确定的基本规则如下。

　　第一，禁止从建筑物中抛掷物品。这是一个禁止性规定，是对建筑物的抛掷物、坠落物致害责任的基础性规定。在建筑物中抛掷物品，是非常危险的危害公共安全的行为。个别建筑物中的居民习惯于向窗外抛掷物品，是非常不道德、违背公序良俗的。这些行为必须严格禁止。

第二，建筑物的抛掷物品或者坠落物品造成损害的，由侵权人承担责任。任何人从建筑物中抛掷物品，或者建筑物坠落物品，造成他人损害的，都由侵权人承担责任。侵权人就是抛掷物品的行为人，或者坠落物品的建筑物的所有人、管理人或者使用人。他们的作为或者不作为造成他人损害，当然要由他们自己承担侵权责任。

第三，经调查难以确定具体侵权人的，由可能加害的建筑物使用人给予补偿。从建筑物抛掷、坠落的物品致人损害，侵权人不明时的补偿责任的构成要件是：行为人在建筑物中抛掷物品，或者建筑物有坠落物品；抛掷的物品或者坠落的物品造成他人损害，主要是人身损害；实施抛掷行为或者坠落物品的所有人不明，不能确定真正的加害人；在特定建筑物的使用人中，有的不能证明自己不是侵权人。具备上述四个要件，该建筑物的使用人是可能加害的建筑物使用人。责任承担的方式，是由可能加害的建筑物使用人对受害人的损失给予补偿，而不是承担连带责任。补偿的责任范围，应当依照每一个人的经济状况适当确定。能够证明自己不是加害人，既没有实施建筑物抛掷物品行为，也不是建筑物坠落物品的权利人的，不承担补偿责任。

第四，可能加害的建筑物使用人补偿后，有权向侵权人追偿。由可能加害的建筑物使用人承担补偿责任，其中必定有无辜者，即没有加害的建筑物使用人。为公平起见，可能加害的建筑物使用人承担了补偿责任后，查到了侵权人的，当然对其享有追偿权，可以向其进行追偿。

第五，建筑物管理人未采取必要的安全保障措施的，依法承担责任。建筑物管理人是建筑物的管理者，即物业管理企业或者物业管理人，它们对建筑物的安全负有安全保障义务。因此，《民法典》第1254条第2款规定，建筑物管理人应当采取必要的安全保障措施，防止高空抛掷物品或者坠落物品造成损害的发生。未尽此安全保障义务，造成损害的，应当依照《民法典》第1198条的规定，承担未履行安全保障义务的损害责任。

第六，公安机关等应当依法及时调查，查清责任人。在加害人不明的高空抛物损害责任中，绝大多数其实都是能够查清加害人的，但是由于高空抛物损害责任是被规定在民法中的民事责任，案件发生后，公安机关并不进行立案侦查，否认是自己的职责范围。《民法典》明确了侦查的职责主要在公安机关，出现高空抛物损害案件，公安机关应当及时立案侦查，查清责任人，依法处置。只有动用侦查手段仍然查不清责任人的，才可以适用本条规定的第三个规则。

　　本案中，公安机关出警后，仍然无法查明花盆来源于哪家业主，无法确定具体的侵权人承担侵权责任。因此，为了救济受害人，应由可能加害的住户刘某霞等人来补偿管某松的损失。《民法典》第1254条新增了可能的加害人的追偿权以及物业管理人未尽到安全保障义务的侵权责任。按照这一规定，刘某霞等人在承担补偿责任后，根据《民法典》第1254条第1款第三句的规定，有权向真正的加害人追偿；根据《民法典》第1254条第2款的规定，如果该小区的物业管理人未尽到安全保障义务致使高空坠物的现象发生，物业管理人也需要承担违反安全保障义务的侵权责任。

图书在版编目（CIP）数据

民法典百问百答 / 杨立新主编 . —北京：中国人
民大学出版社，2021.1
ISBN 978-7-300-29000-3

Ⅰ.①民… Ⅱ.①杨… Ⅲ.①民法-法典-中国-问
题解答 Ⅳ.①D923.05

中国版本图书馆 CIP 数据核字（2021）第 018059 号

民法典百问百答

主　编　杨立新
副主编　李怡雯
Minfadian Baiwen Baida

出版发行	中国人民大学出版社	
社　　址	北京中关村大街 31 号	**邮政编码**　100080
电　　话	010 - 62511242（总编室）	010 - 62511770（质管部）
	010 - 82501766（邮购部）	010 - 62514148（门市部）
	010 - 62515195（发行公司）	010 - 62515275（盗版举报）
网　　址	http://www.crup.com.cn	
经　　销	新华书店	
印　　刷	固安县铭成印刷有限公司	
开　　本	720 mm×1000 mm　1/16	**版　　次**　2021 年 1 月第 1 版
印　　张	16.25 插页 2	**印　　次**　2024 年 8 月第 5 次印刷
字　　数	233 000	**定　　价**　88.00 元